立德树人的校园文化
载体创新

康雁冰　著

清华大学出版社
北京

内 容 简 介

本书是探讨立德树人的校园文化载体创新的著作。全书按照"是什么""为什么""怎么办"的思维逻辑，深入揭示了校园文化成为立德树人的重要载体的原因，对文化育人的理论依据和价值目标进行了论述，阐释了当前我国校园文化载体建设存在的问题和原因，论证了校园文化载体创新的目标、依据与原则，借鉴了国内外相关的历史经验，描述了校园文化载体创新的发展战略，分别以校训、校史、社团文化、校园媒体、行为规范载体为例，探索校园文化载体创新的具体实践。书中援引了大量的案例，具有较强的可读性和可操作性。

本书具有理论性、实用性、完整性的特点，既是高校思想政治工作人员的良师益友，又可供广大高校师生和科研人员阅读参考。

图书在版编目（CIP）数据

立德树人的校园文化载体创新 / 康雁冰著 . —北京：清华大学出版社，2023.12
ISBN 978-7-302-64975-5

Ⅰ.①立…　Ⅱ.①康…　Ⅲ.①校园文化 – 建设 – 研究　Ⅳ.① G47

中国国家版本馆 CIP 数据核字（2023）第 226080 号

责任编辑：张龙卿
封面设计：曾雅菲　徐巧英
责任校对：李　梅
责任印制：沈　露

出版发行：清华大学出版社
　　　　　网　　　址：https://www.tup.com.cn, https://www.wqxuetang.com
　　　　　地　　　址：北京清华大学学研大厦 A 座　　　　邮　　编：100084
　　　　　社 总 机：010-83470000　　　　　　　　　　邮　　购：010-62786544
　　　　　投稿与读者服务：010-62776969, c-service@tup.tsinghua.edu.cn
　　　　　质量反馈：010-62772015, zhiliang@tup.tsinghua.edu.cn
印 装 者：三河市铭诚印务有限公司
经　　销：全国新华书店
开　　本：185mm×260mm　　　　印　　张：11.25　　　字　　数：255 千字
版　　次：2023 年 12 月第 1 版　　　　　　　　　　印　　次：2023 年 12 月第 1 次印刷
定　　价：49.00 元

产品编号：104578-01

前　言

　　立德树人是高等教育的根本任务。培育大学生社会主义核心价值观是立德树人的根本目标。党的二十大报告提出了"用好红色资源，深入开展社会主义核心价值观宣传教育，深化爱国主义、集体主义、社会主义教育，着力培养担当民族复兴大任的时代新人"的战略任务。当代大学生肩负强国建设和民族复兴的重任，他们在大学阶段正处于价值观的形成期，所以抓好这一时期的价值观养成格外关键。价值观与文化密不可分，文化是价值观的重要来源，价值观是文化的灵魂和核心。价值观的养成与文化须臾不离、休戚与共，两者相互影响、相互作用。大学生的价值观是在文化的传承发展中不断塑造、形成和发展的。社会主义核心价值观与传统价值观之间既有一致性，又有差异性。大学校园文化（以下简称校园文化）只有不断发展创新，才能更好地反映社会主义核心价值观，更深刻地影响大学生的思想和行为。为了培育担当中华民族复兴大任的合格建设者和接班人，我们必须高度重视校园文化建设和发展创新，始终坚持问题导向、理论与实践相结合，充分发挥以文化人、以文育人的作用，在校园文化发展创新中不断推进社会主义核心价值观的培育和践行。

　　我们坚持以实现立德树人为根本任务，以涵养和培育大学生社会主义核心价值观为方向和目标，围绕校园文化载体创新开展了一系列研究工作。在前期成果的基础上，着重分析两者之间的辩证关系，对两者之间互动的方式等方面的理论研究进行了深化，尤其是坚持现实导向，突出问题意识，对校园文化载体创新存在的问题进行了分析，对实现社会主义核心价值观在校园文化中的传播创新进行了探讨，具有一定的创新性；同时，对校园文化建设现状进行了反思，对错误倾向进行了质疑和批判，对国内外部分高校通过校园文化建设和发展创新推进社会主义核心价值观宣传教育的成功经验进行了总结提炼，探索了校训、校史、校园媒体、社团活动、行为规范等具体文化载体的创新实践，使其更具说服力，更好地彰显实践的伟大力量。这些微观、具体的研究以及宝贵的经验、做法让研究有血有肉，更为全面、立体、饱满，也为本书添上了浓墨重彩的一笔。

　　落实立德树人根本任务，目标远大、任务艰巨、使命光荣、责任重大。尽管在本书中进行了较为全面、深入的理论阐释，以及较为具体的实践尝试，但是，实践在不断发展变化，理论研究永无止境，面对层出不穷的新问题，我们要始终保持理论研究和实践创新两者之间与时俱进。在以后的研究工作中，继续围绕如何落实立德树人根本任务，推进校园文化发展创新，帮助青年大学生"扣好人生第一粒扣子"，为实现第二个百年奋斗目标培养合格的建设者和接班人。

著　者

2023 年 10 月

目　录

第一章 立德树人的校园文化载体概述

立德树人是我国高等教育的根本任务。社会主义核心价值观涵盖大德、公德、私德。涵养大学生社会主义核心价值观是立德树人的根本目标。研究立德树人的校园文化载体，首先要厘清校园文化载体的内涵、类型、特征、功能以及对涵养大学生社会主义核心价值观的作用。这是我们研究立德树人的校园文化载体问题的基本前提和首要任务。

第一节 立德树人的校园文化载体定义

对论题核心概念的内涵、外延、特征与功能加以科学说明，是我们研究该问题的理论前提和逻辑起点。从构成来看，这一核心概念包含了立德树人、校园文化、社会主义核心价值观和载体等要素。这几个概念与文化一样，目前在学界尚存一定的争议。为了准确而规范地论述这个问题，我们将通过逐层演进的逻辑方式对"立德树人的校园文化载体"的概念予以界定。

一、立德树人

立德树人由"立德"和"树人"组成。从词源考证，"立德"最早出自《左传·襄公十四年》："太上有立德，其次有立功，其次有立言。虽久不废，此之谓不朽。""立德"位居所言"三不朽"首位，蕴含立德为本、立德为先、立德为要的教育追求和价值意蕴。"树人"可追溯到《管子·权修》有云："一年之计，莫如树谷；十年之计，莫如树木；终身之计，莫如树人。一树一获者，谷也；一树十获者，木也；一树百获者，人也。""树人"的价值和规律由此可见一斑。"树人"后见于《送吴生官平滦州学》中"上以育人才，下以开民彝"。又见于《试院书事呈子骏明叔三篇》中"长育人才今久矣，行看中选尽英豪"。"树人"的概念和内涵随育人实践不断丰富和拓展。"树人"是有意识塑造具有良好道德修养和知识技能的人才。立德树人是育人育才的统一体，"立德"是"树人"的先决条件，"树人"是"立德"的价值旨归，两者辩证统一，相辅相成。离开"立德"谈"树人"，或者离开"树人"谈"立德"，都会失之偏颇，不得要领。总之，育才先育人，育人德为本。

立德树人是我国高等教育的初心使命和根本任务，是高校立身之本。党的二十大报告指出："培养什么人、怎样培养人、为谁培养人是教育的根本问题。育人的根本在于立德。"[1] 正所谓"人无德不立"，人因德而立，德因魂而高。因此，落实立德树人根本任务，首

---

[1] 习近平. 高举中国特色社会主义伟大旗帜　为全面建设社会主义现代化国家而团结奋斗[N]. 人民日报，2022-10-26 (1).

要任务要对"立何德""如何育"等基本问题有正确认知和价值认同。关于"立何德"，习近平总书记明确指出："核心价值观其实就是一种德，既是个人的德，也是一种大德，就是国家的德、社会的德。"[1]立德就是立社会主义核心价值观之德。针对"如何育"这一命题，习近平总书记反复强调："育新人，就是要坚持立德树人、以文化人，建设社会主义精神文明、培育和践行社会主义核心价值观，提高人民思想觉悟、道德水准、文明素养，培养能够担当民族复兴大任的时代新人。"[2]"育新人"必须"兴文化"，两者并行不悖。新时代校园文化肩负着"育新人"与"兴文化"的双重时代使命。可见，"立德树人"是校园文化建设的核心价值，也是其创新的根本遵循。"立德树人"理应成为校园文化建设的中心环节，校园文化创新的检验标准。"要把立德树人的成效作为检验学校一切工作的根本标准，真正做到以文化人、以德育人，不断提高学生的思想水平、政治觉悟、道德品质、文化素养，做到明大德、守公德、严私德"[3]。总之，本文所指"立德树人"的核心要义就是涵养大学生社会主义核心价值观，两者高度一致，不做具体区分。

涵养，简而言之就是滋润、养育、培养，是指修身养性、道德以及学问的修养。涵养，最早见于宋代的一些著作之中。它的滋润、养育之意，出自李清照所著《词论》中的"又涵养百余年，始有柳屯田永者，变旧章作新声"。修身养性之义，出自朱熹所著《答徐子融书》中的"就平易明白切实处玩索涵养，使心地虚明"。道德、学问修养之意，出自罗大经《鹤林玉露》中的"言少不更事之人，无所涵养，而骤膺拔擢，以当重任"。从古至今，涵养的意思未曾有大的变化。在《现代汉语词典》中，涵养意为能控制情绪的功夫；修养；另有蓄积并保持（水分等）之意。

在现代社会，涵养与修养、培育的意思大致相同，但是，彼此之间也存在差异。修养，偏重的是对理论、知识、艺术、思想的养成以及正确的待人处世之道。培育，简单地说就是培养教育，包含情感培养之意，另外，它还指培养幼小生物，使其发育成长。在本书中，涵养具有自己的特定含义，主要体现在两个方面：一是指校园文化是滋润、养育社会主义核心价值观的沃壤，校园文化涵养社会主义核心价值观，而非社会主义核心价值观涵养校园文化；二是指大学生在校园文化活动中对社会主义核心价值观进行自我修养、培育。

二、校园文化

为了全面而准确地把握大学校园文化的内涵，我们需要对其上位概念——文化进行一个概要式的梳理。

"文化"是一个具有丰富内涵和广泛形式的概念。关于文化的界定，据有关学者考证，迄今为止已有数以百计甚至上千之多。不同的学者从不同的学科、不同的范畴、不同的形态，对文化予以定义。造成这种现象的原因，除了学者们各自具有不同的学科背景以外，文化本身的纷繁复杂致使其然。但是，从某个角度而言，文化又很简单，每个人时刻都处

[1] 习近平. 习近平谈治国理政：第1卷[M]. 北京：外文出版社，2014.

[2] 习近平. 习近平谈治国理政：第3卷[M]. 北京：外文出版社，2020.

[3] 习近平. 在北京大学师生座谈会上的讲话[N]. 人民日报，2018-5-3 (2).

于某种特定的文化之中，与其朝夕相处，伴随终生。文化就是这样一种独特的存在，我们对它既熟悉又陌生，言谈几处尽是文化，细细品味，感觉又遥不可及。针对文化的独特存在，马丁·海德格尔（Martin Heidegger）如是说："当你们用'存在着'这个词的时候，显然你们早就很熟悉这究竟是什么意思，不过，虽然我们也曾相信领会了它，现在却茫然失措了。"[1]文化就是这样奇怪，人们不追问的时候，感觉还比较清楚，一旦被人追问，反倒糊涂，不知如何作答。又如衣俊卿所言："我们无时无刻不以某种方式'遭遇'文化，我们都在以各种方式'文化'着，但当我们停下来，质询一下文化的含义时，我们常常会有一种茫然失措、无从下手的感觉。"[2]总之，文化就是这样让人难以捉摸，甚至穷尽人间词话也难以名状。它就像空气一样，无处不在。它就是这样一种难以用理性去把握的感性存在。

从词源上来考察，中国古代中的"文化"两字起初分开使用。"文"意为各色交错的纹理。"物相杂，故曰文""五色成文而不乱""文，错画也"，三者之中的"文"均含纹理之义。在此基础上，"文"后续进化为文物典籍、礼乐制度，人为修养以及美、善、德行之义。"化"即改易、生成、造化。"化而为鸟，其名曰鹏""男女构精，万物化生""化不可代，时不可违""可以赞天地之化育"，四者之中的"化"均含改变、造化之义。在此基础上，"化"后续演绎为教行迁善之义。"文"与"化"合并使用，可追溯至《易经·贲卦·象传》，这里的"文"与"化"并非本义，而是其引申义。其中"天文"义为天象、自然规律，"人文"义为人伦、社会关系，"化成"义为教化，"以文教化"之思想表露无遗。至西汉刘向的《说苑·指武》一文，"文"与"化"终于融为一体，从此形影不离。"圣人之治天下也，先文德而后武力。凡武之兴，为不服也。文化不改，然后加诛"。显然，这里的"文化"意思接近于现代。

西方"文化"，源于拉丁文 cultura，含耕种、耕作、培养之意，这个意思一直保留至今。如 agriculture（农业）、horticulture（园艺）等。16 世纪时，agriculture 开始被应用于人体训练和人的品德、能力培养。后来演绎为 cultura meties（耕耘智慧）[3]、intellectual culture（智力耕耘）[4]等说法，其引申义为教化人、培养人的心智。

从词源比较来看，中西方语言中的文化还是存在一定差异的。西方的"文化"最初是对植物的栽培、培养，后来引申到人的性情的培养和教化，而中国的"文化"一开始就针对人的教化，人格的培养，专注于人的精神品格领域，强调以文化人、人文化成等。当然西方的"文化"也有其独特之处，比如 cultura 强调一种关注内在生命力的价值规范，而中国更强调对人伦道德和行为规范的约束。尽管两者存在差别，但不可否认的是，"人为的"是他们的共性，人为自然界立法，人为社会界立规。正因为如此，道德、伦理、规范、价值一般都是以各种各样文化形式表现出来，文化也因为它们的存在而成为"独特的存在"，并具有自己的独特功能和价值。

1871 年，英国文化人类学家爱德华·泰勒（Edward Burnett Tylor）首次从整体性的视角对文化进行定义，即"知识、信仰、艺术、道德、法律、习俗和任何人作为一名社会成员

---

[1] 马丁·海德格尔.存在与时间[M].陈嘉映，王庆节，译.北京：生活·读书·新知三联书店，1987.

[2] 衣俊卿.文化哲学十五讲[M].2版.北京：北京大学出版社，2015.

[3] Goddard, Cli.The lexical semantics of culture[J]. Language Sciences, 2005(27):51-73.

[4] 菲利普·巴格比.文化：历史的投影[M].夏克，等译.上海：上海人民出版社，1987.

>>>>>>>>

而获得的能力和习惯在内的复杂整体。"[1] 在哲学家梁簌溟的《东西方文化及其哲学》中，一个民族的精神生活、社会生活和物质生活构成了文化的总和。其中，宗教、哲学、科学、艺术，社会组织、伦理习惯、政治制度、经济关系，以及饮食起居、人类向自然界求生存等分属这三个层面。

这些广义的文化概念对于理解文化具有积极的意义，但是其缺陷也很明显：对文化的理解过于偏重文化的外在形式，遮蔽了本质内涵的揭示。显然，对于文化的理解和解释，不只是而且不应该局限于人的行为和生存环境，它应该"是人的内在本质的规定性解释，是对人自身的认识和把握。"[2]

至此，我们可以对文化的本质进行一个整体性的把握和理解。第一，文化是人的文化，它是人的实践活动的对象化。不同于动物本能或人的先天遗传因素，文化是人的自觉或不自觉地实践活动的积淀，因而它是历史存在及人的产物。它是对本能、自然的一种超越。第二，文化具有创新性。关于这一点，M. 蓝德曼（Michael Landmann）是这样描述的："文化是人类的'第二天性'。每个人都必须首先进入这个文化，必须学习并吸收文化。"[3] 人的"第二天性"，除了非决定性的先前存在或者他人创造的存在外，本身就包含了对自然给定或他人给定的超越，以及自我创造的可能性。第三，文化具有群体性，它是一个民族或者一个群体对历史积淀下来的传统或行为模式的继承和遵循。因此，个人偶尔的行为模式，不被群体认同或遵循，它就构不成文化。从这个意义上来说，"文化存在于个体之外，而又对个体施加着强大的强制力量。我们并不老是感觉到文化强制的力量，这是因为我们通常总是与文化所要求的行为和思维模式保持着一致。然而当我们真正试图反抗文化强制时，它的力量就会明显地体现出来了。"[4]

综上，我们可以得出这样一个结论：人是文化的缔造者，文化是人的创造物；同时，文化也是人的创造者，人也是文化的创造物。这句话看起来似乎自相矛盾，而这恰恰反映了文化本身内在的矛盾和张力。正是文化的这种矛盾和张力，促使着人类不断地建构自我，超越自我，完善自我，自觉不自觉地建构起自我的生存方式和人之形象。正因为如此，文化的变革，意味着人类世界最深刻、最根本的变革，甚至我们可以说它是一切变革之变革。文化是超越自然与补充人的自然的统一。在这个意义上，研究文化与研究人具有同等的价值和意义。

作为文化的一部分，高校校园文化是高等教育发展的伴生物，具有悠久的历史。据史料记载，我国古代最早的名义上的"大学"出现在公元前的五帝时代，而具有实质意义的大学则出自西周的"太学"，它分为"国学"和"乡学"，两者都按专业教授不同的内容。这种专业培养方式，实质上具备了现代大学的雏形。在此基础上，西汉创办了"立太学以教于国"的"高等学府"，相比于欧洲12世纪才兴办大学，早了一千多年，是世界上由政

[1] 爱德华·泰勒.原始文化——神话、哲学、宗教、语言、艺术和习俗发展之研究[M].连树声，译.上海：上海文艺出版社，1992:1.
[2] 衣俊卿.文化哲学十五讲[M].2版.北京：北京大学出版社，2015.
[3] 蓝德曼.哲学人类学[M].彭富春，译.北京：工人出版社，1988:211.
[4] 恩伯 C，恩伯 M.文化的变异[M].杜彬彬，译.沈阳：辽宁人民出版社，1988.

府创办的、最早的最高学府。

1978 年以后,"改革进程中存在的大量尖锐复杂的现实和理论问题,促使高校师生们试图从传统文化和西方文化中寻求答案,其中包含着对西方文明进行深入探索和对中国文化的深度反思。"[1]尼采、萨特、弗洛伊德等,一时备受大学生的狂热追捧,各种社会思潮也开始弥漫于各大学校园,校园文化随之成为街谈巷议的热门话题。1986 年,上海交通大学在学代会上首次提出"校园文化",很快得到各大高校的响应和认同。随后,华东师范大学、复旦大学等高校纷纷举办形式多样的校园文化活动。

对校园文化的理解,不同学者存有歧见。归纳起来,可分为两类。一类是广义上的校园文化,主要包括物质、精神"二分说",物质、精神、制度"三分说",精神、制度、行为、环境"四分说",以及物质、智能、精神、规范、行为等"多要素说"。这是一种从校园文化形式分类对高校校园文化进行的定义。须知,不同方法可以分成不同的类型。如果细分,种类再多也难以穷尽校园文化的外延。值得肯定的是,这种基于校园文化类型的概念言说,对于揭示其本质依然大有裨益。二类是狭义上的校园文化,归纳起来主要有三种说法。第一种是"第二课堂说",它是相对于课堂教学而言的,也就是以大学生为主体开展的课外活动。第二种是"校园精神说",它是大多数学者所持的观点,主要指"除了教育、教学、管理以外的一种群体文化,其主要内容是教育方针、培养目标、校风、学风建设、文化艺术活动。"[2]第三种是"文化活动说",它是一种更加狭义的观点。如贺美英认为,"校园文化从狭义上讲就是开展健康的文化艺术活动和对学生进行艺术教育。"[3]从狭义上定义校园文化,虽然突出校园文化的独特性,但未免失之偏颇。尤其是在社会文化发展日新月异的今天,高校校园文化的内涵、外延都发生了很大的变化,其定义由"狭义"走向"广义"已是必然。通过以上分析,我们可以发现:校园精神及其德育价值是"校园文化"的本源,在这一点上,"校园文化活动"与之基本等同。

为了更好地理解校园文化的本质和内涵,我们将从抽象和具体的范畴对校园文化进行定义。

校园文化内涵深奥晦涩,形式复杂多样。它不同于经济、政治、科技等其他领域或具体对象,是"内在于人的一切活动之中,影响人、制约人、左右人的行为方式的深层的、机理性的东西"。[4]我们只有从百花齐放、百家争鸣的多样的校园文化中找出其共性,才能抽象出文化的本质。综合前文所述,我们将校园文化抽象定义为:校园文化主体在长期的互动实践过程中凝结成的生存方式,以及自觉不自觉地建构起来的教风、学风、校风等形象。从历时态来说,它是以师生为主体的全校人员的历史或实践总体的演进;从共时态来说,它是以师生为主体的全校人员的交往世界或生存空间的建构。校园文化的发展过程,体现为校园文化主体对于交往世界或生存空间的拓展和延伸。

[1] 贾敬远.激进 保守 多元——改革开放以来社会思潮与大学校园文化的互动轨迹[J].思想政治教育研究,2008,124(27):108-110.

[2] 杨立英.网络思想政治教育论[M].北京:人民出版社,2003.

[3] 贺美英.关于校园文化建设的几点认识[J].高等教育学报,1990(5):57-61.

[4] 衣俊卿.文化哲学十五讲[M].2版.北京:北京大学出版社,2015.

>>>>>>>>>

当我们断言,校园文化是校园文化主体历史地凝结成的生存方式时,我们只是道出了校园文化的最根本的规定性,它是对校园文化范畴的最高抽象。如欲对校园文化有更加具体的理解,我们必须回到活生生的校园文化现象中,从具体的范畴定义它。

1932年,美国学者沃勒首次提出并定义了"学校文化"。他在《教育社会学》一书中,将学校文化描述为一种"学校中形成的特别文化……这种特殊的文化的存在,可能是结合各种个体形成学校的最有效因素"。[1] 这种特别并非在于其物质,"大学之所以称为大学,关键在于它的文化存在和精神存在"。[2] 从内涵来看,校园文化并不简单,因为它是由物质、制度、精神等文化要素构成的一个互相渗透、相辅相成的有机体,绝非仪器、大楼、设备等的简单组合。其中,精神文化是校园文化的核心和灵魂,主要体现在办学理念和价值追求上,这也是高校的根本区别所在。从这个角度出发,我们将校园文化定义为:以师生为主体的全校成员为参与主体,校园精神为核心,先进文化为主要内容,由学校全体成员在长期的办学过程中创造的物质、制度以及精神文化的总和。

基于上述定义,我们将其特点归纳为以下几点。

第一,校园文化的主体是学校的全体成员。校园文化建设的主体不能片面地归为师生,而应是与其相关的所有人员。尤其是在办学主体多元化的条件下,很多社会组织、个人积极参与到学校的管理和建设中,他们共同创造了校园文化。相比于传统校园文化而言,现代校园文化的主体、校园文化的内容、形式等发生了很大变化。

第二,校园文化的空间界限是校园环境。也就是说,校园环境是滋养校园文化的生存空间和发展空间。但是,这并不意味着校园文化拘泥于校园空间内,它可以通过网络等媒介走出校园,走向社会。

第三,校园文化服务于高校的各项职能。具体而言,校园文化的目的就是实现培养人才、传承和创新文化、服务社会等职能。集中到一点上,就是立德树人。

第四,校园文化是一种亚文化。作为亚文化,高校校园文化与主流文化价值取向大致相同,但也有很多分歧。高校校园文化"又属于高层次文化,因而又具有超前性和批判性的特征,对社会的主流文化起着引导和推动的作用。从一定意义上讲,它代表了社会主流文化的发展方向"。[3]

第五,校园文化是一个动态文化系统,集中表现为历时态的绵延和发展,共时态的拓展和扩充。高校校园文化不是一成不变的,而是在校园文化主体的实践过程中始终处于不断地丰富、发展的过程中,因而它是历史与现实的双重凝结。

三、立德树人的校园文化载体

"载体"这一术语源于化学领域,后被广泛应用于各学科领域。其本义为运载、传输信息或能量的物质。在引入人文社会科学后,它被理解为承载知识和信息的载体。

---

[1]　Willard Waller. The Sociology of Teaching[M]. Hoboken: John Wiley&Sons, Inc., 1932.

[2]　杨家福. 大学的使命与文化内涵[N]. 学习时报,2007-8-27(1).

[3]　刘维娥. 高校校园文化论[M]. 北京:中国书籍出版社,2016.

目前,学界对于"思想政治教育载体"这一概念尚未统一。概括起来主要有三种。一是"活动说"。主要代表观点有:能够使思想政治教育因素的事物发挥教育作用的活动及过程。二是"要素说"。代表观点诸如:连接教育主、客体之间的桥梁和纽带。三是"中介说"。比较而言,它在学界占据主流地位。主要代表观点是:"承载、传导思想政治教育因素,能为思想政治教育主体所运用且主客体可借此相互作用的一种思想政治教育活动形式。"[1]

我们可以从上述定义找出其共同点,也就是成为思想政治教育载体所具备的基本条件。第一,能够承载、传导教育任务、内容、目的以及原则等信息,并为教育主体所操作。第二,一种实现教育主客体联动的介质,借助这一介质,主体能够开展教育实践,实现教育目标。只有同时具备以上两个特质,才能成为思想政治教育载体。

通过以上论述,我们不难发现,"中介说"的定义较为完备和准确。在此基础上,我们定义为:思想政治教育载体是一种能承载、传导思想政治教育内容或信息,并能为教育主体所运用的实体物质或活动形式。

立德树人的校园文化载体,是一个全新的、有自身独特性的概念范畴。它并非前文所述的文化、校园文化、载体和思想政治教育载体的概念的简单组合,而是在此基础上,针对自身的独特的本质规定性予以界定。

以载体的两个基本条件为逻辑起点,我们先考察校园文化能否满足大学生社会主义核心价值观载体的基本条件。对照第一个条件,校园文化如同任何一种文化一样,本身包含一定的思想倾向和价值观念。高校校园文化是在社会主义主流价值主导下形成的亚文化,因此,任何校园文化形式都或多或少地包含着社会主义核心价值观的内容或信息。再看第二个条件,高校校园文化在大学生社会主义核心价值观教育主客体之间的中介性并非没有条件。校园文化自身并不能自发地起到载体的连接互动作用,它需要教育主体对校园文化的核心价值观的充分调动,以及大学生正确发挥其主观能动性。

综上所论,我们将社会主义核心价值观教育的校园文化载体定义为蕴含、承载、传导社会主义核心价值观教育内容或信息,并能为教育主客体交互运用的高校校园文化形式或活动。

为了使社会主义核心价值观教育的校园文化载体这一定义更加具象化,我们可以从以下几个方面来理解其含义。

第一,作为社会主义核心价值观的载体,校园文化能够蕴含、承载、传播社会主义核心价值观教育内容或信息。作为上层建筑的重要组成部分,校园文化与道德、思想以及价值观念等意识形态一样,有着内在的一致性和密不可分的关联。任何时代的校园文化,蕴含着该时代的道德、思想、价值观念等意识形态,承载着该时代社会主流价值意蕴。文化有国界,这种国界就在于文化本身包含着本国的政治倾向和价值观念,所谓的不包含任何价值倾向的文化是不存在的。从这个角度而言,所有的校园文化形态都具有成为社会主义核心价值观教育的潜在可能性。但是不同的校园文化蕴含的价值观念不同,同样的文化

---

[1] 陈万柏.思想政治教育载体论[M].武汉:湖北人民出版社,2003.

>>>>>>>>>

观念对于不同的教育对象具有不同的价值。因此,对于任何特定的教育对象而言,并非所有的校园文化形式都适合成为大学生社会主义核心价值观教育的载体。

第二,它能够为社会主义核心价值观教育主客体交互运用。校园文化要成为大学生社会主义核心价值观教育的有效载体,它需要既能被教育主客体所理解和接受,又能被教育主体所把握和操作,促使主客体之间产生双向互动和交互作用。这表明,校园文化本身并非自动成为大学生社会主义核心价值观教育的载体,只有在教育主体发挥主体性,按照社会主义核心价值观教育的要求,对校园文化产品进行加工、改造,从中选择、提炼出有利的文化因子,并且有目的、有计划地组织大学生参与其中,他们才具有成为大学生社会主义核心价值观教育载体的可能性。只有在校园文化所蕴含的社会主义核心价值观的内容和信息被大学生吸纳与接收后,它们才成为真正意义上的载体。

第三,社会主义核心价值观教育的校园文化载体不仅包括物态的校园文化,还包括一定的校园文化活动。高校校园文化不仅包含凝结着校园人的思想和情感的园林花卉、亭台楼阁,还包含体现校园风格、教育思想、治学态度、价值规范的各种建筑、仪器、设施和规章制度,以及形式多样、异彩纷呈的校园文化活动。这表明,高校校园文化是由各种文化形式表现之后汇聚而成,既包括物质文化,又包括精神文化,还包括制度文化,绝非某一单个文化能取而代之。这些文化形式是一个互相联系、相辅相成的有机整体。教育主客体之间的主体间性决定了主客体的主体性以及互动性的重要地位。只有全面把握高校校园文化的整体,以及大学生社会主义核心价值观教育的特殊性,我们才能完整、准确、科学地理解校园文化载体的内涵。

总之,涵养大学生社会主义核心价值观的校园文化载体,旨在使校园文化承载、传导社会主义核心价值观,让大学生在参与校园文化活动中进行自我修养、培育,从而实现培育大学生社会主义核心价值观的目的。其中,校园文化载体创新是涵养大学生社会主义核心价值观的手段,培育大学生社会主义核心价值观是校园文化载体创新的目的。

第二节　立德树人的校园文化载体类型

以校园文化为载体,就是利用其多样性,将社会主义核心价值观寓于校园文化之中。因此,充分发挥校园文化载体的作用,就必须因材施教,针对性地加强各类校园文化的建设和创新。依据文化划分的类型标准,我们将校园文化载体的类型大致分为物质文化载体、制度文化载体和精神文化载体三类。

一、物质文化载体

校园物质文化是一种可视、可感知的文化实体,它本身所蕴藏的价值意蕴,直接或间接地对大学生的思想观念、价值取向产生重要影响。由于不同的物质文化承载不同的风格和理念,因而对于大学生的影响也不尽相同。

（一）校园环境

在校园物质文化中，校园环境占据其最直观、表层的含义位置，它是一部全方位、立体式的教科书。校园规划、校园绿化、校园美化是校园环境的核心，但是从其育人功能来说，校园环境远不止于此。它应该是集人文与科学、自然和谐与教育功能于一身的统一体，充分反映校园精神、校园风貌的辐射体。

（二）雕塑造型

雕塑造型是校园文化中较为常见的一种特殊又重要的类型。通常每所大学都会将本校杰出的人才雕塑、特殊贡献、特殊影响力的产品或成果，长期置放于校园某一特殊的位置，供师生和外来人员观赏。这种特殊性在于：雕塑造型是一所大学精神的物化载体，体现了一所大学的历史、传统和精神，彰显其独特的文化价值。

（三）校园装置

相对于雕塑造型的严肃及其深厚内涵，校园装置则显得相对较为随意和简单。但是这种随意和简单并不意味着凌乱和空洞，它充分反映了师生对某一文化的深度认同，或批判或倡导，或鞭笞或弘扬，或思辨或争鸣，都能使大学生感受到它散发出来的独特文化魅力以及浓浓的人文气息。

（四）校园景观

校园景观是最精华、最优美的校园物质文化的集中展示。它让人目不暇接、流连忘返，传递着浓郁的自然、艺术与人文精神，直接或间接地表达了大学的教学管理理念、历史文化传统、学术水平、规章制度和教职员工的道德素质。校园景观并非假山、喷泉、楼阁、花草、树木的简单堆积，而是科技、价值、人文、艺术的有机融合的结果。

二、制度文化载体

（一）大学章程

作为高校校园制度文化的"顶层设计"，大学章程集中体现了办学理念、管理体制、师生员工的权益分配、财务管理等重大事项的价值理念和精神。它相当于国家的"宪法"，其他管理制度都不能与之相左，它为高校制定其他管理制度提供了指导和依据，引领高校朝着既定的目标发展。

（二）学术规范

作为"诚信"价值观的重要载体，学术规范既是大学生、教师以及其他参与学术研究人员的"软约束"，又是他们进行科学研究的"硬约束"。关于前者，是基于研究人员的价值共识和道德自觉而言的；至于后者，则是全体成员进行学术研究必须遵循的道德规范和价值标准。一旦逾越了这一红线，学术失范者将深负道德内疚，付出一定的代价。现代大学无一例外地制定了涉及学术研究整个过程和环节的规范，形成了较为完备、系统的学术规范。良好的学术风气对大学生成长、成才产生积极的影响,反之亦然。

(三)行为规范

针对学生、教师和管理人员等不同的对象,高校制定了不同的行为规范。这些行为规范,旨在对学习、教学、管理、研究、社会服务等各个领域的道德行为进行有效的规范和约束。其中,大学生行为规范主要是各高校依据《高等学校学生行为准则》,结合本校实际情况,对《高等学校学生行为准则》进行了进一步的完善和细化,使之更加具有针对性和可操作性,目的就是通过行之有效的行为文化,引导大学生形成共同的道德标准。

(四)学生社团

作为大学生的自组织,大学生社团是按照国家和学校的法律、规章、制度,自发、自愿、自主成立的群体性组织。在大学校园文化中,学生社团是一个最具创新性、最具个性、最具活力的特殊群体,为大学生进行自我教育提供了一个自主选择的实践平台。随着高等教育改革的深化和学生素质教育的推进,大学生社团的发展规模、质量也随之提升。几乎绝大部分学生都参加过一个以上的社团组织。社团的一些管理规定的制定,都是在社团成员集体参与的、集体认同的条件下约定的,它充分体现了民主、平等的价值理念。这些成文或不成文的规定,也成了校园文化中的一道亮丽的风景线。

三、精神文化载体

依据精神文化的不同形态,我们将其分为显性载体和隐性载体。高校校园精神文化的显性载体包括校训、校徽、校歌,而校史则属于隐性载体。校训以文字的方式诠释了校园精神文化的内涵;校徽以图案的方式使校园精神的神韵得以具化;校歌以声音的方式传递出校园精神的魅力;校史则以历史的方式诠释了校园精神文化的底蕴。

(一)校训

作为大学精神的集中体现,校训以精华的文字表述了大学的办学宗旨、办学特色和人文精神。它蕴含了高校校园文化的精华,具有启迪智慧、升华思想、陶冶品性、价值引领的功能,因而可以作为涵养价值观的载体和教育方式而存在。校训是一所大学的历史积淀而形成的文化传统,世代传承的大学精神。它并非一蹴而就,而是历史地凝结成的存在方式和价值信仰。正因为如此,校训在全体师生精神世界中打上了不可磨灭的印记,对他们的价值信仰具有涵养作用。

(二)校徽

作为文字、意象、寓意的结合体,高校校徽被赋予了校园精神底蕴和文化内涵,彰显了大学精神、价值取向以及追求的人文、科学精神。校徽中"意象的营造是为了能够使校徽形象地表达出某种象征寓意。这就决定了大学校徽意象要具备投射或者彰显这种象征寓意的功能,把意象作为抽象之物,承载大学的思想精神",[1] 传递出大学的办学理念。

(三)校歌

校歌充分反映了大学的历史传统、人文精神和价值追求,它能够激发全校师生的情感共鸣,培养他们的爱校情怀。作为一种需要集体合唱的音乐形式,校歌具有不可思议的教育力量。在校歌的演唱过程中,师生之间需要互相协作、互相配合、整齐划一,于无形中对学生养成与人和谐相处的习惯以及集体观念,产生潜移默化的影响。合唱的声乐魅力及其表现力、感染力、震撼力,对大学生的性格、情操以及心灵具有熏陶和净化效果,能够触动神经中的情感因子,照亮他们人性中的美。

(四)校史

校史就是记录一所学校创建、发展历程以及教育成果的历史。其中,人事史、制度史、成果史是校史的重要内容。"校史文化由于其资源的独特性、内容的稳定性和事实的可信性,对大学生具有较强的凝聚力、吸引力和感召力,可以在培育大学生社会主义核心价值观中发挥重要的作用。"[2] 历史是一面镜子,历史更是一部活生生的教材。彼此心理上的隔阂,在校史教育中消失殆尽,爱校之情、文化认同在情感共鸣中得到升华。这就是校史教育的魅力,于悄无声息中凝聚师生的向心力、思维方式,塑造共同的价值取向、行为规范。

第三节 立德树人的校园文化载体特征

顾名思义,校园文化载体由校园文化和载体两者有机融合而成,本身包含了两者的一些特征。我们在立足其概念的理论基点上,结合校园文化本身的特征,对其特征作如下概括:社会主义核心价值观教育的校园文化载体具有指向性、渗透性、互动性、多样性、创新性和包容性。

一、指向性

从本质上说,价值观教育是一项"指导性的活动"。17—21 世纪的 300 多年的历史中,"资本主义文明模式的形成、巩固和发展成了西方社会价值观教育的主题;如果说马克斯·韦伯的《新教伦理和资本主义精神》是资本主义价值观教育的宏大叙事,那么塞缪尔·亨廷顿的《文明的冲突与世界秩序的重建》就为西方国家提供了价值观教育的蓝本。"[3] 所以,这种指向性的根源为价值观的政治性和意识形态性,也就是我们常说的阶级立场,因而占据着绝对主导地位。"一个阶级是社会上占统治地位的物质力量,同时也是

[1] 刘维娥. 高校校园文化论[M]. 北京: 中国书籍出版社, 2016.

[2] 王明生. 以校史文化汲取培育和践行社会主义核心价值观的精神营养[J]. 思想教育研究, 2015(12):24-26.

[3] 李宏斌、杨亮才. 文化哲学与社会主义核心价值观[M]. 北京: 人民出版社, 2015.

社会上占统治地位的精神力量。"[1]涵养社会主义核心价值观同样也不例外。它直接指向社会主义方向,目的就是培养社会主义建设者和接班人。从价值观教育实践发展来看,任何价值观念都不会也不可能自发生成,它必然要经历一个自觉、自信的过程,实现人们对价值观念的自觉、自信,就离不开价值观念的灌输以及为之开展的意识形态教育。如果我们单纯地希冀社会主义核心价值观念在大学生头脑中平白无故而生,无异于痴人说梦。且不论这一过程多么曲折和漫长,单就与社会主义核心价值观相对立的异质价值观及与其相左的文化思潮而言,这一美好希冀就显得那么遥不可及。因此,校园文化涵养社会主义核心价值观,无论是其内容或是其形式,抑或是其传播方式,在其价值取向、政治立场和方向上,两者都必须保持高度的一致。其次,价值观是文化的核心,价值观教育的本质是文化育人。"文化不同,则价值观不同、思维方式不同、行为方式不同。"[2]文化与价值观一样,具有意识形态性。没有意识形态性的所谓纯文化是不存在的,因为文化的主体,一出生就打上了意识形态的烙印。客观地说,这种指向性是与生俱来的。

二、渗透性

渗透性是校园文化载体的最重要的、独具的特征,也是校园文化载体的魅力所在。从呱呱坠地伊始到悄然离去,人自始至终沐浴在文化的海洋,于无意识中受制于某种价值观的规制,形成了在规制之下的思维方式和行为方式。文化的这种耳濡目染、潜移默化、浸染漫灌式的教育范式,对人的影响是全方位、立体式的。它既包括思维方式、价值观念、道德情感和生活习惯,还包括专业技能、个性人格等方面的影响。中国著名学者梁簌溟也曾强调了文化的这种渗透性的重要作用。他认为,"其实一个民族之有今日结果的情景,全由他自己以往文化使然;西洋人之有今日全由于他的文化,印度人之有今日全由于他的文化,中国之有今日全由于我们自己的文化,为莫从抵赖。"[3]事实的确如此,文化的这种渗透熏陶方式,容不得人们去抵抗,在它面前只能乖乖就范,因为我们一出生就已经成为它的"俘虏",而在长期的相处过程中,彼此又成为亲密无间的"朋友"。正因为文化的这种神奇,蕴含校园文化之中的价值观念,并非直接作用于大学生,而是通过在其浸润、熏陶的渗透下,在暗自生长、潜移默化中实现其教育功能。

三、互动性

作为主体对客体进行改造的对象性实践活动,文化在主客体双向互动中形成和发展。任何文化的传承和发展都离不开主客体之间的互动。校园文化最核心的内容是教育实践活动的产物,它集中体现为师生之间的双向互动。即教师为达到教育目的而开展的

[1] 中共中央马克思恩格斯列宁斯大林著作编译局. 马克思恩格斯文集:第1卷[M]. 北京:人民出版社,2009.
[2] 张鹏. 校园视觉文化中隐性价值的研究[M]. 北京:人民教育出版社,2008.
[3] 徐洪兴. 20世纪哲学经典文本——中国哲学卷[M]. 上海:复旦大学出版社,1999.

各种活动,学生在参与的过程中接收教师传递的信息,通过不断地反馈、评价,进而实现内化、达成目标。校园文化形成和发展的互动性,决定了涵养大学生核心价值观的校园文化载体的互动性。它表现为教育主体借助校园文化产品,将核心价值观的内容蕴含于校园文化建设,让教育客体在参与校园文化建设中获得教育,于潜移默化中强化他们的知与行。在这一过程中,既有作为教育主客体之间的双向互动,又有作为文化建设主体之间的双向互动,彼此之间形成了错综复杂的交互联系。因此,在某种程度上,我们可以说校园文化是源于师生双向互动而形成的交互性文化。作为涵养大学生社会主义核心价值观的载体,它本质上也是源于师生参与,在双方互动过程中进行的一项文化建设活动。或者说,它是基于师生在文化活动中交互作用而进行的一项教育活动。在活动过程中,师生双方形成了纵横交错的互动关系,它包括教师与学生、教师与教师、学生与学生等之间的交互,彼此之间进行交流、沟通、接收、分享信息,在生产、传播、消费等交互进程中实现不同人群之间的文化交互。

四、多样性

民族多样、地域差异注定了文化的多样性。因此,校园文化载体的形式也呈现多样化的特征。校园文化载体的多样性,既包括表现形式的多样性,又包括内容的丰富性。从表现形式来看,物质、制度和精神分别是校园文化载体的三种基本样态。如果再细分,它还包括校园环境文化载体、校园行为文化载体等。其中,校园物质文化载体又包含图书馆、学生公寓、学生食堂、教学设施、文体设施、博物馆、校史馆等。校园文化载体形式可谓五花八门、色彩缤纷、数不胜数。从文化的内容来看,高校校园文化涵括长期以来校园人创造的物质文明和精神文明成果的总和,内容之广博,难以用言语形容。从历时态来说,高校教育者在长期的教育实践中形成了丰硕的文化成果。它既有中华民族优秀的传统文化,也有近现代的历史文化,更有中国共产党领导全中国人民创造的震古烁今的物质文明和精神文明。这些优秀传统文化、先进文化以及外来文化优秀成分,共同构筑成校园文化中的重要内容。从共时态来说,大学历来是各种文化交汇、交融、交锋之地,各种思想观念的碰撞之地,各种思潮的激荡之地,各种学术的汇集之地,各种创新的迸发之地。正如眭依凡教授所言:"大学者,有大学文化之谓也。"[1]大学之大,在于文化之大,在于文化之深,在于文化之新。

五、创新性

社会主义核心价值观教育的校园文化载体的创新性,一半源自先天,一半源自后天。文化是人类为满足自身需要和弥补自身不足而产生的一种创造性和目的性的实践活动,这也是人与动物最大的区别之处。动物为了生存,只是本能地被动适应,而人依靠"第二天性"(先天性),可以主动改造世界。正如布莱兹·帕斯卡尔(Blaise Pascal)所言:"思

---

[1] 眭依凡.大学者,有大学文化之谓也——兼谈大学新区的文化建设[J].教育发展研究,2004(4):10-14.

想形成人的伟大。"[1] 至于人后天形成的能力,其范围涉及国家、社会、个人三个层面,需要我们不断创新校园文化载体来承载、传递其内容和信息。从教育对象的多样性来看,教育对象个性的多样、复杂使得人们达成价值共识、价值信仰困难重重,在这种情况下,涵养大学生社会主义核心价值观要突破困境,就必须立足于大学生的个性及其个性化的文化需要,不断创新教育方式、途径和载体,校园文化载体创新就成为一种实现突围的有益尝试。古语云:文以载道、文以明道、文以贯道。社会主义核心价值观要想获得生机和发展,就需要一种文化载体来承载自己的内容,阐发自己的内涵,表现自己的形式,传播自己的价值。大学生社会主义核心价值观教育也不例外,它需要一种创新型的校园文化来诠释及提升自己,以使自己在大学校园这块文化土地上深深地植根,展示其生命力,彰显其影响力。

六、包容性

中华文明绵延至今、历久弥新,具有突出的包容性,从根本上决定了校园文化海纳百川、包容四海的特质。文化几乎涵盖了人类社会的每个领域,深奥到几乎没有人能够说清楚文化到底是什么。但是文化似乎又意味着一切,错综复杂、无所不包、无处不在。文化的这种复杂性,传递到载体上,表现为校园文化载体的包容性。这种包容性表现在文化的鉴别非常困难。当我们面对诸如传统与现代、本土与异域以及主流文化与非主流文化等形形色色的文化,需要对它们的内容进行甄别时,我们发现非常困难,似乎你中有我,我中有你。文化的这种高度融合、混合发展,内在的包容和共通,熔铸成自身海纳百川、有容乃大的气魄。当然,这种包容性并不意味着文化要素的杂乱无章和混乱无序。相反,在价值目标、方向一致时,它们会产生综合性的系统效应,形成协同育人的合力。在大学校园文化熏陶之下,大学生经常性地"耳濡目染人的类活动对象化的成果,人的思想和行为的形成受到文化因素的综合影响"。[2] 这种综合性的影响,并不仅仅拘泥于政治信仰、思想观念、世界观、人生观、价值观等方面,大学生的思维方式、行为习惯、专业技能、审美方式也随之悄然改变。大学生的社会主义核心价值观培养,并非孤立单一的,而是建立在思维方式、行为习惯、道德情感等各个方面的基础之上。校园文化载体的这种包容性特征,蕴含了各种积极的教育内容和信息,恰恰满足了这种特定需要,迎合了这种特定趋势。并且相对于当代大学生追求个性的条件而言,校园文化载体的包容性满足了他们的泛在性要求。文化的包容性促成多元聚为一体,情感上相互亲近,不断构筑起共同精神家园。因此,文化的包容性更有利于增进共同性。文化认同迎刃而解,意味着对社会主义核心价值观的认同就会巩固。

---

[1] 帕斯卡尔.思想录[M].何兆武,译.北京:商务印书馆,1985:156-157.

[2] 王景云.当代中国思想政治教育文化载体研究[D].哈尔滨:哈尔滨工程大学,2012.

第四节　立德树人的校园文化载体功能

由于大学校园文化具有的特质及其传播方式，以及承载、教化、审美等功能，从而使其成为涵养社会主义核心价值观过程中不可或缺的重要方式。

一、传承功能

所谓大学生社会主义核心价值观的校园文化载体的传承功能，是指校园文化载体能够承载社会主义核心价值观的内容或信息，也就是贮存、蕴含着社会主义核心价值观的理念、内容与价值的作用。这是作为涵养社会主义核心价值观所具备的基本功能之一。

在大学生社会主义核心价值观教育过程中，教育主体、客体，以及目标、方针、内容、原则、方法等各要素之间不可能孤立存在，那样彼此之间就发生不了相互作用，教育功能也就无法实现。高校校园文化载体正是将这些要素有机地串联起来，为它们提供发挥作用、效果的平台，使这些要素彼此相互作用，产生合力。在这一过程中，校园文化载体扮演着"枢纽"和"桥梁"的角色，实现了从理论向实践的迈进。

校园文化载体的这种传承功能，一方面可以从大学使命和功能中寻找答案；另一方面，我们可以回到教育实践过程中去寻求解释。关于前者，有语云："传承已知、探求未知是大学的使命。"[1]"在学校的发展历程中，校园文化具有很强的历史传承性，一所大学的办学理念、文化精神、学术价值、行为规范的形成，绝不是一蹴而就，而是需要几代人的传承的发展。"[2]哲学人类学家蓝曼德用了一个非常形象的比喻来描述这一过程。他认为："知识和技术如同救火线上的水桶一代一代地传递，而且靠典范传达给后世，于是前辈的传统引导着人们。"[3]从这个角度而言，文化不只是人的"第二天性"，它还是"第三天性"。因为任何文化都是在继承前人"第二天性"基础上而形成的"第二天性之天性"。至于后者，涵养大学生社会主义核心价值观作为一项日常思想政治教育，它是建立在教育主体与教育客体之间的交往基础上的实践活动。但是，这种主体与客体的交往不是凭空而来的，它需要一种蕴含教育主体想要表达的内容或信息以及连接彼此之间的形式，才能实现其系统的有效运行，达成自己的教育目标。从教育主体一方来说，通过校园文化活动、校园文化建设等载体，将社会主义核心价值观寓于校园文化活动或校园文化建设中，使校园文化有效地融涵核心价值，并将其内容和信息定向传递给教育客体，从而实现校园文化的核心价值观教育功能。从教育客体一方来说，教育客体参与校园文化建设或者文化活动，从中获取相应的价值内容或信息，并通过知、情、信、意、行不断强化、转化、内化，将其纳入自己的认知系统，从而建构起自己一整套的道德价值观念系统。同时，教育客体还通过自己的思维方式、言谈举止向教育主体反馈信息。教育主体根据反馈的信息，衡量其教育效果，

[1] 文大稷，秦在东. 论创新大学文化与培育大学精神[J]. 学校党建与思想教育，2012(6):15-17.

[2] 武刚. 高校校园文化的体系构成及其特点[J]. 广西社会科学，2007(10):184-187.

[3] 蓝德曼. 哲学人类学[M]. 彭富春，译. 北京：工人出版社，1988.

并且以此为依据,调整和改进自己的教育方式。如此循环,校园文化在教育主体、客体之间的互动过程中传承、创新和发展。

二、教化功能

作为人类的自我超越以及人类生产的物质文明与精神文明的总和,文化的教化功能是其题中之意。当然,作为其中之一的高校校园文化也不例外。并且,"校园文化载体不仅可以载运教育主体有意识发出的教育信息,而且可以使蕴含在事物中的教育因素转化为教育信息并传递给教育对象,实现教育目的"。[1] 这种教育不同于课堂内的理论教育,而是借助于校园文化载体对人的渗透式的隐性教育方式,使大学生置身于校园文化的情境之中,耳濡目染,潜移默化。使大学生在文化熏陶和文化认同中,逐渐习得文化的特质和内涵,进而认同校园文化中蕴含的价值观念。与显性教育相比,这种以校园文化载体进行的隐性教育,让大学生在"无意识"的状态下,逐渐地在文化感知、体验中,接受意识形态的教育。这也是校园文化涵养大学生社会主义核心价值观独特方式。这种涵养式的教育方式所产生的效果持久而浓烈。

社会主义核心价值观教育的校园文化载体的教化功能,不仅仅局限于个体,它还体现为"政治、经济等社会活动及其社会制度安排的内在机理和图式"[2]。由于一些人们囿于文化由经济、政治所决定,是经济、政治的附属物的成见,这种提法难免受到"文化决定论"或"唯文化论"的责难。要破除这种偏见,我们就需要把人们从对文化与经济、政治关系的片面理解中解放出来。之所以造成这种片面的理解,一种原因是对于文化理解的狭隘化,仅仅视之为文学、艺术、饮食或者拘泥于精神文化的范畴内的故步自封。另一种原因是唯政治、经济决定论,文化再重要,终究敌不过经济与政治。所以,当我们突出"文化决定论"时,难免会被冠之以唯心主义历史观,事实上并非如此。广义的文化不仅包括精神,同样也包括物质。这是其一。其二,我们突出"文化决定论",并不是否定经济的基础性地位,而是强调文化的教化功能。从历史方位来看,文化绝非经济、政治的附属物,尽管在一定时期内,人们并未注意到文化的重要性,但是,这毫不影响文化在人的一切活动领域以及社会存在领域的重要地位和重要作用。自始至终,文化从最深处影响和制约着人乃至一个社会的运行的存在方式。正如克利福德·格尔兹(Clifford Geertz)所言:"我与马克斯·韦伯(Max Weber)一样,认为人是悬挂在由他们自己编织的意义之网上的动物,我把文化看作这些网,因而认为文化的分析不是一种探索规律的实验科学,而是一种探索意义的阐释性科学。"[3] 所以,这种内在机理和图式,说到底还是归功于文化的教化功能,文化塑造人,人本身才是决定社会运行机理和图式的最根本的决定性因素所在。正因为如此,校园文化载体的教化功能也并不只是墙内开花墙内香,而是香气四溢、春色满园。

[1] 董世军. 现代思想政治教育载体论[D]. 长春: 吉林大学, 2008.

[2] 衣俊卿. 文化哲学十五讲[M]. 2版. 北京: 北京大学出版社, 2015.

[3] 克利福德·格尔兹. 文化的解释[M]. 纳日碧力戈, 等译. 上海: 上海人民出版社, 1999.

三、审美功能

校园文化提供的不仅仅是认知、教化的功能,它还提供给人们一种美的价值,这种美的价值赋予了校园文化载体审美的功能。离开了美,校园文化载体的其他功能将"皮之不存,毛将焉附"。美不仅是校园文化作为大学生社会主义核心价值观载体的内在要求,还是校园文化作为先进文化本身的本质性要求。"美在于客观的现实事物,现实事物的美是美感的根源。"[1]离开了美,校园文化就不成其为文化,因为从一开始,人们就是按照美的规则在建构着自己的文化;离开了审美性,校园文化也更遑论成为社会主义核心价值观教育的载体,因为它将散失魅力,失去吸引力。因此,以校园文化为涵养大学生社会主义核心价值观,它为我们提供的绝不是枯燥乏味、单调晦涩的机械性的理论知识,不是基于一种简单的判断,而是一种价值观念的美的判断。

"诗人理解道德的真理,和哲学家所用的方式不同;一个牧羊人看日食月食,也和天文学家所用的眼光不同。"[2]正如鲍姆加通所言,科学的美,凭理性认识。而大学校园文化的美不仅需要理性,还需要"以美的法则突破大学体系的自然和理性法则的割裂,形成感性和理性、形式与自由相统一的审美状态。在审美状态中,自然偶然性和道德强制性被消解,校园文化载体的外在事物形式被赋予内在生命,让学生在自由完整的成长过程中获得自然状态和道德状态的结合,成为知、情、意完美结合的统一体"。[3]当然,社会主义核心价值观教育不单是一种美感的教育,也不是简单地欣赏校园文化的美,而是以社会主义核心价值观的美寓于校园文化的美,使两者的美有机融合,使之成为形神兼备之美。在这里,一种以美育德的教育方式,将使得涵养社会主义核心价值观的效果陡增。亦即以美的手段达成涵养美之目的,以美的过程孕育美的结果。正所谓,你美我美,各美其美,美美与共,天下大同。所以,当校园文化被纳入涵养大学生社会主义核心价值观的范畴时,校园文化的美就"从一种目的性价值变成一种工具性价值,从一种主导性价值变成一种伴生性价值"。[4]当然,校园文化涵养社会主义核心价值观,并不单单是它的自在美,还在于它以美的形式给大学生的理性认知中装入了核心价值观念。所以,这种美不是孤立存在的,它始终与人们的认知性紧密联系在一起。这同样也体现了社会主义核心价值观教育实现了人从感性解放到理性自觉的美的实现,彰显了人的感性与理性的完美统一。

第五节 校园文化载体的立德树人作用

综上所述,校园文化具有传承、教化、审美等功能,当这些内部所固有的功能与大学生发生关系时,它便对其价值观的形成、发展产生作用。大学校园文化载体以物质、精神、制

[1] 蔡仪. 美学论著初编[M]. 上海:上海文艺出版社,1982.

[2] 朱光潜. 西方美学史[M]. 北京:商务印书馆,2007.

[3] 徐令. 美学视野下的大学校园文化载体的创新[J]. 前沿,2012,304(2):124-125.

[4] 姚迎春. 思想政治教育的文艺载体研究[M]. 北京:中国社会科学出版社,2013.

度等各种形式承载和传播社会主义核心价值观，对于涵养大学生社会主义核心价值观，它具有提升教育引导、促进实践养成，以及强化知行合一等作用。

一、提升教育引导

作为教育的重要形式之一，隐性教育在涵养大学生核心价值观中发挥着重要作用，它的作用丝毫不亚于显性教育。因为，从本质上说，隐性教育就是"一种价值性的影响"。[1]作为大学生隐性教育的重要形式之一，校园文化是涵养大学生价值观的重要支撑。借助文化传递给学生的经验，将有意或无意地左右着大学生的价值观发展，不管是学术性的，还是非学术性的，这些教育经验将在很长一段时间内对他们的价值观发挥作用。由于文化传递价值观具有隐蔽性，它对价值观所产生的潜移默化作用，能够持续而有序地形成功效。不同于显性教育，隐性教育往往是在"学生无压力的情况下，通过感染、暗示、模仿、从众等学生的非特定性心理反应，对学生施加教育影响，使他们在不知不觉中对社会主义核心价值观产生认同，从而达到'桃李不言，下自成蹊'的教育效果"。[2]众所周知，核心价值观的形成和发展绝非一朝一夕就能实现，它需要经过持续不断的渗透，在日积月累中实现价值观的凤凰涅槃和浴火重生。在这一点上，校园文化的特质和优势满足了上述条件，从而使自己成为影响大学生价值观发展过程中不可或缺的组成部分。例如，以校风、学风、教风为代表的隐性教育方式，深刻影响着大学生的思想观念和行为方式。校园里承载、蕴含和表征社会主义核心价值观的雕塑、建筑物或装饰，就是一门生动的物态隐性课程。正如人们看到雷锋塑像，就不由自主地联想到奉献、友善、乐于助人，看到科学家塑像，头脑中就会不假思索地浮现爱岗敬业、废寝忘食的图景。

总体而言，培育大学生社会主义核心价值观主要有两种形式：一种是理论教育，另一种是实践教育。固然，在课堂上接受系统的理论教育，是培育大学生社会主义核心价值观主阵地，但是，理论教育不能包打天下，在某种程度上，大学生社会主义核心价值观教育，更需要实践教育这一教育形式。事实上，涵养大学生社会主义核心价值观，不能仅仅依靠理论灌输就能彻底实现。因为，缺乏实践的理论说教，不仅不科学、不系统，教育效果也堪忧。从大学生接受的角度而言，一味地理论灌输，强制的行为要求，并不能使他们真正认同和接受，只有让他们在满足自己需要以及丰富、生动、活泼的校园文化活动中，他们才会自觉接受。因为只有这样，才能让社会主义核心价值观从抽象的理论变成真正的生活。也只有在积极参与校园文化活动中，大学生才能深化对社会主义核心价值观的认知，并在身体力行的实践过程中将社会主义核心价值观内化于心、外化于行。从这个角度而言，校园文化是大学生社会主义核心价值观的"媒介物"，它的发展必须依托这一"媒介物"才能完成。这是由于校园文化是属于大学生自己的文化，是在满足他们需要和发展的前提下，并且在他们自己的实践过程中创造的，因而饱含着他们的向往和追求，这种向往和追

---

[1] 檀传宝.德育形态的历史演进与现实价值[J].教育研究，2014,35(6):25-32.

[2] 靳玉军.高校利用隐性课程进行社会主义核心价值观教育[J].西南师范大学学报（自然科学版），2015,40(2):153-156.

求就成为校园文化涵养社会主义核心价值观的有效载荷。

总之,无论是从隐性教育还是从实践教育的角度而言,校园文化载体对涵养大学生社会主义核心价值观具有提升教育引导的作用。

二、促进实践养成

根据马克思主义的观点,人是环境的产物,环境对人的价值观的形成和发展具有不可替代的作用。这里的"环境"不只是我们所处的地理环境,它更多的是人类社会所处的文化环境,是人类社会进行实践活动创造的物质文明和精神文明而形成的独特生存条件。人类社会的风俗、习惯以及信仰等,往往都是依托于自己生存的环境实现着代际传递。毋庸讳言,人类文化的产生及文明的继承,无一不是借助文化环境的依托完成的,即便是直接教育也不例外。"从文化的角度来考察,教育活动是一种文化的传承、习得、创造的社会实践活动;从教育学的角度来考察,文化贯穿和环绕在教育活动的所有环节和要素中,是教育活动得以展开的条件、内容和重要载体。"[1]校园文化与大学生在课堂接受直接教育截然不同,它以场域的方式对大学生的价值观进行渗透。如同我们每天呼吸到的空气一样,校园文化以一种无形的方式潜移默化着大学生的价值观。生活在校园之中,大学生往往在不知不觉中接受着校园文化传递着的价值观。因此,从某种意义上讲,与其说人是环境的产物,不如说是文化的造物。因为,人从"落地伊始,社群的习俗便开始塑造他的经验和行为。到咿呀学语时,他已是所属文化的造物,而到他长大成人并能参加该文化的活动时,社群的习惯便已是他的习惯,社群的信仰便已是他的信仰,社群的戒律亦已是他的戒律"。[2]对于当代大学生而言,校园无疑就是塑造他们价值观的社群,他们参加的各种校园文化活动,所传递给他们的价值观便已是他们的信仰和戒律。

诚然,一个人的生活环境为他的价值观的生成、发展提供了原料和养分,如果他所处的环境给予的文化是充分的,那么他的价值观的形成和发展将不会错失良机。值得庆幸的是,大学校园文化以其前瞻性、多样化、先进性等丰富的文化资源,为涵养当代大学生的价值观提供了肥沃的土壤。与课堂教育相比,校园文化内容丰富、形式多样,富有时代性、互动性、兼具形象与艺术的特质,更加亲近生活、贴近需求。在进入文化之后,抽象的理论变得形象,枯燥的说教变得生动,深刻的思想变得易懂。文化环境的这种天然优势,让它成为涵养核心价值观不可替代的资源,可谓与课堂教学相得益彰、相辅相成。一方面,校园文化具有感召、约束作用,不断丰富大学生的精神世界,提高他们的文化修养,提供强大的精神动力;另一方面,校园文化使得社会主义核心价值观具象化、形象化、生动化、互动化,深化了大学生对核心价值观的认知,强化了他们对核心价值观的认同,增强了他们对核心价值观的践行,为涵养社会主义核心价值观提供了优良的教育环境。无论是课堂教育,还是图书馆、校史馆、展览馆,或者是其他承载和传播核心价值观的校园景观、设施等,它们为涵养大学生核心价值观提供了自我教育的平台,无一不在对大学生核心价值观产

---

[1] 李辉,吕彪.社会主义核心价值观培育和践行的文化载体[J].思想理论教育,2015(6):15-20.

[2] 露丝·本尼迪克特.文化模式[M].王冠萍,等译.北京:生活·读书·新知三联书店,1988.

生着重要影响。

总之，涵养大学生社会主义核心价值观，离不开日常生活、学校制度和学生守则、文体活动以及环境熏陶中的养成。

三、强化知行合一

曾经有位哲学家说过，博学与见识不能画等号。我们可以从书本中获得博学，从课堂上得到博学，但是，仅仅依靠书本或者课堂，对于增长见识却远远不够。因为见识主要来自于人们的社会实践，只有从现实生活中，我们才能找到真谛。价值观就是这样一种见识，它只有在我们的现实生活中才能达到真正的知行合一，只有在我们的社会实践过程中才能形成并发挥作用。马克思主义认为，实践锻炼人、造就人，只有在实践中，人才能获得全面发展。不仅如此，他还把这一过程等同于人的存在。这个被黑格尔称为"伟大思想"的论断进一步被马克思生活化。事实上，不只是人，世间万物发展皆如此。价值观也不例外，它在人们的生活实践过程中生成、发展与提升。"贵在坚持知行合一，坚持行胜于言。"[1]也就是说，只有在反复的生活实践中，价值观才能生成和发展。脱离或者逃避这种过程，就不会有价值观的生成和发展这一结果。其实，人的发展也是如此。人们在反复的实践过程中完成自己的社会化，让"人"变成了人，实现了"生物人"到"社会人"的华丽转身。

提到生活，人们的头脑中往往第一时间浮现的是物质生活。这固然说明了物质生活的重要性，但是，如果我们只是把物质生活理解为生活的全部，不仅庸俗，而且否定了生活的真谛，窄化了生活的范畴。毫无疑问，人生活在世上，不只是为一日三餐而活，他应该为实现自己的人生意义而活，体现自己生存意义的价值来自我们的精神生活。正如党的十九大报告中指出的那样，我们对美好生活的追求和向往。在新的历史时期，中国人已经从站起来迈向富起来和强起来的新时代。这里的"富"与"强"，更多的是包含精神富足、文化精神强大的价值意蕴。社会主义核心价值观，作为人的精神支柱，人的精神存在，将扮演着更加重要的角色。在新时期，这种精神需要与文化需要将远胜于任何一个时代。这种精神需要源自我们的生活，亦如价值观一样。如果远离生活，它就如同无根的野草、飘零的落叶。又如儒家文化中的"道"一样，它从哪里来？儒家认为，道自生活，即生活之道。

如果我们明白了精神需要和精神生活的真正意义，那么我们就不难理解文化对于精神需要和精神生活的重要性了。正如习近平总书记所指出的："如果没有自己的精神独立性，那政治、思想、文化、制度等方面的独立性就会被釜底抽薪。"[2]至此，我们应该明白校园文化对于大学生精神需要和精神生活的重要性。换一个角度来说，如果我们把课堂上关于社会主义核心价值观理论教育当作解决"知"的问题，那么作为"第二课堂"的校园文化，则主要解决"行"以及"知行合一"的问题。因为，这是关乎大学生生活过程

[1][2] 中共中央文献研究室.习近平关于全面建成小康社会论述摘编[M].北京：中央文献出版社，2016：110-117.

的重要内容、重要过程,他们的价值观的生成、发展皆系于此。价值观只有与他们的生活发生关系,才能产生持久的功效,社会主义核心价值观才能真正起到作用。也就是说,社会主义核心价值观只有进入他们的生活之中,才能内化于心、外化于行。如果它不能与大学生的生活产生联系,它只能是大学生脑海中虚幻的词汇而已,除此之外,毫无价值。从这个意义上而言,校园文化对于促进大学生社会主义核心价值观知行合一的作用更加凸显。

第二章　文化育人的理论依据和价值目标

立德树人的校园文化载体研究,是一项涉及思想政治教育学、文化学等多学科的交叉研究。这就决定其理论依据的综合性,一方面,我们要坚持以马克思主义理论为基础;另一方面,我们要借鉴相关学科理论。由于篇幅所限,本章主要阐述与本研究有密切关系且具代表性的几个理论。

第一节　马克思关于人与文化的理论

马克思的人学理论、文化理论,在文化理论的发展史上占据着革命性的重要地位,是具有旺盛生命力的理论成果。这些理论成果具有鲜明的科学性、实践性等特征,是我们进行研究的指导思想和理论依据。值得一提的是,限于篇幅,我们不一一对马克思的人学理论、文化理论以及人的全面发展理论做系统的归纳、总结和阐释,而是结合论题,从中撷取与文化载体最为紧密的几个论题,进行概括性的阐释,并从中获得启示。

一、人的本质与人的全面发展理论

人的本质与人的全面发展理论,是我们开展研究最根本的理论基础。马克思指出:"人的本质并不是单个人所固有的抽象物,在其现实性上,它是一切社会关系的总和。"[1] 在人类发展的历史实践进程中,人们需要与自然界、人类社会、他人、历史、自我发生各种各样的关系,进行各种形式的信息、能量交换,这些都需要一定的载体为中介才能实现和完成。"我与自然、我与社会、我与他人、我与历史、我同自我的关系都是'中介'的";"人作为主体,它是一个社会性的存在,历史性的存在,文化性的存在,因此是以实践活动为基础,以精神活动、文化活动为中介而构成的主体对客体的关系"。[2] 在这里,人是主体、客体的集合体,是全部教育的中心。同样,以校园文化这一载体为依托,开展大学生社会主义核心价值观教育,大学生既是校园文化的主体,又是其客体。人的发展及其价值实现,是全部教育的目的和核心。

什么是人? 这个看似简单的哲学问题,却又难以给出标准答案。普罗泰戈拉(Protagoras)曾断言:"人是万物尺度。"[3] 这一论断首次从主体与客体的关系探寻人之本质,也蕴含着以人为本的思想萌芽。苏格拉底(Socrates)主张"人应该是在理性的指引

---

[1] 中共中央马克思恩格斯列宁斯大林著作编译局.马克思恩格斯文集:第1卷[M].北京:人民出版社,2009.

[2] 孙正聿.哲学修养十五讲[M].北京:北京大学出版社,2004.

[3] 赵敦华.西方哲学经典讲演录[M].桂林:广西师范大学出版社,2007.

下充分认识到自己的无知,通过自知无知的理性思考进一步认识自己。"[1]这里蕴含着人之理性是人的本质的思想,人与动物的最大区别在于人的理性,并且通过理性,人类能够不断认识自己,改变自己,超越自己。在此基础上,亚里士多德(Aristotle)进一步发展了苏格拉底的思想和柏拉图的人性论。他强调,"合乎伦理道德的现实行为活动就是幸福",[2]亦其所言,"人是政治的动物"。人的本质在于德行,是通过人的社会化并在社会实践进程中获得与实现的,也就是人的本质并不是人的与生俱来的生理本能,而是来自后天的实践。人们通过后天的实践努力获得自己的本质,并通过实践证明自己的价值。这标志着人的本质已经从抽象的境界转向人的现实生活,从虚无缥缈地脱离现实的视野回归到活生生的人之生存环境之中。

马克思的人的本质的思想也经历了这样一种转换、成熟的过程。从最初比较得出"自我意识即为人的本质",到他在担任《莱茵报》编辑时确立的"人的本质是理性的自由",再到《1844年经济学哲学手稿》时,他在批判黑格尔"绝对精神的产物",肯定黑格尔"劳动是人的本质"思想基础上,提出自由自觉的活动(劳动或实践)恰恰是人的特性。1845年4月,马克思在《关于费尔巴哈的提纲》中断言:人的本质是"一切社会关系的总和"。[3]这一论断标志着马克思对人的本质的认识从"类本质"上升到"社会关系的总和"这一新的历史高度。它是对人的本质概括的最科学、最准确的一种抽象性描述,否定了人类社会以往仅仅把人的本质归结为单个人所固有的抽象物的偏见,从实践的角度,用社会关系来把握人的本质。"每个个人和每一代人所遇到的现成的东西:生产力、资金和社会交往形式的总和,是哲学家们想象为'实体'和'人的本质'的东西的现实基础。"[4]因为人的认识以及全部活动都是建立在人的实践的基础上,人不可能脱离社会实践而孤立存在,它是人之所以为人的前提和基础。所以,人首先是个现实的人,这个现实的人必须立足于现实,从现实出发,才能寻找到生命的本质,实现生命的价值。人的社会性,是人与人区别的根本所在,更是人与动物的根本区别。胡子、血液、肉体以及人之本能,只不过是人生存和发展的前提和基础,决定人的本质的因素,依然是社会关系的总和。但是,万变不离其宗,最终决定这些社会关系的总和的,是人们的社会实践,尤其是与人们生存息息相关的物质生产实践和精神生产实践活动。人的本质,通过实践才能得到确证,通过生成和发展才能成为现实。正如马克思本人所说:"个人是什么样的,这取决于他们进行生产的物质条件。"[5]

既然实践是人之为人的基础,那么实践就意味着变化、新的可能以及创新。所以,马克思的人的本质思想,就是现实性与可能性、创新性的统一。无疑,"人的本质还应包括人的'发展'的方面。人具有无限的发展可能性,因而必须从人、人类的过去、现在、未来的无限发展进程中解说人。同时,人是主体,人的发展并不是单纯依靠外在力量来实现的,而是主体与客体、外在与内在的相互作用中实现的,人或人类是自我设计、自我选择、自我

[1] 色诺芬.回忆苏格拉底[M].北京:商务印书馆,1984.

[2] 亚里士多德.亚里士多德全集:第8卷[M].北京:中国人民大学出版社,1994.

[3][4][5] 中共中央马克思恩格斯列宁斯大林著作编译局.马克思恩格斯文集:第1卷[M].北京:人民出版社,2009.

规定的主体。"[1]不仅如此，马克思所指的人的发展还是每个人全面的、自由的发展，而且将实现全人类的全面自由发展作为无产阶级的历史使命。为此，他进一步指出，这一目标只能是在物质文明和精神文明高度发达的共产主义社会才能成为现实。一个社会物质文明和精神文明的高度发展，是促使人类全面自由发展的基础和前提，才能为人类的全面发展开辟广阔的空间。

总之一句话：人不再是抽象的、孤立的、静止的个体，而是一个整体的、现实的、发展的个体。马克思的这一结论，对我们的研究具有重大启示。涵养大学生核心价值观的目的，就是培养"四有新人"。这个"新"就新在不同于人类以往任何社会，尤其是不同于资本主义社会，最根本的不同就在于社会主义新人是符合社会主义生产力发展，并具有共产主义远大理想目标的人。因此，我们在利用校园文化载体开展大学生社会主义核心价值观教育时，要把大学生视为一个自觉的、实践的人，因人而异，因势利导，充分发挥人的主体性和能动性，引导他们参与各种文化建设活动，不断改造自己的主观世界。这就要求我们运用校园文化载体时，要充分运用文化对人影响的全面性特质，拓展和创新文化载体的内容、形式以及传播的途径，并注意培养大学生广泛的兴趣爱好，让他们在充分的文化实践中获得全面、充分的发展。

二、马克思主义文化理论

从马克思、恩格斯的公开文献来看，尽管二者没有明确地提出文化理论，也没有一部系统论述文化问题的专著，但是他们却在诸如社会历史理论等多种理论体系中，从某些特定的视角对文化问题进行了深刻的探讨。后继的马克思主义经典作家列宁、斯大林、毛泽东以及中国共产党几代领导集体，在继承马克思主义的基础上，提出了一系列创建性的观点，形成了较为系统的马克思主义文化理论。它们是我们进行校园文化载体创新研究最根本的指导思想和理论依据。

（一）文化意识形态说

关于文化本身，马克思、恩格斯描述为"时代精神"[2]"文明活的灵魂"[3]，并指出"文化史全部是宗教史和政治史"[4]。"知识、精神生活、意识形态、文化意识和文化观是其表现形式；文化与社会生活方式、文明形态的变化具有紧密联系，不可割裂开来。"[5]

迄今为止，马克思的这一著名的"文化意识形态性"的论断依然占据着无产阶级文化理论体系的领导权和话语权，在社会主义社会文化实践中始终处于主导地位。这一论断从一出现就饱受争议、非议，反复被解构、重构，但它却依然木秀于林、坚不可摧。

唯物史观认为："经济基础决定上层建筑，人们的社会存在决定人们的社会意识。"文化属于上层建筑，是一种社会意识形态。马克思、恩格斯在《反杜林论》等著作中，明确

[1] 方同义，黄瑞瑞.人的本质是现实性与可能性的辩证统一[J].江汉论坛，2009(4):38-44.

[2] 中共中央马克思恩格斯列宁斯大林著作编译局.马克思恩格斯文集：第1卷[M].北京：人民出版社，2009.

[3][4] 中共中央马克思恩格斯列宁斯大林著作编译局.马克思恩格斯文集：第8卷[M].北京：人民出版社，2009.

[5] 衣俊卿，胡长栓.马克思主义文化理论研究[M].北京：北京师范大学出版社，2012.

表达了这一观点和立场。

在《〈政治经济学批判〉序言》一文中,马克思指出,作为一种意识形态,文化具有强烈的政治性,对社会存在或经济基础具有反作用。"占统治地位的思想不过是占统治地位的物质关系在观念上的表现。"[1] 在《〈政治经济学批判〉导言》中,他又进一步指出,文化是一种精神生产,它包括两个方面:一方面是"生产者物化"的过程,即文化艺术是主体本质力量的对象化;另一方面是"生产者所创造的物人化"的过程,即主体本质力量对象化的对象化,生产者生产的文化产品,反过来影响人、塑造人、促进人的发展。

意识形态位居文化的核心,决定着文化的性质。作为统治阶级的思想观念占据绝对统治地位,意识形态主导着文化的发展、变化。意识形态借助文化传播对人们的思维方式、价值观念施加影响,因而,占统治地位的思想或意识形态始终是一个社会的主流意识形态,蕴含统治阶级思想的文化,始终是一个社会的主流文化,每个人在这样的文化环境下都难以独善其身。

意识形态的重要性决定了文化建设的重要性,要加强意识形态建设,就必须要不断加强文化建设、文化创新,以文化人是其重要方法和重要途径。显然,马克思、恩格斯也认识到了这一点。为此,他们提出,要实现共产主义,就要造就共产主义建设者和接班人,实现人的自由全面发展,而要实现这一切,离不开共产主义文化。因为"文化上的每一个进步都是迈向自由的一步"。[2] 从文化上来说,共产主义建设首先要摆脱对资本主义文化的依附,建设共产主义文化,涵养共产主义价值观,造就自由全面发展的人。在实现共产主义的征途中,文学艺术的美育作用不可或缺。"提升大众的文化素养是实现共产主义的基本前提,也是不断创造条件培育无产阶级阶级意识的途径。"[3]

在"文化意识形态说"的基础上,列宁将其发展为"科学的意识形态",并提出了著名的"灌输论"。在列宁看来,它是无产阶级的历史使命,只有批判资产阶级的意识形态,强化马克思主义的意识形态,无产阶级才能完成这一重大历史使命。不仅如此,列宁还提出:通过加强文化教育的政治功能,提高人民群众的文化素养来促进廉政建设。

与列宁不同的是,毛泽东直接使用"文化""思想体系"等术语代替"意识形态"。他认为,在现在的世界上,一切文化或文学艺术都是属于一定的阶级或一定的政治路线的。为了艺术的艺术、超阶级的艺术,以及和政治并行或互相独立的艺术,实际上是不存在的。[4] 显然,一切文化或文学从一开始就打上了阶级的烙印,没有无意识形态的文化或文学。区别在于,毛泽东只是从文化与政治的关系的角度予以界定,实际上与马克思的意识形态思想毫无二致。不仅如此,他还特别强调意识形态工作队伍的重要性,倡导"百花齐放、百家争鸣"。

进入 21 世纪以来,建设社会主义核心价值体系,提高文化软实力,相继上升为国家战

[1] 中共中央马克思恩格斯列宁斯大林著作编译局.马克思恩格斯文集:第1卷[M].北京:人民出版社,2009.
[2] 中共中央马克思恩格斯列宁斯大林著作编译局.马克思恩格斯文集:第9卷[M].北京:人民出版社,2009.
[3] 黄家周.文化建设视域下民族地区马克思主义大众化的路径研究——以广西为例[D].成都:西南交通大学,2015.
[4] 毛泽东.马克思主义文艺论著选讲[M].北京:中国人民大学出版社,2003.

>>>>>>>>

略。为此,党和国家领导人在很多场合反复强调主流意识形态的重要性,建设社会主义文化,必须加强主流意识形态的引领。尤其是党的十八大以来,习近平总书记将意识形态建设提高到了一个更高的战略层面。他指出经济建设是党的中心工作,意识形态工作是党的一项极端重要的工作。[1] 这是新一届党和国家领导人针对新形势条件下的新问题和新任务,对社会主义意识形态建设做出的新的重大战略部署,吹响了新时期新形势下我国意识形态工作的新号角。

(二) 精神文化生产论

在马克思、恩格斯之前,黑格尔、费尔巴哈等人都曾对精神生产进行过研究,并提出过一些独到的创见,但是他们或困于唯心主义,或执迷于形而上学,致使科学的、系统的精神文化生产理论胎死腹中。但是,真正建立整体的、科学的精神文化生产论的,马克思、恩格斯则是当仁不让的世界首创。在马克思、恩格斯看来,精神生产主要是指文化范畴,因而在某种程度上,精神生产论又可称为文化生产论。它与黑格尔、费尔巴哈、斯密、李嘉图等人的精神生产理论的根本区别在于它是建立在唯物史观基础之上,而后者则是建立在唯心主义之上。

马克思、恩格斯认为,精神文化生产是社会分工的结果。脑力劳动的出现,"形成了一个脱离直接生产劳动的阶级,它掌管社会的共同事务:劳动管理、国家事务、司法、科学、艺术等。"[2] 这个掌管社会的共同事务的劳动者,就是精神文化生产者。精神文化生产不能脱离物质生产而孤立存在,归根结底,它受制于物质生产。正如马克思所说:"人们首先必须吃、喝、住、穿,就是说首先必须劳动,然后才能从事政治、科学、艺术和宗教等活动。"[3] 人首先要生存下来,才会有从事精神生产的可能,也只有先生存下来,才会产生精神文化的需要。再者,精神生产总是与其物质生产相适应、相一致的。这两条平行线,基本上处于同一"频道"相向而行,尽管存在偶尔步调不一致的现象,但是总体来看,两者始终趋于一致。这是由其基本规律所决定的。正如资本主义制度下的思想观念、价值体系,资本主义的自由、平等,归根结底也只是资产阶级才能真正享有的特权,根本原因就在于它是由资本主义生产方式所决定的。但是,精神生产与物质生产的一致性,并非绝对意义上的一致,精神生产具有相对独立性,主要表现为:它要么落后于物质文化生产,要么超前于物质文化生产。精神文化生产具有自己特殊的发展规律。恩格斯指出:"历史方面的意识形态家在每一科学领域中都有一定的材料,这些材料是从以前的各代人的思维中独立形成的,并且在这些世代相继的人们的头脑中经过了自己的独立的发展道路。"[4] 马克思和恩格斯还在很多场合强调,文化是"更高的悬浮于空中的思想领域"。恩格斯还提出,"观念同自己的物质存在条件的联系,越来越错综复杂,越来越被一些中

---

[1] 新华社. 习近平在全国宣传思想工作会议上强调 胸怀大局把握大势着眼大事 努力把宣传思想工作做得更好[N]. 人民日报, 2013,8(21):1.

[2][3] 中共中央马克思恩格斯列宁斯大林著作编译局. 马克思恩格斯文集: 第3卷[M]. 北京: 人民出版社, 2009.

[4] 中共中央马克思恩格斯列宁斯大林著作编译局. 马克思恩格斯文集: 第10卷[M]. 北京: 人民出版社, 2009.

间环节弄模糊了。"[1] 西方著名的文化社会学家伯纳德·罗森博格和约瑟夫·本斯曼也曾说道:"每一代人的文化在传给下一代人时都是以整体传递的,这种文化传递可以被称为社会化。"[2] 精神文化发展和传承的特殊性,从某个侧面印证了马克思关于"经济上落后的国家在哲学上仍然能够演奏第一小提琴"[3] 的论断。值得一提的是,马克思、恩格斯前瞻性地预测了精神文化生产全球化的发展趋势。在信息化条件下,地域时空对文化交流的阻碍已经微不足道,各种民族文化的频繁交流大大地超越了人类以往社会的总和,任何一种文化难免不受别的文化影响,文化内容不可避免地遭遇了其他文化的渗透,使得文化之间的界限越来越模糊,真正地变成了全世界的"公共产品"。

在继承马克思、恩格斯的精神生产论的基础上,列宁提出了"两种民族文化",他要求扬弃一切反动腐朽文化,创造无产阶级新文化,并强调"只有马克思主义的世界观才是正确地反映无产阶级的利益、观点和文化。"[4] 我们从中可以看出,列宁的精神生产论,是坚持马克思主义意识形态下的,以服务人民为目的的社会主义文化建设理论,其目标是培养共产主义新人。

毛泽东在马克思主义精神文化生产论的中国化方面也做出了重要贡献。在不同历史时期,毛泽东立足实际创造性地提出了符合时代的文化理论。其中,"民族的、科学的、大众的"新民主主义文化观就是其代表作。所谓"民族的",就是发展中华民族自己的文化,维护文化独立和自主,反对文化帝国主义和全盘西化;所谓"科学的",就是要反对封建迷信,反对落后的意识形态,以科学的态度对待人类文化;所谓"大众的",就是反对文化专制主义,反对资产阶级文化特权,发展人民群众需要的、由全体人民共享的、服务于全体人民的文化。新中国成立后,针对新情况、新形势和新需要,毛泽东适时提出"双百方针",并鲜明地指出,"立场问题,态度问题,工作对象问题,工作问题和学习问题,[5] 是广大文艺工作者要务必解决好的五大问题"。

改革开放以后,在继承马克思主义文化理论的基础上,邓小平创新性地提出"两手抓,两手都要硬"的主张。一方面,他认为:"人民的物质生活好起来了,文化水平提高了,精神面貌会有很大变化。"[6] 另一方面,他又指出:"不加强精神文明的建设,物质文明的建设也要受破坏,走弯路。"[7] 毋庸置疑,这一主张,既反映了精神生产领域的主要矛盾,又体现了主要矛盾的主要方面。正如邓小平所言,"两大文明"之间的关系应该是相辅相成、辩证统一的。

综上所述,社会主义文化建设,必须重视马克思主义意识形态的主导性。毋庸置疑,它也不可避免地受到物质生产的影响和制约。但是,它又具有相对的独立性和自身的发展规律。社会主义核心价值观的培育,不能局限于自身,但又必须重视自身的建设。建设

————————————

[1] 中共中央马克思恩格斯列宁斯大林著作编译局. 马克思恩格斯文集:第4卷[M]. 北京:人民出版社,2009.

[2] 克莱德·克鲁克洪. 文化与个人[M]. 高佳,等译. 杭州:浙江人民出版社,1986.

[3] 中共中央马克思恩格斯列宁斯大林著作编译局. 马克思恩格斯文集:第10卷[M]. 北京:人民出版社,2009.

[4] 列宁. 列宁选集:第4卷[M]. 北京:人民出版社,1995.

[5] 毛泽东. 毛泽东选集:第3卷[M]. 北京:人民出版社,1991.

[6][7] 邓小平. 邓小平文选:第3卷[M]. 北京:人民出版社,1993.

>>>>>>>>>

社会主义核心价值观,必须重视社会主义文化建设,两者相辅相成、缺一不可。因而,对于与之价值观相对立的文化思潮,我们必须加以批判。我们还要正确处理一元下的多元关系。多元是一元主导下的多元,一元是包容多元下的一元。既不能以一元否定多元,也不能以多元否定一元。社会主义核心价值观培育,重在文化的传承和创新。自古以来,中华民族在中华优秀传统文化的熏陶下,形成了传统价值观。同理,涵养大学生核心价值观,必须发挥校园文化的熏陶作用。为此,校园文化载体建设和创新,不能拒斥人类优秀的文化成果。相反,我们要积极汲取人类一切优秀文化成果的精华和养分,以开放、包容的姿态,通过文化输出,向全世界人民宣传我们的价值观。

(三) 文化创新推动文明进程

马克思主义文化理论,是建立对资本主义文化的批判之上的。"任何思想始终都不过是统治阶级的思想,思想的历史表明精神生产总是随着物质生产的改造而改造。"[1]面对资本主义的文化,马克思斯恩格斯如是说。他们还进一步指出,共产主义革命必须与传统私有、传统观念进行彻底的决裂。显然,要与资本主义私有制、生产关系及其国家政权、上层建筑决裂,就必须批判为资本主义服务的思想上层建筑——"资本主义文化"。因为它已然在人类社会从封建主义迈向资本主义的文明进程中将走向终结,它不会也绝不可能在迈向社会主义的征途中具有决定意义。

马克思主义认为,人类永不停止的文化创新推动着人类文明的不断进步。即使局部的文化破坏,也未能阻止整个人类社会文化创新推动下的文明进程。随着"欧洲文化领域的扩大,在那里一个挨着一个形成的富有生命力的伟大民族,以及 14 世纪和 15 世纪的巨大的技术进步,这一切都没有被人看到。"[2]如果看到文化对于科学技术进步以及生产力的巨大贡献,那么文化创新的意义,怎么夸张都感觉不过分,在马克思那里,它甚至被视为人类文明与野蛮的分野。马克思是这样描述的:"从铁矿石的冶炼开始,并由于拼音文字的发明及其应用于文献记录而过渡到文明时代。"[3]在这里,铁矿石、文字的发明及其应用,被誉为文化创新的先声,文化创新开辟了人类文明的先河。

列宁从人类社会变革的高度肯定了文化创新的决定性意义。他指出:"我们的政治和社会变革成了我们目前正面临的文化变革,文化变革的先导。现在,只要实现了这个文化革命,我们的国家就能成为完全社会主义的国家了。"[4]可见,列宁将文化创新视为实现人类文明进步的最重要的推动力,并认为高度发达的科学与文化具有与社会主义经济制度、政治制度同等重要的地位。正因为文化如此重要,列宁非常重视文化的创新。列宁还强调,马克思主义并非一成不变、亘古不变、不可侵犯的禁区,它同样需要革故鼎新,以巨大的实践勇气和理论勇气,从各个方面将它推向前进。至于中国历代领导集体,也都高度重视文化创新。当前,以习近平同志为核心的党中央领导集体,正在全面深入推进改革开放,倡导理论创新、制度创新,文化创新,提高文化软实力,实施创新驱动发展战略。可以

---

[1] 中共中央马克思恩格斯列宁斯大林著作编译局.马克思恩格斯文集:第2卷[M].北京:人民出版社,2009.

[2][3] 中共中央马克思恩格斯列宁斯大林著作编译局.马克思恩格斯文集:第4卷[M].北京:人民出版社,2009.

[4] 列宁.列宁选集:第4卷 [M].北京:人民出版社,1995.

说,党和国家对文化创新的认识已经上升到一个新高度和新境界。

(四) 文化创新需要批判继承

马克思主义理论的成功,除了马克思、恩格斯的勤奋与努力,一个非常重要的原因在于他们都具有批判精神。他们的每一部理论著作,字里行间无一不显露、渗透着强烈的批判意识。在批判德国古典哲学基础上,马克思创立了唯物史观;在批判资产阶级经济学的劳动价值学说的基础上,他发现了劳动价值论。有鉴于此,有学者认为,马克思主义理论的三个基本组成部分是作为对资本主义三大批判存在的理论形态。"从《1844 年经济学哲学手稿》到《资本论》,马克思的全部著作都融汇着这三大批判,而且都是把批判的矛头指向'现实的历史'即资本主义社会。"[1]

任何创新都是继承基础上的创新,文化创新也不例外。正如任何新事物的诞生都是在继承旧事物的优势和吸取旧事物的失败教训的基础上,它才代表了事物的发展规律和发展趋势,实现对旧事物的超越,从而取代旧事物。关于这一点,列宁对马克思做如下评价。他认为:"马克思主义这一无产阶级的思想体系赢得了世界历史性的意义,是因为它没有抛弃资产阶级时代最宝贵的成就,相反却吸收和改造了两千多年人类思想和文化发展中一切有价值的东西,只有在这个基础上,按照这个方向……才能认为是发展真正的无产阶级文化。"[2]马克思主义理论创新,同样也是立足于批判之上,去其糟粕地扬弃、取其精华地继承,并朝着正确的方向实践,实现了人类历史上具有伟大历史意义的文化创新。列宁继承和发扬了马克思的批判精神,旗帜鲜明地表明了无产阶级文化创新必须坚持批判的政治立场,并主张文化创新要为政治服务。在他看来,只有打上无产阶级精神烙印以及为实现其专政的文化,才是真正的无产阶级文化。

毛泽东敏锐地观察到了这一点,并大胆地提出了马克思主义中国化的创新式命题。他在《反对本本主义》中提出:"中国的革命斗争的胜利要靠中国同志了解中国情况。"[3]在他看来,批判的目的就是创新,并认为反对教条主义、反对本本主义,结合实际,实事求是,是文化创新的方法。纵观毛泽东思想理论,毛泽东对于灵活务实这一文化创新的基本原则的坚持是一以贯之的。文化创新和批判一样,不是全盘否定,而是辩证否定,以及否定之否定。只有这样,我们才能不断地推陈出新,发扬光大。

综上所述,校园文化创新也是如此,它必然是在坚持优秀传统文化和人类优秀文化价值的基础上的创新。正如中国共产党人所认同的那样:人类拥有共同的价值观。社会主义核心价值观就是在对中华民族传统价值观和西方资本主义核心价值观的基础上的创新,它吸取了人类普遍认同的价值观念,并赋予了社会主义价值内涵,才纳入社会主义的价值系统。

---

[1] 孙正聿. 关于马克思主义创新的思考[N]. 光明日报, 2009,5(19):9.

[2] 列宁. 列宁选集: 第2卷 [M]. 北京: 人民出版社, 1995.

[3] 毛泽东. 毛泽东选集: 第1卷 [M]. 北京: 人民出版社, 1991.

>>>>>>>>>

（五）实践是文化创新的法宝

马克思将实践观引入文化创新领域，并提出理论联系实际而创新是根本方法。列宁称之为"具体化"，他要求把"无产阶级和农民的革命民主专政从公式的世界导入现实的世界，使它有血有肉，使它具体化。"[1]关于实践是文化创新的表述很多，在此不再赘述。总之，文化创新最终还是要回归到实践中来检验。

虽然列宁和马克思同样强调实践对于文化创新的重要性，但是，两者在创新的倾向性上不尽相同。列宁更倾向于开放性、包容性的文化创新。"现在必须弄清楚一个不容置辩的真理，这就是马克思主义者必须考虑生动的实际生活，必须考虑现实的确切事实，而不应当抱住昨天的理论不放。"[2]列宁一生创造了诸如政党建设理论、帝国主义理论等开放性、包容性的代表作，并通过整风运动这一实践形式使之具体化。毛泽东创造性地发扬了列宁的文化创新理论，并要求"宣传创造性的马克思主义"[3]。他认为，"中国共产党人只有在他们善于应用马克思列宁主义的立场、观点和方法，善于应用列宁斯大林关于中国革命的学说，进一步地从中国的历史实际和革命实际的认真研究中，在各方面做出合乎中国需要的理论性创造，才叫作理论和实际相结合。"[4]概括起来就是一句话：创新寓于理论联系实际的过程之中。

无独有偶，马克思、恩格斯和列宁一样，在不同著作中反复强调了科学技术对于文化创新的重要性，而且列宁在其晚年遗嘱中表达了没有丰富知识、技术的人，就没有文化创新的论断。这一论断进一步突出了人这一文化创新主体在文化创新中的重要性，并主张开展思想启蒙教育和科学技术教育，培养共产主义新人。

值得一提的是，马克思、恩格斯还突出强调了世界观、价值观对于文化创新的重要性。在马克思看来，文化创新的关键是哲学变革，哲学变革可改变世界。也就是说，世界观、价值观是文化的活的灵魂，实现文化创新的关键在于世界观、价值观的创新。同时，他还强调了物质基础和科学技术在文化创新中的重要性，在社会主义社会中，"劳动将和教育相结合，从而可使多方面的技术训练和科学教育的实践基础得到保障。"[5]

综上所述，实践是文化创新的法宝，文化创新是为了更好地实践。其中，物质生产实践为文化创新提供物质保障，科学技术是文化创新的重要基础。人是创新的主体，实现人的世界观、价值观的转变，对文化创新具有革命性的重要意义。这些对于大学生社会主义核心价值观教育校园文化载体创新具有重要的现实指导意义。一方面，校园文化创新是一项系统工程，不能就文化而论文化，它需要文化主体、文化基础、价值观建设等各个方面的创新支撑；另一方面，涵养大学生社会主义核心价值观的校园文化载体创新，应该是一项整体联动的创新，而非单个校园文化载体的创新。它不仅包括单个校园文化内部各要素的联动创新，还包括整个校园文化的联动创新。

---

[1][2] 列宁.列宁选集：第3卷[M].北京：人民出版社，1995.

[3] 中共中央文献研究室：第2卷.毛泽东文集[M].北京：人民出版社，1999.

[4] 中共中央文献研究室：第1卷.毛泽东文集[M].北京：人民出版社，1991.

[5] 中共中央马克思恩格斯列宁斯大林著作编译局.马克思恩格斯文集：第9卷[M].北京：人民出版社，2009.

三、习近平文化思想

党的十八大以来,习近平总书记针对中国特色社会主义文化和高校思想政治工作阐发了许多新思想、新观点、新论断,形成了习近平文化思想。

(一)以人民为中心

首先,习近平指出了人民是文化发展的目的。人民是文化的享有者,社会主义的文化是以人民为中心的文化。社会主义文化,以满足人民精神需要、服务人民发展为目的。习近平强调:"要从中国文化的土壤中汲取更多的营养,培养有中国文化之根、有中国文化底蕴、有中国魂的人。"[1] 作为人民的、大众的社会主义文化,全民共享是区别于资本主义文化的根本所在。"社会主义文艺,从本质上讲,就是人民的文艺。"[2] 建立在极少数人之上,仅供少数人享有的文化,显然不是社会主义文化。显然,文化源自人民,服务人民,是习近平文化理论的价值本位。尊重人民的主体地位,是社会主义文化的本质属性,以文化人,以文育人,促进人的全面发展,是社会主义文化的本质要求。

其次,习近平特别强调人民在文化发展中的重要地位和重要作用。文化发展必须依靠全体人民,而不是少数人。文化只有"扎根人民、扎根生活",才能去除"奴隶气"和"铜臭气"。"文艺作品要坚持以人民为中心的创作导向。"[3] "用现实主义精神和浪漫主义情怀关照现实生活,用光阴驱散黑暗,用美善战胜丑恶。"[4] 只有这样的文化产品才能满足人民的精神需要,不断增加人民对文化上的获得感,也只有这样的文化,才能筑成人民的精神家园。"古往今来,中华民族之所以在世界有地位、有影响,不是靠穷兵黩武,不是靠对外扩张,而是靠中华文化的强大感召力和吸引力。"[5] 毋庸置疑,社会主义文化要始终以人民为中心,脱离了人民,我们的文化就失去了感召力和吸引力。因为,脱离了人民的文化,教育不了人民,也感化不了人民,更加凝聚不了民心,实现中华民族伟大复兴的中国梦也只是空想。正如习近平所言:"一个没有精神力量的民族难以自立自强,一项没有文化支撑的事业难以持续长久。"[6]

(二)以意识形态为圭臬

在本质上,文化就是意识形态,文化的性质由其内含的意识形态决定。由此可见,文化对于涵养核心价值观的重要性更加凸显。习近平指出:"面对改革发展稳定复杂局面和社会思想意识多元多样、媒体格局深刻变化,在集中精力进行经济建设的同时,一刻也不能放松和削弱意识形态工作,必须把意识形态工作的领导权、管理权、话语权牢牢把握在

[1] 中国教育报评论员. 扎实办好中国特色社会主义高校——论学习贯彻习近平总书记高校思想政治工作会议讲话精神[N]. 中国教育报,2016-12-10(1).

[2][4][5] 习近平. 在文艺工作座谈会上的讲话[N]. 人民日报,2015-10-15(2).

[3] 闻言. 坚定文化自信,建设社会主义文化强国——学习《习近平关于社会主义文化建设论述摘编》[N]. 人民日报,2017-10-16(7).

[6] 习近平. 同各界优秀青年代表座谈时的讲话[N]. 人民日报,2013-5-5(2).

手中,任何时候都不能旁落,否则就要犯不可挽回的历史性错误。"[1] 他还特别强调:"坚守我们的价值体系,坚守我们的核心价值观,必须发挥文化的作用。"[2] "我们提倡和弘扬社会主义核心价值观,必须从中汲取丰富营养,否则就不会有生命力和影响力。"[3] 因此,中国特色社会主义文化发展必须坚持走自己的道路,不能沦为西方的跟随者,西方文化的"应声虫"。涵养社会主义核心价值观必须依靠社会主义文化的作用,而不能依靠资本主义文化或者别的什么文化。如果我们希冀于资本主义文化,那么社会主义核心价值观也将被资本主义价值观所取代,社会主义文化也终将被资本主义文化所取代。如果那样,我们的文化已经被资本主义釜底抽薪了,民族精神的独立性也终将离我们渐行渐远。

　　培育和践行大学生社会主义核心价值观,是当前高校意识形态工作的一项紧迫任务。习近平在全国高校思想政治工作会议讲话中指出:"高校思想政治工作关系高校培养什么样的人、如何培养人以及为谁培养人这个根本问题。要坚持把立德树人作为中心环节,把思想政治工作贯穿教育教学全过程,实现全程育人、全方位育人,努力开创我国高等教育事业发展新局面。"[4] "必须围绕学生、关照学生、服务学生。""因事而化、因时而进、因势而新。"[5] "切实把社会主义核心价值观贯穿于社会生活方方面面。""要利用各种时机和场合,形成有利于培育和弘扬社会主义核心价值观的生活情景和社会氛围,使社会主义核心价值观像空气一样无所不在、无时不有。"[6] 为此,我们"要坚持不懈促进高校和谐稳定,培育理性平和的健康心态,加强人文关怀和心理疏导,把高校建设成为安定团结的模范之地。要坚持不懈培育优良校风和学风,使高校发展做到治理有方、管理到位、风清气正"。[7] 因为,只有这样,我们才能确保高校的社会主义属性,坚持走中国特色社会主义道路,才能形成涵养社会主义核心价值观的肥沃土壤和良好氛围。

　　首先,习近平认为文化要围绕社会主义核心价值观进行创新,因为"核心价值观是文化软实力的灵魂、文化软实力建设的重点。这是决定文化性质和方向的最深层次要素。一个国家的文化软实力,从根本上说,取决于其核心价值观的生命力、凝聚力、感召力。"[8] 如果丢失了这个灵魂,缺失了这个要素,文化创新就会使文化变质,这样的文化创新是失魂的创新,中华民族也会因此丧失自己的精神家园,精神上的独立性也将变得遥不可及,

[1] 中共中央文献研究室.习近平关于全面深化改革论述摘编[M].北京:中央文献出版社,2014.

[2] 习近平.完善和发展中国特色社会主义制度,推进国家治理体系和治理能力现代化[N].人民日报,2014-2-18(1).

[3] 习近平.青年要自觉践行社会主义核心价值观——在北京大学师生座谈会上的讲话[N].人民日报,2014-5-5(2).

[4][5][7] 吴晶,胡浩.习近平在全国高校思想政治工作会议上强调 把思想政治工作贯穿教育教学全过程 开创我国高等教育事业发展新局面[J].中国高等教育,2016(24):5-7.

[6] 新华社.习近平在中共中央政治局第十三次集体学习时强调:把培育和弘扬社会主义核心价值观作为凝魂聚气强基固本的基础工程[N].人民日报,2014-2-26(1).

[8] 习近平.习近平谈治国理政[M].北京:外文出版社,2014.

"那思想、文化等方面的独立性就会被釜底抽薪"。[1] 为此,习近平总书记特别要求"要紧紧围绕建设社会主义核心价值体系、建设社会主义文化强国,以此推动社会主义文化大发展大繁荣。"[2] 习近平总书记对于核心价值观在文化中的重要地位的描述,表明了社会主义核心价值观培育在文化创新中的灵魂地位。

其次,习近平认为培育社会主义核心价值观必须立足于文化创新。习近平指出:"坚守我们的核心价值观,必须发挥文化的作用。民族文化是一个民族区别于其他民族的独特标识。要加强对中华优秀传统文化的挖掘和阐发,努力实现中华传统美德的创造性转化、创新性发展,让跨越时空、超越国度、富有永恒魅力、具有当代价值的文化精神弘扬起来,把继承优秀传统文化又弘扬时代精神、立足本国又面向世界的当代中国文化创新成果传播出去。"[3] 这体现了习近平总书记对文化创新之魂的准确把握。因为只有不断进行文化创新,才能更好地融涵、承载和传播社会主义核心价值观,也只有通过文化创新,才能更好地阐释、宣传和传播社会主义核心价值观,这是培育和践行社会主义核心价值观的文化基础,同样也是培育和践行社会主义核心价值观的现实要求。

(三) 以"双创"为指针

创新是文化的生命,也是文化发展过程中永恒的主题。习近平指出:"当代中国的伟大社会变革,不是简单延续我国历史文化的母版,不是简单套用马克思主义经典作家设想的模板,不是其他国家社会主义实践的再版,也不是国外现代化发展的翻版,不可能找到现成的教科书"。[4] 中国特色社会主义需要一个什么样的文化,中国特色社会主义文化怎样发展,如何培育社会主义核心价值观,回答这一系列问题,需要我们对问题进行研究,从理论上做出新的阐释,提出新观点,找到新方法,开展新探索。

为了回应上述时代命题,习近平总书记在继承中国共产党文化理论的基础上,将历史和实践经验自觉运用于文化领域,创造性地提出了"双创"方针,即"坚持创造性转化、创新性发展"。"更好地构筑中国精神、中国价值、中国力量,为人民提供精神指引。"为此,习近平总书记还特别强调:"要推动中华文明创造性转化、创新性发展,激活其生命力,让中华文明同各国人民创造的多彩文明一道,为人类提供正确精神指引。要围绕我国和世界发展面临的重大问题,着力提出能够体现中国立场、中国智慧、中国价值的理念、主张、方案。"[5] "要使中华民族最基本的文化基因与当代文化相适应、与现代社会相协调,以人们喜闻乐见、具有广泛参与性的方式推广开来。"[6] 在 2023 年 6 月 2 日召开的文化传承发展座谈会上,习近平总书记特别强调坚持"两个结合"和守正创新,不断推动"双化",更好地担负起新的文化使命,"实现精神上的独立自主……不断培育和创造新时代中国特色

[1] 新华社. 习近平在省部级主要领导干部学习贯彻十八届三中全会精神全面深化改革专题研讨班上的讲话[N]. 人民日报,2014-2-18(1).

[2] 新华社. 习近平在中央全面深化改革领导小组第二次会议上的讲话[N]. 人民日报,2014-3-1(1).

[3] 习近平. 坚定制度自信不是要故步自封[J]. 中国党政干部论坛,2014(3):1.

[4][5] 新华社. 习近平在哲学社会科学工作座谈会上的讲话[N]. 人民日报,2016-5-19(2).

[6] 习近平. 习近平谈治国理政[M]. 北京:外文出版社,2014.

社会主义文化……以守正创新的正气和锐气,赓续历史文脉、谱写当代华章。"[1]

习近平文化思想是习近平新时代中国特色社会主义思想的重要组成部分,是马克思主义文化思想与中国实际相结合而形成的最新理论成果。它继承了中国共产党的文化理论,是对中共文化建设理论的发展与创新。因而,习近平文化创新观是马克思主义中国化的最新成果,它是新时代条件下将历史和实践经验自觉运用于文化领域而形成的文化理论,是中国共产党文化理论在新时代的新结晶。

习近平文化思想继承了毛泽东提出的"双百方针",遵循"二为方向"。在此基础上,习近平提出了"以人民为中心"的宗旨,"坚持创造性转化、创新性发展"的新阐述,把"人民对美好生活的向往"作为文化创新的奋斗目标,"更好地构筑中国精神、中国价值、中国力量,为人民提供精神指引"。这些关于文化创新的新阐释新论断,将中国共产党的文化理论推进到了新的境界。

习近平文化创新观继承和发扬了中国共产党的精神文明建设理论。从邓小平的"物质精神两手抓,两手都要硬",到江泽民的"两贴近",再到胡锦涛的"文化是民族的血脉,是人民的精神家园"以及"三贴近"原则,进而到习近平的"中国精神""中国力量""中国价值""文化共同体"等系列新描述、新论断、新主张,习近平用"创新"发展理念、"四个战略布局"将精神文明全面深入落实到中国特色社会主义建设各个领域,将中国共产党的精神文明建设理论与实践提升到了新的高度。

党的十八大以来,习近平总书记就文化发展改革发表了系列讲话,对文化建设领域存在的诸多问题表达了自己的深刻见解,为文化创新指明了方向。习近平总书记上任以来持续推进文化强国建设,并提出了建设美丽中国、书香中国、创新型中国等战略,这既是文化强国战略具体化,也是文化强国战略在新时代条件下的实践深入。习近平在党的十九大报告中提出:"要坚持中国特色社会主义文化发展道路,激发全民族文化创新创造活力,建设社会主义文化强国。""第一个阶段,从二〇二〇年到二〇三五年,在全面建成小康社会的基础上,再奋斗十五年,基本实现社会主义现代化。社会文明程度达到新的高度,国家文化软实力显著增强,中华文化影响更加广泛深入。""第二个阶段,从二〇三五年到21世纪中叶,在基本实现现代化的基础上,再奋斗十五年,把我国建成富强民主文明和谐美丽的社会主义现代化强国。到那时,我国物质文明、政治文明、精神文明、社会文明、生态文明将全面提升。"如果说十七届六中全会是从宏观层面提出文化改革发展的方向,那么习近平则是从宏观和微观两个层面为文化改革发展指明了方向。

习近平提出加快建设创新型国家,文化创新是其内容的重要组成部分,也是建设创新型国家的根本动力。习近平指出:"我们要把推进经济、政治、文化、社会、生态等方面改革开放有机衔接起来,把推进理论创新、制度创新、科技创新、文化创新以及其他各方面创新有机衔接起来,整体推进,重点突破,形成推进改革开放的强大合力。"[2]"在中国特色社会主义文化的发展与改革中,要坚持不断地创新,以创新型文化推动文化事

[1] 新华社. 习近平在文化传承发展座谈会上强调　担负起新的文化使命　努力建设中华民族现代文明[N]. 人民日报, 2023-6-3(1).

[2] 中共中央宣传部. 习近平总书记系列重要讲话读本[M]. 北京: 学习出版社, 人民出版社, 2014.

业的繁荣发展。"[1] 在习近平总书记看来,创新是引领发展的第一动力,文化是推动社会各项事业发展最深层、最持久的动力,因此,文化创新在建设创新型中国、文化强国中占有特别重要的地位,这不仅表明了文化创新的重要作用,同时也指明了文化改革发展的方向。

文化的终极价值旨在通过以文化人,以文育人,实现人的全面发展。从这个角度而言,习近平文化理论旨在通过文化创新,为文化的发展及其价值的实现蓄力,并将其落实到文化建设的实践过程中,为提升人的全面发展奠定坚实基础。习近平指出:"人,本质上就是文化的人,而不是'物化'的人;是能动的、全面的人,而不是僵化的、'单向度'的人。"[2]文化是"人化"的产物,文化产生的过程同样也是"化人"的过程。社会主义造就的是文化的人、全面发展的人,而非资本主义物化的人、单向度的人。社会主义以人的发展为目的,而不单单是发展的手段。社会主义文化创新,不是为了供少数人把玩,而是为了全体人民的全面发展谋福祉。社会越是发展,对人的素质要求越高,人对精神文化生活的需要也越高,这就需要我们不断地推进文化创新,提供符合社会发展要求和人的发展需要的精神文化产品。习近平在党的十九大报告中特别强调:"我们要在继续推动发展的基础上,着力解决好发展不平衡不充分问题,大力提升发展质量和效益,更好地满足人民在经济、政治、文化、社会、生态等方面日益增长的需要,更好地推动人的全面发展。"文化创新,就是要解决文化发展领域不平衡不充分的问题,满足人民日益增长的精神文化的需要,共筑人民的精神家园,从而实现人的全面发展。

习近平文化思想贯穿于理论创新、道路创新、制度创新、科技创新以及文化创新等"五大创新"的总布局和全过程之中,目的就是防止片面发展、畸形发展。习近平倡导"以文明交流超越文明隔阂、文明互鉴超越文明冲突、文明共存超越文明优越",促进"民心相通",要"构建人类命运共同体",要"让中华文化同各国人民创造的多彩文化一道,为人类提供正确精神指引"。体现了习近平总书记对文化创新价值的深刻把握,以及与理论、道路、制度、科技等协同创新的大局观,为实现中国文化与世界文化和谐共存,以及实现全人类的全面发展奠定了基础。

第二节 相关理论的借鉴

在与本论题相关的研究问题上,还有许多中外的相关理论也特别值得关注和借鉴。这些理论或归于某个人的贡献,或归功于某个群体的贡献。这里仅对代表人物且与论题密切相关的重要观点作简要阐述,重在分析这些相关理论对涵养大学生社会主义核心价值观的校园文化载体创新研究提供的理论启示。

---

[1] 赵付科. 习近平文化自信观论析[J]. 社会主义研究,2016(5):9-15.

[2] 习近平. 之江新语[M]. 杭州:浙江人民出版社,2013.

一、"以文化人"理论

"以文化人"就是运用文化艺术这一形式来教化人、引导人,充分发挥文化本身具有的道德感化性,以达到感化人的道德心性的目的。这里的"化"不能仅仅从字面意思来理解,简单地理解为"感化""感动",从更深层次的意义上讲,这里的"化"蕴含着文化影响人的道德情感及塑造人的道德品质,进而提升整个社会的道德水平。正如查尔斯·霍顿·库利(Charles Horton Cooley)所说的:"个人与他人发生联系时,会形成对他人想象形式的依赖。他人对自我的想象与意识态度决定了自我感觉。这种自我类似于镜中自我,于是人们相互之间均是映照对方的一面镜子。"[1]人们在文化交往中,彼此在对方的映衬下反躬自省,进而见贤思齐。文化的这种给人以思想启迪、精神滋养,"以增人感"的特质,使得大学校园文化能够成为大学生社会主义核心价值观教育的载体,并且使之闪耀人性的智慧和人情的光辉。

中国传统文化中蕴含着丰富的以文化人的思想,古代思想家也特别强调文化的教化和审美作用。老子提出"行不言之教"、修"无为"之德,主张以文化人、以文育德、修心养性。孟子提出"四端说",以"人性本善"育人之"仁义礼智",并以"四端"为核心形成了"内圣""外王"的思想体系。

先秦儒家的文艺教化思想奠定了"文以载道""崇德尚艺"的文化传统。孔子将"礼""乐""政""刑"列为国之四维,并突出强调"礼""乐"的基础性和先导性地位。在《思想政治教育的文化视野》一书中,沈壮海将中国传统文化中的"以文化人"评价为"诗性教化"。他认为:"儒家的德修养、教化的美学,不是一般意义上的伦理道德及伦理道德修养、教化学说,而是一种具有审美意味的、艺术化的伦理道德及道德修养、教化学说。"[2]

关于中国传统文化中的"以文化人"的思想表述,如繁星灿烂,在此就不再一一列举。毫无疑问,它给大学生社会主义核心价值观教育提供了有益的思想启迪和经验借鉴。

(一)文化不能"去道德化""去意识形态化"

不时有人站出来指责中国传统文化尤其是先秦儒家文化中的无处不在的"道德化""意识形态化"的政治性、功利性,主张"去道德化""去意识形态化",还文化以审美、娱乐的本性。这种论调在种种"后学"思潮的影响下,经常在不同的场合以各种面貌示人,混淆视听、蛊惑人心。关于这一点,我们不能人云亦云、任其摆布,而是要用历史唯物主义和辩证唯物主义的观点加以分析,一分为二地看待。诚然,包括先秦儒家在内的传统文化中"以文化人"的思想,不同程度地存在糟粕和弊端,但是,对于文化的教化价值,我们要理性对待,坚持并予以弘扬。

(二)文化教育要重视人文教育内涵

文化不仅仅是为政治、社会服务的,它最终的目的是为人服务的,终极价值指向是"成

---

[1] 查尔斯·霍顿·库利.人类本性与社会秩序[M].包凡一,王源,译.北京:华夏出版社,1999.

[2] 沈壮海.思想政治教育的文化视野[M].北京:人民出版社,2005.

人"，促进人的道德发展。反观当前我国文化教育正陷入过度"功利化""娱乐化""肤浅化""竞技化"的泥淖而难以自拔，文化教育中的"以文化人""以文育德""以艺养心"的人文内涵的生存空间正在变得越来越狭窄，"以文化人"的功能日渐式微。不同的人文教育内涵涵养出不同的文化价值观念，对社会、自己以及他人形成不同的认知、评价。而人文教育内涵的缺失，在道德层面会造成"道德裂痕"[1]。

（三）社会主义核心价值观教育要注重"诗性教化"

"以文化人"中渗透着"以文育德""以美育人""以情感人"的交互交融，人的道德修养在美的体验与情的感悟、感性与理性、心理与伦理的水乳交融、互渗互动中升华。这就启示我们，大学生社会主义核心价值观教育，要善于运用校园文化载体，充分发挥文化"以文育德""以情感人""以景润人"的特点，使大学生在情理交融、美善相乐的人文情境中获得"诗性教化"。

综上所述，中华优秀传统文化中彰显着"文以载道""德艺双馨"的价值意蕴，弥漫着文与道、德与艺的人文气息，以激扬文字、褒美贬丑、激浊扬清之势，涤荡精神世界。可以说，"以文化人"并非只是文人的舞风弄月、浅吟低唱，而是经世致用的"经国大业"。

二、麦克卢汉媒介理论

在西方众多媒介理论中，加拿大著名原创媒介理论家、思想家马歇尔·麦克卢汉（Marshall Muluhan）在 20 世纪 60 年代创立的媒介理论，因从媒介观、传播观、社会观等多维视角，提出了许多新颖的观点，而在传播界独树一帜、独领风骚。迄今为止，在全球已经引起三次麦克卢汉热的高潮，他被誉为可与牛顿、达尔文、弗洛伊德等人相提并论的 20 世纪的最重要的思想家之一。该理论主要包括以下几个方面的内容。

（一）媒介——人的延伸

麦克卢汉认为："任何一种新的发明和技术都是新的媒介，都是人的肢体或中枢神经系统的延伸，都将反过来影响人的生活、思维和历史进程。"[2] 在麦克卢汉眼里，媒体成为人的身体的一部分，是活生生的有机体，任何媒介都可以成为人身体的某一部位的延伸，而且这种延伸是人的肢体向公共领域的延伸。在麦克卢汉看来，任何新的媒介的出现，都是人体的一种新的延伸，人的身体的感官或因此发生变动，人体器官的均衡状态在新的媒介出现以后也会出现失衡状态，以至于人体的某一感官的功能超越其他感官，从而改变人体了解环境的方式，改变时空的存在方式，引发社会组织的变革。他是这样描述这种改变的："技术创造新环境，新环境引起痛苦，人体的神经系统就'关闭'和'截除'；发展的加速逆转为收缩；爆炸逆转为'内爆'，偌大的地球缩小为'地球村'。"[3] 麦克卢汉的一些预言，如今早已成为现实，媒体以独特的方式改变着人类的生活方式、思维方式和生存方

---

[1]　Kristjansson K. Educating moral emotions of moral selves:A false dichotomy?[J].Educational Philosophy and Theory,2010,42(4):398.

[2][3]　马歇尔·麦克卢汉.理解媒介：论人的延伸[M].何道宽，译.南京：译林出版社，2011.

>>>>>>>>>

式。在媒介的推动下,类活动变成了私人活动,机械性的思维方式逐渐固化。正如麦克卢汉所说:"媒介延伸人体,赋予它力量,却瘫痪了被延伸的肢体。在这个意义上,技术既延伸人体,又'截除'人体。增益变成了截除。"[1]

（二）媒介有"凉""热"之分

麦克卢汉将媒介区分为"凉媒介"和"热媒介"。"凉媒介"是一种高度依靠感觉平衡和丰富想象力的媒介,提供的信息量少且含混,需要受众发挥自己的想象力去理解,因而它对受众的参与度要求比较高。比如,电话、电视、漫画等都属于这一类。"热媒介"刚刚相反,它不需要人体的感觉平衡,能够提供"高清晰度"且丰富、完善的信息,人们几乎不用任何想象力就可以轻松地捕捉到它传递的信息,实现符号向图景的快速转换。因而,它对受众的参与度要求很低,对人们的想象力、理解力几乎没有任何要求,因为任何健康的受众几乎不用任何努力就能理解"热媒介"提供的信息。比如,照片、广播、电影均属此类。尽管一些学者对于麦克卢汉关于媒介的分类存有异议,他本人对两种媒介的使用也经常模棱两可,但是对于文化传播具有很大的启发意义。针对大学生对于媒介的喜爱和偏好,我们需要使用不同的媒介进行文化传播,才能真正做到因材施教,更好地发挥校园文化的涵养作用。不仅如此,我们还要根据媒介的不同,赋予它不同的信息承载,否则,很可能会适得其反,事倍功半。

（三）媒介即信息

媒介即信息,是麦克卢汉媒介理论的核心内容,也是饱受争议的焦点所在。麦克卢汉用一个形象的比喻阐述了这一核心观点:"因为媒介的内容,就像盗贼手里拿的肉,是用来分散看家狗的注意力的。"[2] 在麦克卢汉看来,真正支配人类历史文明的是传播科技,而与它传播的内容无关,传播媒介传播的内容只是吸引人的注意力的诱饵而已,只有媒介本身才是引发社会变革的根本所在。

麦克卢汉还依据媒介的发展、演进和变化,将人类历史划分成口头传播时代、文字时代、印刷时代和电子时代,并预言了世界将变成一个"地球村"。人类文明的发展变化,是由媒介的发展变化决定的,而不是媒介传播的内容造成的。同时,他也认为:"我们的文化太偏重技术,已近乎麻木。"[3]

显然,麦克卢汉是一个"技术决定论者","他把媒介置于人类社会发展的大背景中去审视、考察,开阔了媒介研究的视野和领域,而且他的理论使人充分认识到传播媒介本身的价值所在,促使人们更加关注媒介。"[4] 受此启发,校园文化的创新,不应是"酒香不怕巷子深"的墨守成规,而应是在更加广阔的世界舞台展示自己,推销自己。

"文化是思想的载体,政治愿景经过文化传播才能转化为民众的政治认同;没有有效

[1][3] 马歇尔·麦克卢汉.理解媒介:论人的延伸[M].何道宽,译.南京:译林出版社,2011.

[2] 中国社会科学院新闻研究所.传播学[M].北京:人民日报出版社,1983.

[4] 董世军.现代思想政治教育载体论[D].长春:吉林大学,2008.

的文化传播,哪怕是美好的政治愿景也会黯然失色。"[1]归根结底,涵养社会主义核心价值观的落脚点,还是要从人所存在的文化及其环境中寻找答案。文化创新不仅要重视内容的创新,同样要重视渠道平台和媒体意识,更加要自觉地利用一切可能的媒介进行文化传播。

三、西方文化软实力理论

在众多的西方文化软实力理论成果之中,对中国影响最大的代表人物是美国学者塞缪尔·亨廷顿(Samuel Huntington)、约瑟夫·奈(Joseph Nye)以及加拿大的著名学者马修·弗雷泽(Matthew Fraser)。在此,我们重点对约瑟夫·奈以及马修·弗雷泽的文化软实力理论加以阐释和评析。

(一)约瑟夫·奈的文化软实力理论

"软实力"(soft power)理论出自《注定领导:变化中的美国力量的本质》一书,该书由美国哈佛大学教授、著名学者约瑟夫·奈撰写。他认为:"软实力是一个国家的文化与意识形态的吸引力,它通过吸引而非强制来达到预期的效果,它能使别人自愿地跟随你或遵循你所制定的标准或制度来按你的想法行事。"[2]按照约瑟夫·奈的观点,作为文化"软实力"的核心要素,文化、意识形态和思想观念等,是力量之源。其中,作为文化"软实力"子系统之一的文化影响力,是"软实力"的核心。从约瑟夫·奈的观点可以看出,"软实力"的实质是文化软实力,一种建立在文化、意识形态吸引力之上的文化影响力。两者相辅相成,共同构成文化"软实力"不可分割的组成部分。文化"软实力"通过价值观念和制度形态表现出来,"软实力"通过文化认同而实现。

相对于硬实力,文化"软实力"是一种更加柔性的力量,或者说是一种软的强制力量,它主要依靠文化熏染和精神感染而实现思想价值观念的渗透和改变。约瑟夫·奈是这样描述"软实力"与硬实力关系的,"和硬实力不同,软实力不仅仅属于政府……与此相反,许多软实力不属于美国政府,只是部分地与美国政府的目标相呼应。"[3]他认为:"塑造他者期望的能力可依赖于某国的文化和意识形态的吸引力,或控制政治议程以使得其他国家无法实现其目标(因其过于不切实际)的能力。"[4]文化和意识形态以一种非强制的方式,通过自身的吸引力获得他国赞同、认同和支持的能力,他国因为认同而追随,接受这种结果的体系。这种认同不同于依靠政治、经济或军事上的施压、恩惠、制服,而是通过文化吸引这种让对方心悦诚服、主动认可的独特方式,以实现自己的预期目标。

在此基础上,2004年约瑟夫·奈提出了"巧实力"(smart power)概念,进一步丰富、完善、发展了自己的软实力理论。约瑟夫·奈在《权力大未来》中将"巧实力"描述

---

[1] 刘维兰,黄明理.马克思主义大众化之"文化化"问题思考[J].甘肃社会科学,2013(2):191-194.

[2] Joseph Nye.The Challenge of Soft Power [J]. Time Magazine, 1999,22(2):21.

[3] 约瑟夫·奈.美国霸权的困惑[M].郑志国,等译.北京:世界知识出版社,2002.

[4] 约瑟夫·奈.软实力:世界政坛成功之道[M].吴晓辉,钱程,译.北京:东方出版社,2005.

为一种"将硬实力资源与软实力资源结合为有效战略的能力"。[1]从约瑟夫·奈的这种价值转向,我们可以看出,他本人意识到了单纯的文化价值观的吸引力不足以支撑起文化"软实力"的全部,它还需要"硬实力"及其他资源的有效配置和相互作用。

相比于西方重视契约、法治等硬约束,以及中国传统文化中推崇的道德、信念等文化的内省、以德治国,约瑟夫·奈的文化软实力理论提倡用意识形态、价值观念等文化的吸引力、影响力,实现国家的政治目的。这既是对传统硬实力的一种反思,又是一种对全球化背景下文化发展问题的一种探索。在文化软实力的影响下,世界各国纷纷把目光聚焦于本民族文化,更加强调文化建设,更加注重文化创新,试图通过提高软实力以实现自己的战略目标。但是,我们又同时注意到约瑟夫·奈的文化软实力理论本身具有的局限性。仅仅把软实力归结于文化、价值观、政治制度等的吸引力,有待商榷,而且该理论是站在美国的霸权地位,谋求的是一种文化殖民、价值侵略,而非文化与文化之间的共生、共进、共荣。与此同时,我们不得不承认,约瑟夫·奈的理论为文化安全、国家安全提供了一个新的审视的窗口。传统的国家安全单纯从政治、经济、军事的视角过度渲染,遮蔽了文化在其中的重要作用。从校园文化涵养社会主义核心价值观的角度而言,在校园文化创新过程中,我们要更加重视提升校园文化中的核心价值观的吸引力、影响力,协调处理好与物质文化以及硬实力之间的关系,既不能顾此失彼,也不能一叶障目,只见森林,不见泰山。

(二)马修·弗雷泽的文化软实力理论

马修·弗雷泽的文化软实力理论,建构于他对在美国流行文化的研究基础之上。在马修·弗雷泽看来,美国电影、流行乐、电视和快餐,是构筑美国文化软实力的四大支柱。他对这四大文化软实力在美国外交政策中的作用及其对当今世界产生的影响做了深刻的剖析,并得出了美国流行文化在世界上发挥着令人敬畏的作用,产生了深远的影响的结论。

马修·弗雷泽认为,美国流行文化不仅维护了美国的外交政策和国际霸主地位,而且对输入国的文化乃至世界和平、全球稳定都发挥了重要作用。无疑,他对美国流行文化持高度肯定的态度。在他看来,作为一种文化产业,美国流行文化为国家创造了巨大的经济效益,对外输送了自己的文化价值观,对他国的文化价值观进行渗透,产生了经济、政治、文化的多重效应。在美国电影、电视、流行音乐、快餐文化的感染下,输入国不仅为此付出了高昂的经济代价,还对美国的消费方式、生活方式、文化价值观产生了深度依赖和高度认同。正如他在书中描述的:"可以想象,美国电影将会对那些经常在银幕上看到的美国生活方式、美国服饰和美国旅游方式的人们产生何种影响。"[2]

美国流行文化在世界各地的大行其道,扩大了全球市场,赚取了大量外汇,在强大自己经济实力的同时,引导了人们的消费方式、生活方式和价值观念。这种传播方式无处不在、无孔不入,就像身边的好莱坞电影、可口可乐、麦当劳、肯德基一样,泛滥成灾。美国

---

[1] 约瑟夫·奈.权力大未来[M].王吉美,译.北京:中信出版社,2012.

[2] 马修·弗雷泽.软实力:美国电影、流行乐、电视和快餐的全球统治[M].刘满贵,等译.北京:新华出版社,2006.

的流行文化风刮遍了世界的每个角落,如狂风骤雨席卷全球一样,进行了全球性的价值传播,以一种非常低成本的方式占据了思想观念的制高点,在文化价值观领域主导着世界。不仅如此,美国政府还专门设立了文化输出机构,以确保自己的文化帝国主义战略得到有效执行。所谓的"美国生活方式""美国梦"以及民主自由,在美国流行文化的"软刀子"攻势下,攻城拔寨,遍地开花。通过这种方式,他们将美国的价值观念、生活态度和思维方式植入了别国人民的头脑,塑造成世界性的"美国公民"。

美国的流行文化在承载、传递美国的政治价值观上扮演了重要角色,发挥了重要作用,是美国实现其全球外交目标,传播美国价值、塑造美国形象的"形象大使"。就像我们今天耳熟能详以"米老鼠""唐老鸭"为形象代表,开遍全球的迪士尼乐园一样,无一不是要向全世界人民推广美国的价值观、生活方式为历史使命的。"唐老鸭"就是定向拉丁美洲人民展示美国真实生活的原型,它以一种俏皮、诙谐、快乐的传播形象和传播方式,成功推销了美国的文化价值观,让人们在不知不觉中被同化。美国就是通过流行文化传播,逐渐编织起一张布满全球的流行文化网,维护着自己的价值主导地位。弗雷泽将美国流行文化的这种传播方式描述为全球传播,它不同于帝国主义的入侵,而是一种更具包容性的文明重塑。

值得注意的是,马修·弗雷泽不仅对美国流行文化的传播方式大加赞赏,同时,他也站在本国的立场对美国的文化霸权主义进行了批判。其关键在于他不把美国的流行文化传播视为文化霸权的组成部分。这是与部分学者将美国流行文化认定为帝国主义的分歧所在。事实上,任何一种文化与另一种文化之间不可避免地存在冲突和融合,尤其是在全球化的语境下,展现在人们面前的就是一幅幅文化之间相互冲突、融合而交织的复杂图景。以至于亨廷顿断言:"在新的世界中,冲突的根源主要将是文化的而不是意识形态的和经济的。文明间的冲突将主宰全球政治,文明间的断裂带将成为未来的战线。"[1]毫无疑问,这种冲突固然不可避免,但是融合也会应运而生。试看世界所有的文化都是在互相碰撞之中互相吸收、互相发展,而绝非你死我活、势不两立。文化之间的共融、共存同样不可避免,这是矛盾的两个方面,我们要一分为二地看待。同时,我们还应该看到,从根本上说,美国的流行文化依然是建立在其发达的经济、政治的基础上的,没有先进的科技、文化作为支撑,流行文化也流行不起来。

我们不妨把视野聚焦在大学校园文化上,作为现代大学校园文化的重要组成部分,流行文化在校园文化中占据着重要地位,对大学生产生着重要影响。曾几何时,大学校园流行着尼采、康德、苏格拉底、毛泽东热。随着市场经济的崛起,大学校园的流行文化也随之出现了"泛娱乐化""低俗化"的倾向,对社会主义核心价值观的认同形成了强烈冲击。最根本的原因在于,大学校园流行文化的价值取向出现了一些问题。在这种条件下,社会主义核心价值观教育,将承担着重塑校园流行文化价值的历史使命。用社会主义核心价值观引领校园流行文化,将是值得尝试的有益探索。美国流行文化的经验借鉴,对于我们创新和校园流行文化,发挥其对于涵养社会主义核心价值观的独特作用,具有重要的参考

---

[1] Samuel Huntington.The Clash of Civilizations[J]. Foreign Affairs,1993(3):46.

价值。校园流行文化,既可以是"阳春白雪",又可以是"下里巴人",但是它所承载传递的价值观必须是"阳春白雪"。

第三节　文化育人的价值目标

文化内容是价值观的承载物和传递物,作为迄今为止人类社会最先进的社会主义核心价值观,其载体必然要求是更加先进、更加强大的文化样态。这种文化样态,必须是集文化自觉、文化自信和文化自强于一体的社会主义新文化。校园文化,也必须在实现文化自觉、文化自信和文化自强中才能成为涵养核心价值观的有效载体。

一、增强文化自觉和价值认知

自 20 世纪初以来,发生在中国历史上的三次重大的文化变革,可视为文化自觉的先声。在这期间,我国进步学者从内心深处发出了实现中国文化自强的呐喊和呼唤。第一次是旨在构建现代文化体系的新文化运动。1935 年 1 月,《中国本位的文化建设宣言》发表,尽管它是国民党操纵之下的产物,但是丝毫不妨碍它被认为是知识分子对我国近代积贫积弱、任人宰割的屈辱史的觉醒,以及对文化自觉的呼唤。旨在构建新民主主义文化体系的新民主主义革命,被视为第二次文化自觉。1958 年 1 月,《为中国文化敬告世界人士宣言》的发表,标志着中国知识分子对中国文化进行了深刻的反省,对自己的文化有了自知之明。第三次是旨在构建中国特色社会主义文化体系,建设社会主义文化强国的改革开放。2004 年 9 月,许嘉璐、季羡林、任继愈、杨振宁、王蒙等 5 位知识分子提议发布了著名的《甲申文化宣言》,向国际社会表达了中国知识分子对中国文化自强、文化自信的决心和信心。与此相对应的是,中国大学校园也经历了三次同样的文化自觉历程,这样的文化自觉,一次更比一次接近于文化自信。

"中国近代以来的高等教育是在移植和模仿西方办学模式和办学理念中形成的,大学校园文化在西学东渐的过程中,移植伴随着两种不同价值文化的冲突和交融……其中有对外来文化盲目崇拜和对自身文化传统故步自封所产生的文化自卑,也有文化整合、融合中的价值认同和价值重构。"[1] 在这一过程中,新文化运动翻开了文化自觉的新篇章,大学校园文化也呈现出一番新气象。传统与现代、反思与批判等文化形象与范式活跃于大学校园舞台,"民主与科学"等文化思潮在大学校园里交织、碰撞,以西方文化价值观为参照的价值标准,成为反思和批判中国传统文化的主流。作为当时大学生对于中国传统文化与西方文化反思和批判的结果,这种文化自觉,一方面是对中国传统价值观的批判和解构,另一方面又是对西方文化价值的接受和认同。如果说新文化运动开启了中国大学校园文化自觉,新民主主义革命则是使中国大学校园文化自觉进入了新时代,马克思主义成为大学校园文化的指导思想,紧密结合中国革命实践成为大学校园文化的时代特色,大学

[1] 仇道滨. 大学校园文化的自卑、自觉和自信[J]. 中国青年研究, 2015(1):97-101.

校园文化创新进入了一个崭新的时代。这一时期的文化自觉,马列主义、毛泽东思想,立志成为又红又专、服务人民、服务祖国、服务社会的人,是大学校园文化的主流。改革开放开启了构建中国特色社会主义文化,促进社会主义文化大发展、大繁荣的新阶段。尤其是旨在破解时代问题的社会主义核心价值观的诞生,必将进一步推动中国特色社会主义大学校园文化的文化自觉。

习近平指出:"人类社会发展的历史表明,对一个民族、一个国家来说,最持久、最深层的力量是全社会共同认可的核心价值观。"[1] "青年的价值取向决定了未来整个社会的价值取向,而青年又处于价值观形成和确立的时期,抓好这一时期的价值观养成十分重要,这就像穿衣服扣扣子一样,如果第一粒扣子扣错了,剩余的扣子都会扣错。"[2] 社会主义核心价值观不仅为大学生如何正确看待、对待中国文化,以及如何客观、理性对待西方文化提供了价值坐标,而且必然也促使我们重新审视当下校园文化,提升文化自觉。在社会主义核心价值观主导下,"校园文化、大众文化、社会文化、西方文化在大学校园拥有了共同的生存空间,并不断地进行组合、整合和融合,形成了具有民族化、大众化、时代化、国际化特点的大学校园文化体系。拥有不同肤色的人可以拥有共同的校园文化选择,拥有相同价值观念和信仰的人也可以有不同的校园文化取向",[3] 这种对于价值观的自觉,将成为新时代校园文化创新的动力。这种文化自觉,也必将促使大学人深入思考校园文化的价值取向,在价值重构的过程中实现价值观的与时俱进。

二、坚定文化自信和价值认同

众所周知,只有建立在高度自信之上的文化才能成为价值观的有效载体。满足这种需要的校园文化载体,至少应该符合三个标准:一是对文化传统的坚守;二是对外来文化的包容;三是对社会主义核心价值观的自信。只有具备了这样的"三自信",校园文化载体创新才能真正履行自身的使命,体现自己的文化优势和价值魅力。

校园文化载体创新的前提和基础是继承和发扬优秀文化传统,与其说这是一种文化自觉,倒不如说是对中华优秀传统文化的自信,因为它是中华民族赖以生存之本。美国学者希尔斯认为:"一事物或观念若绵延三代及以上者,即具有传统的意义;其延续的时间越长,则文化价值越高。"[4] "在人类文明历史上,没有哪一个民族或文明共同体能够像中华民族这样,开创并拥有独立贯通、绵延五千多年而不绝的文明历史和文化传统。古埃及文明悄然消逝,古印度文明的昨是今非,古巴比伦文明的过早夭折,使得中华文明成为'四大文明古国'中唯一幸存绵延的文明共同体和文化传统。"[5] 正如钱穆所言:"中国文化和欧洲文化的比较,好像两种赛跑。中国是一个人在做长时间长距离的跑;欧洲则像是

[1] 中共中央宣传部.习近平总书记系列重要讲话读本[M].北京:学习出版社,人民出版社,2014.

[2] 习近平.北京大学师生座谈会上的讲话[N].光明日报,2014-5-5(1).

[3] 仇道滨.大学校园文化的自卑、自觉和自信[J].中国青年研究,2015(1):97-101.

[4][5] 万俊人.拓宽历史和文化的视界——关于合理传承中华优秀传统文化的思考[N].人民日报,2015-12-1(16).

一种接力跑,一面旗从某一个人手里依次传给另一个人,如是不断替换。"[1] 为了避免自说自话、自吹自擂之嫌,我们不妨来看看国外学者如何看待和评价中华传统文化的。英国历史学家、文化学家阿诺德·约瑟夫·汤因比(Arnold Joseph Toynbee)认为:"只有中国的孔孟学说和大乘佛法,才能拯救 21 世纪的社会,儒家'仁爱'是'今日社会之所必需',而墨家'兼爱'应作为'世界性的理论去理解'。"[2] 如果说这只是汤因比个人的一孔之见,那么众多诺贝尔奖获得者的共识或许可以打消我们的疑虑。这种共识就是:"如果人类要在 21 世纪生存下去,必须回到 2500 年前,去汲取孔子的智慧。"[3] 在德国哲学家雅思贝尔斯看来,孔子及"诸子百家"是人类先期文明的东方代表,而孔子及其儒学则是黑格尔心目中的"道德文明之源"。中华传统文化历史悠久、博大精深、兼容并蓄、影响广大,是中华民族长时间占据世界文明中心的根基,同样也是中华民族的文化自信之本。正如习近平访欧演讲时指出的那样:"中国的造纸术、火药、印刷术、指南针四大发明带动了世界变革,推动了欧洲文艺复兴……马可波罗游记令无数人对中国心向往之。""老子、孔子、墨子、孟子、庄子等中国诸子百家学说至今仍然具有世界性的文化意义。"[4] 总之,文化价值和意义的全部以及产生的影响力,是文化自信之源。

既然如此,我们禁不住要反问自己,为何中国人对中华传统文化不够自信?或者说自信心产生了前所未有的动摇。这确实是一个值得我们反省和深思的问题。客观地看,这一问题出现在近代鸦片战争之后,在西方的坚船利炮下,因外部势力压迫和文化冲击、价值植入,中华民族被殖民、被压迫而产生的文化危机,形成的对传统文化的怀疑、反叛、否定或抛弃,产生的将信将疑、摇摆不定的纠结状态,以及在此基础上形成的错误的认知和理解。

事实上,"任何关于传统文化的认识和理解,不仅要遵循文明与文化相互启发、相互印证的历史辩证法原则,而且要关注传统文化的价值取向和精神品格。"[5] 面对"有些西方人用所谓'欧洲中心论'来否定中华文化的价值,把资本主义文化说成是文化的'终极真理',要中国人走西方的道路,对此,我们的回答是:世界上每个国家都有自己的独特文化,中华民族有五千多年绵延不断的历史,应当对自己的优秀传统文化具有坚定的自觉与自信,走中国道路,弘扬中国精神。"[6] 正如习近平所言:"要讲清楚中华优秀传统文化的历史渊源、发展脉络、基本走向,讲清楚中华文化的独特创造、价值理念、鲜明特色,增强文化自信和价值观自信。"[7]

大学校园文化自信还体现在对待外来文化的包容上。这种包容既是兼容并包,又是博采众长,更是吐故纳新。大学校园文化自信更体现在对社会主义核心价值观的自信上。

[1] 钱穆. 中国文化史导论[M]. 北京: 商务印书馆, 1994.

[2] 汤因比, 池田大作. 展望21世纪汤因比与池田大作对话录[M]. 北京: 国际文化出版公司, 1985.

[3] 李翔海. 生生和谐——重读孔子[M]. 成都: 四川人民出版社, 1996.

[4][6] 张岂之. 中华优秀传统文化是我们的精神根基[J]. 中共党史研究, 2014(10):31-33.

[5] 万俊人. 拓宽历史和文化的视界——关于合理传承中华优秀传统文化的思考[N]. 人民日报, 2015-12-1(16).

[7] 新华社. 习近平在中共中央政治局第十三次集体学习时强调 把培育和弘扬社会主义核心价值观作为凝魂聚气强基固本的基础工程[N]. 人民日报, 2014-2-26(1).

这种自信，一方面体现在"请进来"，中外合作办学、中外合作项目、留学生交流等，使越来越多的外国人走进中国大学校园，在学习和理解中逐渐认同中国文化。在中外校园文化的交流、冲突和融合中，社会主义核心价值观也得到了更好的传播。另一方面体现在"走出去"，公派留学、中外联合培养、出国交流以及孔子学院遍布全球等，国际文化交流频繁，让中国传统文化以及大学校园文化有了更多发声的机会。在国际舞台上，社会主义核心价值观的价值主张必将得到了更加广泛的认同。

习近平指出："不忘本来才能开辟未来，善于继承才能更好创新。对历史文化特别是先人传承下来的价值理念和道德规范，要坚持古为今用、推陈出新，有鉴别地加以对待，有扬弃地予以继承，努力用中华民族创造的一切精神财富来以文化人、以文育人。"[1] 为此，我们要"努力实现传统文化的创造性转化、创新性发展，使之与现实文化相融相通"。[2] 唯其如此，中国特色社会主义大学校园文化，才能延续中华传统的世界性意义，不断增进我们的文化自信，提升我们对社会核心价值观的认同。

三、推进文化自强和价值践行

亚里士多德曾言："每种技艺与研究，人的每种实践与选择，都以某种善为目的。"[3] 校园文化载体创新作为一种实践活动，它应该也是一种以善为目的自由选择的、有目的的活动。那么，校园文化载体创新的"善"是什么呢？我们认为，就校园文化载体创新的终极善来说，它是为了实现大学生的自由全面发展。

曾几何时，许多哲学家不约而同地达成这样一种共识：相比于科学技术的快速进步，人性的进步则步履蹒跚。社会学家马林诺夫斯基（Bronislaw Malinowski）认为："当文化的物质方面过于发达的时候，当运输和破坏的方法以及大量的生产和广告支配着一个国家的生活的时候，整个社区便充满着穷奢极欲式的虚假和狂妄的需要和满足，到这个时候，整个的文明都大堪忧虑。人类历史上的现今时代便是一例。"[4] 这种观点固然略显悲观，但是它却直指当今时代经济社会文化的发展之痛。"即今天所无法回避的'经济文化化'和'文化经济化'的双重异化现象，而文化异化成为今后国民文化素质提高和人的全面发展的一个难题。"[5] 文化结构中人的全面发展的缺失，不仅没有给予人的全面发展一种本质性的文化支撑，最重要的是，人性的内在需求没有得到充分而有效的满足，以至于人与文化都处于异化的困境之中而难以自拔。

其实，人的全面发展这一世界性难题早在几百年前就被一些哲学家所洞见。康德的一

[1] 新华社. 习近平在中共中央政治局第十三次集体学习时强调　把培育和弘扬社会主义核心价值观作为凝魂聚气强基固本的基础工程[N]. 人民日报，2014-2-26(1).

[2] 新华社. 习近平在纪念孔子诞辰2565周年国际学术研讨会暨国际儒学联合会第五届会员大会开幕会上的讲话[N]. 人民日报，2014-9-25(1).

[3] 亚里士多德. 尼各马可伦理学[M]. 廖申白，译. 北京：商务印书馆，2003.

[4] 马林诺夫斯基. 文化论[M]. 费孝通，译. 北京：华夏出版社，2002.

[5] 陈曼娜. 异化、自由与全面发展——试论中国社会经济与文化发展中人的全面发展问题[J]. 贵州社会科学，2010，243(3):33-38.

>>>>>>>>

句"人是目的而不是手段"道出了破解这一世界性难题的答案。诺贝尔奖获得者阿马蒂亚·森(Amartya Sen)认为:"扩展人类自由既是发展的首要目标,又是它的主要手段。""发展的目标和手段要求把自由的视角放在舞台的中心。按照这种视角,必须把人们看作是主动参与——在他们有机会时——他们自身前途的塑造,而不只是被动接受某些精心设计的发展计划的成果。"[1] 这恰恰印证了人类学家恩斯特·卡西尔(Ernst Cassirer)的观点:"真正的人性无非就是人无限的创造性活动;也只有在文化活动中,人才能获得真正的'自由'。因此,作为一个整体的人类文化,可以被称为人不断自我解放的历程。"[2] 我们不得不承认,他们所勾勒出的人的全面发展的蓝图和轨迹已经非常接近于我们所希冀的真理。遗憾的是,"偏重工具理性的西方现代文化和以安贫乐道为特征的传统儒家文化,都不能从根本上担此重任,真正的先进文化必须以现代人文理性为尺度,满足人的全面发展的要求,它既是基于现代高技术条件下的文化创新,又要有融合不同文化的巨大的包容性,这是一种前所未有的新文明"。[3] 这种新文明就是马克思在《共产党宣言》中指出的:"代替那存在着阶级和阶级对立的资产阶级旧社会的,将是这样一个联合体,在那里,每个人的自由发展是一切人的自由发展的条件。"[4] 社会主义的价值立场维护不是少数人而是每个人,这是社会主义形态的文化价值不同于人类以往任何文化范式,它以实现人的发展的最终价值取向和最高价值目标为根本旨趣,把实现包括每个人在内的所有人的"自由人联合体"作为自己的目标。

我们不得不惊叹于在破解这一世界性难题上,康德、卡西尔等人所付出的努力和勇气,尽管他们一些人的理论仅仅是停留于坐而论道的抽象层面,但是,他们确实为我们提供了解决问题的指向。在某种程度上,他们确实找到了解决问题的钥匙,那就是文化,只是建立在资本主义制度下的文化创新,只能"减少"或者"淡化"异化给人的全面发展所带来的影响,不能克服资产阶级与无产阶级之间不可调和的矛盾,这一矛盾恰恰是造成资本主义文化异化的顽疾,因而不能为人的全面发展提供一种"新文明",也就不能从根本上解决人的全面这一历史文化难题。一个没有真实自由和充分自由,或者只是少数人的自由,是不可能完成这一进步的,它只能由一种更加先进、更加全面、更加自由的文化形态才能满足这一诉求。基于此,社会主义文化建设和创新就是满足这样一种价值诉求。只有一种以每个人的全面发展为旨归,不断扩展人的精神自由的文化,才能促成马克思的"自由人的联合体"。这既是体现文化创新的价值所在,也是我们进行文化创新的终极目标。

实现每一位大学生的自由全面发展,既是涵养社会主义核心价值观的根本诉求,也是大学校园文化载体创新的终极目标。正如包心鉴所言:"大学文化建设的主题是'人',大学精神铸造的核心是'人',以人为本是大学文化建设和大学精神铸造的精髓。实现人的全面发展,是整个社会发展的根本价值所在,当然也是大学文化建设和大学精神铸造的根

[1] 阿马蒂亚·森.以自由看待发展[M].任赜,于真,译.北京:中国人民大学出版社,2002.

[2] 恩斯特·卡西尔.人论[M].甘阳,译.上海:上海译文出版社,1985.

[3] 李建国.先进文化建设与人的全面发展关系探析[J].江苏大学学报(社会科学版),2010,12(5):7-11.

[4] 中共中央马克思恩格斯列宁斯大林著作编译局.马克思恩格斯文集:第10卷[M].北京:人民出版社,2009.

本价值所在。"[1]"实践证明，没有文化的教化和洗礼，人就容易迷失方向，失去自我；没有文化熏陶和磨砺，人就容易落入简单和庸俗的利益格局中，争名夺利；没有文化知识的丰富和充实，人就不可能提高自身素质，实现人的全面发展。"[2]涵养大学生社会主义核心价值观的校园文化载体创新，归根结底要落脚到当代大学生的自由全面发展。

作为阻碍和影响大学生自由全面发展的羁绊和束缚，"神本位""物本位""官本位"同样也是整个人类社会需要彻底和摆脱的对象。只有摆脱和消除阻碍人类社会实现自由全面发展的"拦路虎"，独立的、自由的、全面发展的人才能走进现实，自由、全面的价值关怀才能落实到每一个人。校园文化涵养大学生社会主义核心价值观的终极目的，就是使大学生摆脱对自然、商品和金钱的依附，变"以物为中心"为"以人为中心"，不断地满足大学生的精神文化需求，促进大学生的自由、全面发展。因而，大学校园文化必然是一种科学精神与人文精神相统一的文化，一种集西方文化优点与优秀传统文化精华于一体的"新文化"。在任何时候、任何场所，我们都不能偏离和违背这一目标，而是必须始终坚持这一目标，唯其如此，校园文化载体创新才能真正创造出中国特色社会主义的文化优势。

[1] 包心鉴. 大学文化、大学精神与当代大学生的价值追求[J]. 济南大学学报（社会科学版），2013，23(1):1-7.

[2] 李建国. 先进文化建设与人的全面发展关系探析[J]. 江苏大学学报（社会科学版），2010，12(5):7-11.

第三章 校园文化载体建设存在的问题、成因与经验借鉴

对涵养大学生社会主义核心价值观的校园文化载体建设存在问题的分析,进一步认识校园文化载体与涵养大学生社会主义核心价值观之间的联系,全面把握校园文化载体对大学生社会主义核心价值观产生的作用和效果,有助于我们针对性地进行校园文化载体创新,更好地发挥校园文化对大学生社会主义核心价值观的积极作用,帮助大学生成长成才。

第一节 校园文化载体建设存在的问题

以校园文化为载体涵养社会主义核心价值观,就是要使校园文化高度承载、充分传导社会主义核心价值观,并与大学生发生各种关系,对他们的价值观产生积极作用和正面影响。当前,涵养大学生社会主义核心价值观的校园文化载体建设主要存在结构"失衡化"、品质"低位化"、价值"功利化"、目标"模糊化"、方式"片面化"、路径"单向化"等不良现象。这些现象不仅突出,而且在一定程度上及一定范围内影响、制约着校园文化载体作用的发挥,必须引起足够的重视。

一、结构失衡化

结构失衡化是指校园文化建设中物质文化与精神文化建设以及校园物质文化规模与内涵之间存在的失衡现象。主要表现为:一是过于强调校园物质文化建设,忽视或轻视了精神文化建设,导致两者之间的差距越来越大,鸿沟越来越深,不协调、不同步的状况将长期存在。二是很多高校的校园物质文化建设中比较常见的重规模轻内涵的失衡现象。许多高校借扩招的东风,追求校园建设的规模效应,而忽视了内涵建设,导致大楼与大师之争。三是高校精神文化建设中重形式轻内容的失衡现象。一些高校的校园精神文化活动,看似红红火火、轰轰烈烈,一派繁忙景象,实则创新不足,创意不新,空洞无物,特色全无,缺乏吸引力,教育效果堪忧。这种结构性失衡,导致校园文化还未能完全承载社会主义核心价值观的全部内容。

在我国高等教育迈向普及化、大众化的转型时期,这种失衡现象比较常见。从哲学的视角来看,校园物质文化载体与精神文化载体的失衡是一种"形"与"神"的失衡。在大学校园文化中,精神文化居于校园文化结构的核心部分,作为一种"观念文化",它体现

了大学校园文化的历史积淀、人文底蕴，以及"侧重于发展人的内向度的精神品质"，[1] 因而具有一定的潜隐性。而校园物质文化则是一种外显性、物质性的文化形态。值得一提的是，从某种意义上讲，它是物质和精神的双重化身，只是处于不同的文化层面而已。从这个角度来说，两者之间的失衡体现在两个层次。一是物质文化与精神文化本身的失衡；二是物质文化没有很好地承载精神文化的内涵，表现在物质文化载体的空洞化，或者物质文化载体的物质化。尤其是在当前功利主义横行、泛滥的情形下，校园物质文化如何树立正确的价值导向，如何保持自己的高品位、深内涵，是摆在当今中国大学校园人面前的一项重要课题。罗伯特·M.赫钦斯（Robert M.Hutchins）在《美国高等教育》中写道："当一所学校为谋取金钱而采取一些行动，它必定会丧失其精神，同时通常也得不到金钱。"[2] 特别是在市场经济的大潮下，"大学由学科与知识的模式演进为使用者为主要的顾客模式"。[3] 在这种环境下，"象牙塔"里的"科学商人"在所难免。

当然，我们不可能完全将市场经济大潮所带来的物质、功利拒之门外，问题是一旦功利的物质文化占据绝对的主导地位，大学精神文化势必日渐式微。两者之间的失衡将进一步恶化。这种过度市场化的办学模式，导致各高校过度追求校园的"高大上"，学科的"高大全"，高校之间盲目跟风、互相攀比，这种粗放式、外延式的发展方式，极大地挤压了精神文化的生存空间。世俗价值和有形之物的价值张扬，遮蔽了文化的超越精神和无形之物的精神价值。相比之下，缺少文化气息的楼堂馆舍在大学新建校园中鳞次栉比。校园文化在建设过程中出现的互相效仿导致的形式雷同，让人感觉千校一面，没有差异化，没有个性。这种重数量、轻质量，重形式、轻实效的粗放式发展，导致校园文化没有特色，缺乏应有的价值指向和价值引领。结果，校园文化成为一种"有形无神"的创新和发展。这种以丧失大学精神为代价的"圈地运动"，在物质主义、消费主义的推动下，导致大学"形神分离""形神异处"。因而很多学者呼吁大学回归理性，回归大学之道。诚然，这种有悖于大学校园文化发展的失衡样态，明显是违背大学精神之道的。大学校园文化的精髓在于形神兼备、形而有神，两者不可偏废。重"形"轻"神"，结果是只见"形"而不见"神"，长此以往，这样的高校校园文化最后只能沦落为"精神的沙漠"。大学校园文化中的"形"与"神"的辩证关系告诉我们这样一个道理：大学校园文化是一个"形""神"和谐统一的文化生态系统，在发展过程中，我们必须注重两者之间的平衡，尤其是不能让我们的灵魂无处安放，因为"教育是通过利用在精神层面上被创造出来的东西而兴旺发达的。"[4] 如果只是相似物的堆砌，留下的仅仅是视觉污染、审美疲劳。低质量开发的后果，必将带来对象模糊，内容错位，内外无别，生搬硬套，缺乏辨识度，无法满足差异化需求。

[1] 王坤庆.精神与教育——一种教育哲学视角的当代教育反思与建构[M].武汉：华中师范大学出版社，2009.

[2] 罗伯特·M.赫钦斯.美国高等教育[M].汪利兵，译.杭州：浙江教育出版社，2001.

[3] 杰勒德·德兰迪.知识社会中的大学[M].黄建如，译.北京：北京大学出版社，2010.

[4] 卡尔·雅斯贝斯.时代的精神状况[M].王德峰，译.上海：上海译文出版社，1997.

二、品质低位化

所谓品质低位化,一方面是相对于高校校园文化原本的高雅、高品位而言,当前校园文化正面临着日趋低俗、低品位的发展趋势;另一方面是相对于社会主义核心价值观的价值品位而言,校园文化与其相比存在的"低位化"现象。《中国大学生思想政治教育发展报告2015》中关于对校园文化满意度的调查显示:"仅24.4%的人表示非常满意,比较满意的占48.7%,其余占26.9%。"[1]交互分析后发现,华东、华南等发达地区以及985高校的满意度普遍高于其他地区或其他高校。这种现象导致校园文化承载和传导的价值观上与社会主义核心价值观存在一定差距。

早在古希腊时期,博雅教育就在高等教育中占据主流地位,它以练心智、净心灵、培养儒雅气质的人为价值旨归。后来随着功利主义、物质主义的盛行,面向世俗社会生活的"专业教育"后来居上,导致博雅教育日渐式微。作为截然不同的两种价值观的教育方式,形成了截然不同的大学校园文化品位。关于这两种教育价值观的争论,也一直存在于当今的高等教育领域之中。可以说,孰优孰劣,难分伯仲。事实上,"当这两方面相互结合起来的时候,它们各自都得到繁荣与发展"。[2]可悲的是,两派的价值观在很多场合都难以调和,各自站在自己的立场,展现在我们面前的往往是一幅非要把对方置于死地而后快的现代图景。于是随着这场没有硝烟的文化价值观大战愈演愈烈,大学校园文化的世俗化、"低位化"的现象也随之蔓延开来。

事实上,在高等教育领域范畴,理性主义和工具主义之争始终存在,直至今天,它也没有因为工具主义带来的恶果而消弭。"前者主要以追求永恒的知识和培养人的理智为目的,后者主张不可以追求某种终极的永恒真理,把理智作为解决学术问题,而且包括商业、工业、政治和社会状况的普遍手段。"[3]"科学技术的日新月异带来的人们对工具价值理性的极度崇拜和对商品、奢侈品的极度贪欲,不断强化着人们对'物的依赖'和自身的异化,蚕食着人类的思想皈依、道德标准和行为尺度。文化多样塑造出形形色色的价值主体的生态样式,价值共识、价值统一举步维艰。"[4]而在高等教育范畴内,工具理性与价值理性的矛盾和冲突,在普通教育与专业教育之间的僵持和对立下,演变成博雅文化与专业文化之间的矛盾和冲突。人尽皆知,这两者之间的价值冲突在大学校园由来已久。诚如赫钦斯所言,这绝不是教育和研究之间的冲突,而是两种不同的教育价值观形成的校园文化价值观的冲突。一种是专业教育价值观条件下形成的以专业技能、知识技能为核心的价值观念、思维方式。另一种是在博雅教育价值观条件下形成的以道艺并重、德才兼备为核心的价值观念、行为规范,矢志追求高雅脱俗、有文化价值品位、有高尚伦理道德的自由之人的终极价值目标。

值得关注的是,在市场经济与生俱来的逐利本性的强势吸引下,我国高校校园文化在

[1] 沈壮海,王培刚,段立国,等.中国大学生思想政治教育发展报告2015[M].北京:北京师范大学出版社,2016.

[2][3] 约翰·S.布鲁贝克.高等教育哲学[M].王承绪,等译.杭州:浙江教育出版社,1998.

[4] 康雁冰.社会主义核心价值观建设领域的失衡现象及对策研究[J].中共福建省委党校学报,2016(3):50-55.

专业文化、世俗文化的泥潭里越陷越深。毫不夸张地说,它贬低了大学校园文化的价值品质,剥夺了大学长期历史积淀的深厚的价值意蕴。当然,其中固然有我国高等教育历史遗留的诸如重专业结构、现实社会功利主义泛滥等顽疾,但是,我们又不得不承认,大学校园文化"世俗化"的窘况主要在于我们放弃了本应该坚守的精神家园。正如弗莱克斯纳指出的那样:"大学不能成为风向标,不能流行什么就迎合什么。大学应不断满足社会的需要,而不是它的欲望。"[1] 一所大学应该坚守自己的核心价值,矢志追求真理、道德、价值,不能为了迎合市场、社会的欲望,而湮没了自己的初心,否则,大学将沦为市场的附庸,大学精神也将彻底沦丧。尽管大学的发展与市场行为在某些范围内存在一定的共性,也不排除大学发展需要一定的市场手段,大学可以拥有一定的市场行为,但是,归根结底,任由市场规则的大行其道,"大学发展"了,却不是"发展的大学",大学文化也发展了,但不是"大学的文化"。因为,大学已经丧失了自己的安身立命之本,仅凭市场规则和市场行为,大学应有的高品位、高价值的精神文化被逼退居一隅,陷入了孤立无援、无人问津的窘境,实在是让人唏嘘感叹。毫无疑问,大学校园文化应该有自身发展的逻辑,这个逻辑的核心,就是其自始至终坚守的核心价值。只有在这个基础上,高校校园文化才不会落入随波逐流的世俗化的陷阱之中。庆幸的是,现在许多大学意识到了大学校园文化价值品位的重要性,回归到以社会主义核心价值观引领校园文化价值的发展轨道,校园文化品质"低位化"的现象也得到了一定的改善,但是实然与应然依然存在一定的差距。

三、价值功利化

所谓价值"功利化",是相对于精神情感、价值理性而言的,主要是指大学校园文化中存在的工具理性的高扬,导致对价值理性的贬抑,而出现的重科技、轻人文的失衡现象。这一现象导致校园文化还不能充分诠释社会主义核心价值观的内涵,不能完全满足涵养需要,所产生的功效不高。

作为两个互为矛盾的价值观共同体,人文和科技是推动大学校园文化发展与创新的双轮驱动,在一定程度上,两者不可分割、缺一不可。前者以培养大学生的理想、信念、意义为代表的精神情感、价值理性。从外在表现来说,它是一种比较抽象的价值。从关注对象来说,它直指人性深处,从而是一种价值理性。后者以培养大学生的技术、技能等为代表的对客观世界的真知能力。从外在表现来看,它是一种比较具体的价值。从关注对象来说,它针对的是客观世界,因为比较容易感知、效果也比较容易体现,从而是一种工具理性。知识经济时代和科技创新时代条件下的现代化进程,将工具理性推向了前所未有的高度。海德格尔和萨特分别用"畏""烦"以及"恶心感"来描述现代人的这种生存境遇。这种"技术化"思维模式涵养下的重科技、轻人文的价值理念,催生出"商品拜物教"以及享乐主义和个人主义的盛行。以技术发展和物质丰裕作为衡量的价值标准,从而导致人的发展的目的性的沦落。工具性价值的极度扩张,挤压了人文价值的生存空间,功利主

[1] 亚伯拉罕·弗莱克斯纳.现代大学论——英美德大学研究[M].徐辉,陈晓菲,译.杭州:浙江教育出版社,2001.

义成为主要的价值标准。调查数据显示："大学生受'宿命论''拜金主义'和'享乐主义'影响的程度为 15.6% ~ 32.6%。"[1]

卡尔·雅思贝尔指出："大学旨在追求真理和人类的进步,它的目的是代表人类品性的精华。人文是它的命脉所在,不管这个词多么经常并且深刻地改变它的含义。"[2] 事实上,人文文化在大学校园文化中长期占据着主导地位。19 世纪工业革命以后,科技对人类的思维模式和价值判断产生了重要影响。科学文化的发展也彻底改变了大学校园文化发展的样式,它的出现打破了原有的大学校园文化生态模式,导致人文文化的衰落。"重科学""轻人文"的价值观弥漫于高校校园,导致两者发展泾渭分明,步入了"二元对立"的发展时代。这种狭隘而偏执的"非此即彼"或"厚此薄彼"的价值理念,在大学校园文化范畴演变为两种不同文化价值观的对立,导致大学校园文化长期处于失衡发展的畸形状态。在这样的文化环境中,它所产生的,并非表面上自然科学对人文科学的长驱直入的显性状态,而是工具理性对价值理性特定条件下形成的"人性的虚无"和"精神的孤岛"。自由、平等、至善这些人文精神所崇尚的价值信仰,在工具理性舍我其谁的凌厉攻势下败下阵来。尤其是在当前唯"市场导向""就业至上"论的评价体系之下,大学人文教育和人文精神的地位每况愈下,而以"工匠精神"为代表的工具理性却大受追捧。人文与科技的沟壑在功利主义的造势下更加难以弥合。

人文文化对于价值观的重要性,最中肯的评价或许莫过于埃德加·莫兰（Edgar Morin）的一句话："人文文化是一种总体文化,它通过哲学、杂文、小说滋养了一般智能,回应了人类的伟大探寻,刺激对于知识的思索和促进认识的个人的整合。"[3] 大学教育不应该是科学与人文的对立,而更应该是两者的不可分割、互相融合、共同促进、共同发展。在大学校园文化的发展观上,我们认为它应该有自己的价值本位,这种价值本位是建立在社会主流价值观基础上的人文精神与科技精神的有机统一。而做到这一点的前提,必须要摒弃功利性的价值偏向,回归到大学文化之道以及大学精神的本原上来。在此基础上,我们才能做到理性地取舍、补充和创新,大学校园文化的价值意蕴才能竞相迸发,活力四射。

四、目标模糊化

目标模糊化,是指校园文化载体建设相对于涵养大学生社会主义核心价值观的目标要求,存在的漂移、目的不明确等泛化、窄化或错位的现象。尽管我国高校校园文化具有明确的指导思想、发展方向,也取得了丰硕的成绩。但是,在一定范围内、一定层面上,它依然存在目标"模糊化"的现象。这种现象反映在学生身上则表现为对未来人生发展的悲观或漠然。相关调查表明："对自己的未来感到迷茫的大学生占 23.2% ；表示悲观者

[1] 数据来源于《中国大学生思想政治教育发展报告2015》关于消极人生观对大学生的影响调查。大学生受"宿命论""拜金主义"和"享乐主义"影响的程度,指的是对调查涉及的消极人生观表示"比较赞同"和"非常赞同"的大学生人数比例。大学生受享乐主义影响最大,明确反对享乐主义的学生比例不足50.0%,有55.2%的大学生对其评价态度模糊或表示赞同,享乐主义在大学生中占有一定市场。

[2] 卡尔·雅斯贝斯.大学之理念[M].邱立波,译.上海:上海教育出版社,2007.

[3] 埃德加·莫兰.复杂性理论与教育问题[M].陈一壮,译.北京:北京大学出版社,2004.

占 1.6%，总计接近 25% 的大学生对自己的发展目标不明确。"[1]在理想信仰方面，"部分学生对马克思主义信仰有一定程度的迷茫"。[2]

当前，"我国大学由于在纵向继承上没有很好地遗传古代书院尚学问、倡导自由的学术文化的基因；在横向移植上，也没有很好地消化吸收西方大学学术自由、大学自由、教授治校等大学文化精神的精髓"。[3]结果导致大学校园文化在"理"与"力"之间存在着不同程度的失衡。这种失衡，既代表了校园文化主体对于发展目标存有歧见，从更深层次的角度来说，它又代表了不同的校园文化的价值取向。从大学校园的治理主体来说，学术和行政是高校管理的一对矛盾体，两者在文化价值取向、价值目标上存在一定差异。价值取向和价值目标的不同，决定了两者之间存在着既对立冲突又协调统一的矛盾关系。这种矛盾反映在高校管理上较为明显。由于我国高校普遍存在管理和治理的行政体制，高校内部时常出现行政权力越界的泛行政化现象，结果导致了以真理、自由、公平等价值为代表的学术文化的退缩，而行政文化中蕴含的权力、效率、控制等价值取向不断蔓延。两者之间的张力构成了高校校园文化中较为常见的一对矛盾共同体。如果任其发展，长此以往就会演变成伯顿·克拉克笔下的"官僚组合主义"，这样"不仅开始成为大学的办学环境，而且会渗透到高等教育本身，并往往形成学者和专职人员之间对立的局面。"[4]显然，官僚主义的张扬将对大学的学术自由、文化创新、民主参与等构成严重的伤害。当然，这是一种比较极端的假设，展现在我们面前的真实图景往往是两者之间持久的拉锯与博弈。事实上，每所大学都不可避免地存在两者的矛盾和冲突，关键是两者是否在价值取向上互相支持、互相补充，这才是实现两者协调发展的前提和关键。

不仅如此，校园文化载体建设目标的"模糊化"现象还表现在校园文化在大众文化、传统文化和外来文化的复杂交织中取舍不定。一方面是大学生对于商业电影、流行音乐、娱乐选秀、时尚杂志等大众文化的狂热追捧，光怪陆离聚光灯下的物质主义、享乐主义和消费主义对人文精神、价值理性的遮蔽，导致对外来文化与主流文化的双重怀疑，甚至全盘否定。另一方面是在对传统文化回归呐喊与呼唤的同时，缺乏对其应有的敬畏和尊重。这种思想、行为上的价值错位、价值背反，折射出文化中的"相对主义"，导致人们的批判与自主思考能力的萎缩，而这恰恰反映的是大学精神的衰微。当然，我们丝毫不怀疑大众文化、传统文化和外来文化中的优秀基因是高校校园文化的重要组成部分，但是我们不能因此而对它们亦步亦趋、随波逐流，而是应该有自己的价值本位和价值目标。这种价值本位和价值目标就是建立在对一切文化思想糟粕批判基础上的社会主义核心价值观引领下的大学精神。

[1] 数据来源于《中国大学生思想政治教育发展报告2015年》中关于大学生人生态度的调查，该调查从"人生发展态度"和"生活满意度"对大学生的人生态度进行了调查。交互分析后发现，大学生人生态度与父母文化水平以及自身教育因素存在显著差异。在大学生生活满意度方面，仅5.9%表示非常满意，51.5%表示比较满意，感觉一般或不满意的超过40%。在另外一项关于大学生人生规划的调查方面，33.6%的学生仅有短期规划，还有少数学生无人生规划。

[2] 郑冬芳.大学生马克思主义理想信仰研究[M].北京：中国社会科学出版社，2015.

[3] 欧小军.我国大学文化发展的失衡现象探析[J].河北科技大学学报（社会科学版），2010,10(4):88-92,112.

[4] 伯顿·克拉克.高等教育新论——多学科的研究[M].王承绪，等译.杭州：浙江教育出版社，2001.

五、方式片面化

所谓方式片面化,主要是指在利用校园文化开展社会主义核心价值观教育时手段简单、单调、呆滞的现象。片面是相对全面而言的,社会主义核心价值观教育涵盖知、情、意、行各个环节和层面。各个环节环环相扣,共同组成一个完整的培育过程。尽管社会主义核心价值观仅仅24字,但是内涵丰富深刻抽象,具有高度的概括性、深刻的理论性。我们要对其全面深刻理解和把握并非易事,要把抽象的理论转化为学生的思想,情感的认同,信念的坚定,行为的自觉,"必须全面建设完善从抽象到具体、从理论到实践、从认知到信仰的整个培育过程"。[1]毫无疑问,思政课是主渠道,课堂是主阵地,教师是主力军。课堂教育作为一种理性教育,旨在认知层面的理解,帮助学生从认识层面加深认识,端正理解,领会内涵,把握要义,纠正认知偏差。它并没有完全覆盖社会主义核心价值观教育的整个环节和完整过程,仅仅是其中一环而已。如果我们"毕其功于一役",忽略了其他环节,无疑是片面的、有害的。

认知教育固然重要,它是内化于心、固化于心、外化于行的前提和基础。但是我们只是片面地重视"知",或者说一种知识性的背诵、记忆,与社会主义核心价值观教育倡导的情感、理想、信念、行为教育相去甚远。这就要求我们在利用校园文化对大学生开展社会主义核心价值观教育时,不能仅仅依靠课堂教育,浮光掠影地做几场宣读文件精神的报告,振振有词的"宣誓词",机械记忆式的"知识竞赛",学校围墙的几幅"涂鸦",电子屏上千篇一律的"24字"等,社会主义核心价值观就此走深、走心、走实了,无异于以一种片面来代替另一种片面。所以,我们不能简单化地把它视为一种"知识教育",而是要把它作为情感教育、理想信念教育、实践行为教育的"灵魂工程"。简单化的、一刀切的"表面功夫"和"花拳绣腿",看似热热闹闹,实则没有入脑、入心、入行。

除了上述将"知识性"教育片面化地取而代之以外,还有将五花八门的文化活动"形式"视为全面贯彻落实,以"数量"代替"质量",以"花样"代替"榜样"。在上级下达各种学习贯彻落实文件通知后,很多高校迅速行动起来,广泛动员师生员工,掀起了学习、宣传、贯彻社会主义核心价值观的热潮,取得了不错的效果。

六、路径单向化

路径单向化主要是指在利用校园文化开展社会主义核心价值观的教育中拘泥于少数几种途径或"千篇一律"的现象。"单向化"是相对于"三全育人"而言,与新时代高等教育战略要求,以及实现立德树人根本任务之间存在一定差距。社会主义核心价值观教育是立德树人的重要任务之一,必须围绕学生、关照学生、服务学生,使其贯穿于大学学习阶段的全过程,实现全员育人、全方位育人。在2018年全国教育大会上,习近平总书记再

---

[1] 殷霞梅.基于培育大学生社会主义核心价值观的高校校园文化建设[J].思想政治教育研究,2016(14)13-16.

次强调："要把立德树人融入思想道德教育、文化知识教育、社会实践教育各环节,贯穿基础教育、职业教育、高等教育各领域,学科体系、教学体系、教材体系、管理体系要围绕这个目标来设计,教师要围绕这个目标来教,学生要围绕这个目标来学。"[1]从全员育人而言,部分专业教师认为德育是思政课教师的事,与己无关,只要上好自己的专业课程,传授好专业知识和专业技能就万事大吉。领导干部认为是下属的事,自己只要通知传达到位即可;其他行政管理人员认为是辅导员、班主任等学工队伍的事,家长则全盘推给学校等诸如此类的现象大体都是如此。殊不知,德育为先,教育育人,首要任务是"为谁培养人""培养什么样的人",每位教师都责无旁贷,各自都要守好一段渠,做到守土有责、守土尽责。从全方位育人而言,大学生社会主义核心价值观的培育不仅仅限于课内、校内、线下,而是要实现课内课外的协同,校内校外的联动,线上线下的融合,充分利用各种平台、途径、资源和载体,将社会主义核心价值观教育渗透于教学、科研、生活、管理、实践等各方面,实现全方位育人。从全过程育人而言,大学生社会主义核心价值观教育要融入教育教学全过程,成长成才、发育发展的全过程,覆盖其入学、毕业、就业全周期,而不是一时、一事、一段的突击式、运动式、短暂性的功利性行为。它需要建立一种长时段、经常性、贯穿式育人机制,相连接、螺旋式上升的育人链条,实现全过程育人。

校园文化凝聚性不强,就是"单向化"的表现之一。它源于师生员工对其价值目标的认同。当前校园文化在市场经济和外来文化的冲击下,功利化、庸俗化、形式化等现象背离了文化价值高地的本质。物质主义、消费主义、利己主义、享乐主义在大学生群体中日益蔓延,对社会主义核心价值观形成了强烈的冲击。如违规招生、学历造假、学术不端等对诚信道德的冲击。诸如此类在"象牙塔"里滋生蔓延,此消彼长的结果必然导致主流价值观被观望、漠视、消极。"知而不行""知行不一"让社会主义核心价值观成为共识显得乏力。因此,缺乏凝聚力的校园文化难以广泛动员力量和行动,不利于社会主义核心价值观的传播、认同和践行。校园文化整合性不强,又是"单向化"的另一种表现。它源于畅通渠道和有效机制的缺失,彼此之间未能形成联合联动,既表现为学校内部组织人员、力量、资源之间的各自为政,也表现为学校与政府、社会、家庭之间没有形成有效合作的格局。立德树人是一项协作性很强的灵魂工程,决定了大学生社会主义核心价值观的培育必然是一种建立在社会环境、文化氛围、社会导向等整体性培养体系之中的长期性、经常性活动。如果没有团队精神,没有参与意识,没有协同协作,相互之间不是补台,而是拆台,就很难好戏连台。校园文化整合性的缺失,造成教育力量、教育资源、教育平台以及管理制度等孤军奋战,没有形成教育合力,也就难以取得最佳效果,进而导致内容形式途径的狭隘化、局限化,以不变应万变,能够做与应当作之间的鸿沟越来越大,这不利于社会主义核心价值观的培育。

育人是一项长期性、艰巨性的系统工程。单纯指望思政课教师的几门思政课程或者是辅导员班主任的谆谆教诲就能万事大吉,是不切实际的。社会主义核心价值观涵盖了大德、公德、私德各个层面,内涵极其丰富深刻,外延极为广泛,涉及人的生命全周期,成长

---

[1] 新华社.习近平在全国教育大会上强调　坚持中国特色社会主义教育发展道路　培养德智体美劳全面发展的社会主义建设者和接班人[J].党建,2018(10):4-6.

的全过程,乃至生产、生活、交往等各个领域,可谓人作为社会一员安身立命、终极人生的"必修课"。因此,高校的课程要围绕立德树人这一目标进行设计和开展,实践和管理服务等都要以立德树人根本任务为中心,相应形成的多维校园文化构成了全员全过程全方位育人体系。

第二节　校园文化载体建设存在问题的成因

依据马克思的观点,问题是反映一个时代"最实际的呼声"。任何问题的原因都要从它所处的时代中寻找答案,时代是问题的最好注脚。当前,尽管我国经济建设取得了伟大成就,但是,我国仍然处于社会主义初级阶段,并将长期处于初级阶段是不争之事实。相比于西方发达国家,科技文化仍然比较落后,发展依然不充分不平衡。尤其是在全球性文化生态危机的大背景下,我国高等教育也出现了不同程度的精神衰微现象,各种文化、思潮在大学校园这一文化、思想汇集之所,发生着激烈的冲突、碰撞、融合。在大学校园文化还未彻底整合这些文化元素之前,各种文化、思想仍然处于复杂、无序的状态。

一、文化发展滞后、失衡

马克思主义认为:上层建筑由经济基础决定,社会意识由社会存在决定。当前我国"发展中不平衡、不协调、不可持续问题依然突出"。[1] 习近平在党的十九大报告中进一步指出当前发展不充分不平衡。这不仅仅体现在经济领域,文化领域也同样如此。相对于经济发展规模和速度,文化发展相对滞后。就文化而言,文化内部之间发展也不充分不平衡,相对于物质文化,精神文化和制度文化发展不充分,三者之间发展不平衡的问题突出。作为上层建筑和社会意识,涵养大学生社会主义核心价值观的校园文化载体发展不充分、不平衡,归根结底是我国经济、社会、文化以及生态发展不充分不平衡的深刻反映。

关于经济基础与文化之间的关系,马克思指出:"人们在自己生活的社会生产中发生一定的、必然的、不以他们的意志为转移的关系,即同他们的物质生产力的一定发展阶段相适应的生产关系。这些生产关系的总和构成社会的经济结构,即有法律的和政治的上层建筑竖立其上并有一定的社会意识形态与之相适应的现实基础。"[2] 物质生产是决定社会意识发展的重要基础,而且两者是一种必然的关系,而非偶然的关系。虽然社会意识还受到除经济以外,诸如政治、文化等其他关系的影响,但是我们可以肯定的是,"在这些现实关系中,经济关系不管受到其他关系——政治的和意识形态的——多大影响,归根结底还是具有决定意义的,它构成一条贯穿始终的、唯一有助于理解的红线"。[3] 尽管他认为经济关系对于社会意识的作用和影响不是唯一的,也就是马克思的观点并非经济唯一论,但是,它却是决定意义的、必然的、贯穿始终的核心因素。马克思认为:"我们判断这样一个

[1] 中共中央文献研究室.十八大以来重要文献选编（上）[M].北京:中央文献出版社,2014.

[2] 中共中央马克思恩格斯列宁斯大林著作编译局.马克思恩格斯文集:第2卷[M].北京:人民出版社,2009.

[3] 中共中央马克思恩格斯列宁斯大林著作编译局.马克思恩格斯文集:第10卷[M].北京:人民出版社,2009.

变革时代也不能以它的意识为根据；相反，这个意识必须从物质生活的矛盾中，从社会生产力和生产关系之间的现存冲突中去解释。"[1] 马克思在此说得更加具体、明确，当经济基础改变时，社会意识迟早会发生改变。经济基础的变化是促进社会意识改变的重要因素、必然因素。同样，个体的价值观的状况也要从其生活的社会条件去寻找解释，因为价值观是社会意识，它受制于社会条件。因此，在马克思看来，判断一个时代的变革，不能以意识为依据，而是要从物质生产的矛盾中寻找答案。当然，决定社会意识的因素是非常复杂的。马克思认为："阶级斗争的政治形式及其成果——由胜利了的阶级在获胜以后确立的宪法等，各种法的形式以及所有这些实际斗争在参加者头脑中的反映，政治的、法律的和哲学的理论，宗教的观点以及它们向教义体系的进一步发展。这里表现出这一切因素间的相互作用，而在这种相互作用中归根结底是经济运动作为必然的东西通过无穷无尽的偶然事件向前发展。"[2] 所以，马克思从来不否认其他因素对于社会意识和人类社会发展的重要作用。但是，他始终认为经济基础是影响社会意识的一切因素中的最重要的因素，除此之外，没有其他，因为人类社会所有的历史变迁几乎都是在物质生产的进程中完成的。

我国处于社会主义初级阶段，并将长期处于这一阶段，这是我国现阶段最真实的国情。尽管改革开放以后，我国在经济建设领域取得了举世瞩目的成就，甚至一些东部沿海地区的经济发展状况步入了世界中等发达水平，但是，我国是在"落后农业国的基础上开展经济建设，而且新中国成立后长期面临着生存的威胁和发展的困境"，[3] 还有人口多、底子薄、科学技术条件落后等不利条件，注定了社会主义初级阶段的基本矛盾突出并将长期存在。尤其是在改革开放的初期阶段，"由于认识不足、缺乏经验和主观失误等因素，一些地方过度重视物质文明的建设，而忽视了精神文明建设"，[4] 导致后者长期处于非常落后的发展状态，人们的文化道德水平也处于相对滞后的发展状态，人们的文化自信也随之逐渐式微。这些不利条件影响和制约着我国高等教育的质量，同时也决定其落后的发展状态在短期内难以彻底扭转。虽然我国目前高等教育的规模和毛入学率以及高等教育的从业人员的体量都处于世界的前列，但是地区之间的差距很大，发展水平也不高，尤其是中西部欠发达地区的办学条件依然很差，投入资金也很紧张，在很大程度上影响了本地区高等教育的发展。总之，在当前发展不充分不平衡的条件下，校园文化载体建设同样也将长期面临着物质基础、科技文化创新支撑乏力的局面，它与涵养社会主义核心价值观需要之间的矛盾仍将持续。

二、文化主体互动乏力

大学校园文化的形成、发展以及创新，取决于其主体的交往实践的广度和深度。它"是

[1] 中共中央马克思恩格斯列宁斯大林著作编译局.马克思恩格斯文集：第2卷[M].北京：人民出版社，2009.
[2] 中共中央马克思恩格斯列宁斯大林著作编译局.马克思恩格斯文集：第10卷[M].北京：人民出版社，2009.
[3][4]　康雁冰.社会主义核心价值观建设领域的失衡现象及对策研究[J].中共福建省委党校学报，2016(3)：50-55.

> > > > > > > > >

大学文化主体与客体在人类已有的文化基础上长期作用的过程和结果"。[1]大学校园文化形成、发展以及大学生社会主义核心价值观教育，无一不是建立在主体与客体的实践交往基础之上的。"一个人的发展取决于和他直接或间接进行交往的其他一切人的发展。"[2]主体与客体实践交往的深度、广度在很大程度上影响着对方的发展。著名的教育学家、心理学家罗杰斯也认为，有效教育的关键在于师生实践交往的品质。这种实践交往促使客体转向主动自觉，个人存在与完善的价值得以张扬，主体、客体双方都将成为高度自觉的主体，从而实现人向高度自觉的人的飞跃。相反，主体、客体交往乏力，将扩大主体、客体双方在文化价值观上的异质性，加剧两者之间在思想、观念、文化上的冲突和对抗，文化分歧、价值分歧的鸿沟将在冲突、对抗中渐行渐远。

师生既是高校校园文化的主体，又分属于不同的文化群体，代表着不同的文化价值观，两者校园文化的建设过程中交融、交锋和碰撞。不仅如此，各种社会文化、思潮、思想也在校园中激荡，大学校园文化中文化多样、价值多样的趋势更加突出，价值认同变得更加困难。在这种条件下，师生的实践交往显得尤为重要。"然而在现实中思想政治教育却在不同程度上与学生生活发生了偏离。"[3]师生交往越来越少、关系越来越疏远、情感越来越淡薄的现象却与日俱增。课堂讲台上冷冰冰的知识传递，讲台下一幅幅麻木漠视的表情，下课教师匆匆地赶路……这样的场景每天都在大学的校园上演着。师生之间交往乏力，导致双方缺乏交流，缺少思想、灵魂的碰撞与情绪的感染，也就没有文化的发展与创新。两者距离的疏远，让秉持传统文化"尊师重教"的教师更加感觉不到被学生尊重的需要，尤其是在学生强烈的民主、平等意识条件下，距离的鸿沟将持续扩大。与此同时，受社会文化的消极影响，两者的关系也出现了简单化、功利化式的"异化"趋势。由于高校校园的扩大和外迁，教师"走教"的现象普遍而严重，造成师生双方现实交往的时空下狭窄化，课外交往的频度十分低下，很少与学生共同参与校园文化活动。从双方交往的内容来看，教学交往居多，生活交往非常少，尤其是在功利主义盛行的条件下，一些有限的交往甚至还演化成了"利益驱动"与"经济回报"式的各取所需。据《中国大学生思想政治教育发展报告2015》高校师生关系现状调查的数据显示：受访者中仅13.7%的学生认为"非常满意"，49%的学生认为"比较满意"，有三成以上的学生对师生关系感觉一般或不满意。通过交互分析表明，教育文化因素是影响师生关系的重要原因。[4]以上数据表明：当前高校师生关系呈疏离态势，其中价值取向、文化认同是重要因素，而这两项重要因素归根结底是由于双方互动实践缺乏所致。

师生交往并非单一的知识交往，同样也是一种情感交往和心理交往。借助于实践交往，双方在交往互动中互相影响，"这种思维协作使所有对话者萌生新的理解和共

[1] 王少安，周玉清.大爱精神与大学文化建设[M].北京：人民出版社，2008:62-63.

[2] 黄华新，朱法贞.现代人际关系学[M].杭州：浙江大学出版社，1995:17.

[3] 王天民，等.大学生思想政治教育创新研究[M].北京：北京师范大学出版社，2013:20.

[4] 沈壮海，王培刚，段立国，等.中国大学生思想政治教育发展报告2015[M].北京：北京师范大学出版社，2016.

识"。[1]"这种理解和共识并不一定是观点或意见的完全一致，而是一种对话者基于差异的相互促进、共同提升的状态。"[2]高校校园文化也正是在这种实践交往的过程中建立、发展起来的，这一过程实际上也是对大学生的价值观产生深刻影响的过程。大规模扩招、过度的政治化、社会化、商业化的介入，使得这种交往过程的建立越来越困难。教师疲于长途奔袭于家庭、学校之间，忙于教学、科研、社会服务应对之中，学生获取知识、信息的多元化，也让教师"闻道于先"的优势不复存在，对教师的依赖性和交往的积极性都在下降，而扩招后的师生比从客观上增加了双方交往的困难。新校区校园文化中的"文化断层""文化沙漠"现象不同程度地存在，从某种程度上折射出师生交往的紧迫性。"没有对话，就没有交流，没有交流，也就没有真正的教育。"[3]校园文化亦是如此，没有交往实践，就没有对话和交流，也就没有真正的校园文化。因为只有真正的校园文化，才能触动灵魂的深处，散发出"生命的精神交往"的光辉。正如苏霍姆林斯基所指出的："我深信，促进自我教育的教育才是真正的教育。"[4]而这一切必须建立在师生之间具有良好的关系之上。反之，师生互动交往的缺乏，必将导致双方文化差异的代沟逐渐拉大，彼此无法成为一个教育共同体。

有鉴于此，我们认为，建立在民主、平等、协商、合作价值观上主体间的交往模式，主体、客体双方共享思想、知识、智慧、经验等文化成果，"在关爱与控制之间维持一种张力"，在对话沟通中获得新知，在思想碰撞中进入彼此的"生活世界"，达成"界"的融合与共识。事实上，校园文化只有与大学生产生各种各样的关系，其功能作用于大学生，才能真正释放出涵养价值观的外显功效。

三、大学人文精神衰微

众所周知，在科学技术还不发达的很长一段历史时期，人文学科始终是人类社会舞台的绝对主角，始终高居人类文化金字塔的塔尖。"崇尚人文"的意识形态是人类社会所遵循的主流价值观，而"人的贪欲"则被视为洪水猛兽和瘟疫之源。在古希腊的柏拉图看来，"有理性"是人与动物之分野，传统儒家文化也一直推崇"存天理，灭人欲"。因此，在人类社会历史的大部分时间里，大学始终坚守着人类社会传统的文化价值观念，"以文化机制作为大学组织整合和运行的主导机制，拥有以'崇尚人文，注重理性，自由独立，厚德济世'为核心的精神传统和对超越现实功利的理想追求"。[5]

人类社会进入近代以后，随着工业革命的浪潮兴起和现代化的方兴未艾，传统的道德价值观在高度发达的自然科学和人类对物质狂热追逐中逐渐式微。尤其是人类社会进入经济全球化的今天，"人的贪婪"被视作经济发展的动力和人类创造的源泉，人类对物质

[1] 戴维·伯姆.论对话[M].王松涛，译.北京：教育科学出版社，2004.

[2] 郑金洲.对话教学[M].福州：福建教育出版社，2005.

[3] 保罗·弗莱雷.被压迫者教育学[M].顾建新，译.上海：华东师范大学出版社，2001.

[4] 苏霍姆林斯基.少年的教育和自我教育[M].姜励群，译.北京：北京出版社，1984.

[5] 王翼生.大学文化哲学[M].广州：中山大学出版社，2012.

>>>>>>>>>

主义、科学主义的过度迷信遮蔽了传统文化价值观。在这场"人的贪欲的理性化释放"的角逐中,"人文"精神被"崇尚物质"给遮蔽了,结果人类社会遭受了整体性的文化生态危机,大学文化也未能独善其身。从某种程度上说,与其说这是一种文化危机,毋宁说是信仰危机。值得注意的是,这种危机并非空穴来风,它正在一步一步地蚕食大学的灵魂,改变着大学校园文化的性格。"以'致力于照亮人性的美'的人文关怀和'为真理而献身'的独立精神为核心的'大学之魂'正在随着外部各种力量的介入而日趋淡化。这种情况充分表明,当前世界高等教育和今日大学正在出现一种大学精神衰微现象,其突出表现是大学人文精神的滑坡和办学目标的功利化倾向,其实质是一种价值危机。"[1]

联合国教科文组织认为:"大学必须进行最彻底的变革和创新,以使我们目前这个正在经历一场深刻价值危机的社会可以超越一味地经济考虑,而注重深层次道德和精神问题。"[2]张学文在《全球化背景下的大学理性与大学责任》一文中指出:"这种功利主义政策使大学'公共职能'浮现,融入社会公共生活;与此同时,大学'自主职能'与价值自由观念渐渐消隐,'大学责任'一词日益和高等教育紧密联系起来……'支持全球化就是尊重市场规律'成为一种强势逻辑,直接碰撞着大学的理性精神",并且"进而表现为大学理性的沦丧、校园文化生活自主性的丧失以及学术创造力的萎缩。"[3]显而易见,大学校园文化正面临着自我异化与理性的日渐沦落,它对人类精神家园的坚守正面临着诸如社会思潮的猛烈撞击,这种价值危机需要大学校园文化进行最深层次的价值变革和创新。只有当代大学超越一味地从经济角度考虑,而深入文化与精神领域的文化觉醒,才能建立自己的文化精神,并根据固有的价值原则对社会问题予以关照,才能承担起大学生社会主义核心价值观教育的特殊使命,履行其责任。

四、文化环境复杂无序

所谓文化环境复杂无序,是指文化多样性以及各类文化之间的碰撞、冲击与交融,呈现出一幅错综复杂的现实图景。它主要表现为先进文化与落后文化、精英与大众、本土与外来、主流与非主流以及马克思主义文化与非马克思主义文化之间的相互影响、相互斗争,以及渗透与反渗透。诚然,文化多样具有积极的意义,在一定程度上它满足了青年大学生个性化的追求和多样化的需要,开阔了他们的文化视野,对于培养大学生的社会主义核心价值观也具有一定的积极作用。但是,文化的多样又使他们经常陷入文化选择和价值判断的两难境地,文化价值观随之也呈现出多元的发展状态,各种异质的、错误的价值观跌宕起伏、风起云涌,对大学生造成了很大的负面影响。在这种条件下,部分大学生对传统文化和社会主义核心价值观产生了怀疑甚至否定,在价值选择上往往选择所谓的不选边站的"价值中立",最后往往倒向的是西方价值观的阵营。在面对文化选择、价值判断时,他们或彷徨,或回避,或错判,显得无所适从、漫不经心,迷失在文化价值观的汪洋之

[1] 王翼生. 大学文化哲学[M]. 广州:中山大学出版社,2012.
[2] 亚伯拉罕·弗莱克斯纳. 现代大学论[M]. 徐辉,陈晓菲,译. 杭州:浙江教育出版社,2001.
[3] 张学文. 全球化背景下的大学理性与大学责任[N]. 中国科学报,2007-11-13(1).

中,而对社会主义核心价值观缺少理解和接纳,常常在文化价值观的冲突中陷入"道德相对主义"的沼泽,"存在严重的'知行分离'现象"[1]。

随着经济全球化的快速推进、改革开放的深入发展以及信息现代化的迅速扩张,社会进入了深刻变动与剧烈转型的发展阶段,各种政治理念、价值观念与文化思潮蜂拥而至,对高校校园文化以及大学生的价值观念的健康发展形成了巨大的挑战。正如塞缪尔·亨廷顿在《文明的冲突》中所言:"在冷战之后的世界上,人民之间最重要的区别不是意识形态、政治或经济的区别,而是文化的区别。"[2]与人们对政治或意识形态的敏感和警觉相比,在某种程度上,文化的区别并不能使得人们清晰而明确地将自己与他人区别开来。这种"社会整体背景的模糊性不仅增加了社会整体利益的不确定性,更造成了整体社会认同的困难、社会责任的推卸和价值评判体系的多元。"[3]尤其是在各种错误的文化思潮的影响下,对高校校园文化主流意识形态建设和大学生的价值评判标准造成了冲击和消解。

作为文化思潮形成、传播的集散地,以及知识分子、社会精英的云集地,高校历来是各种文化思潮、社会意识形态争斗的前沿阵地。青年大学生历来也是反华敌对势力糖衣炮弹的对象,而社会思潮恰恰也是从高层知识分子、青年学生开始蔓延至整个社会。《中国大学生思想政治教育发展报告2015》中一项关于大学生对有关社会思潮的调研结果表明:"大学生对各种社会思潮不太了解和很不了解的比例合计为51.4%(新左派)、44.0%(后现代主义)、43.0%(新自由主义)、41.3%(历史虚无主义)、36.8%(文化保守主义)、21.1%(民族主义)、20.4%(民主社会主义)。结果表明,大学生有所了解,但整体认识程度不高。"[4]当前,新自由主义思潮、民主社会主义、历史虚无主义、"普世价值论"、新儒学思潮、拜金主义思潮、享乐主义思潮、极端个人主义思潮等各种思潮相互影响、相互结合、相互交织,形成了一种主流思想与非主流思想、主流文化与非主流文化、核心价值观与边缘价值观等错综复杂的局面。随着各种文化思潮的演变和发展,文化环境也将变得更加复杂无序。在这种条件下,"来自社会上的思想动态很容易就传播到校园中,而大学生往往以小单位聚集在一起,社会思潮很容易在校园里形成一发而不可收拾的局面"。[5]而大

---

[1]《中国大学生思想政治教育发展报告2015》中关于大学生道德观与道德行为的调查结果显示,大学生的道德认知与道德向往相分离,道德认知水平高但道德向往不坚定。有93.6%的大学生认为雷锋精神"并未过时,仍值得发扬",但却只有62.6%的大学生明确向往成为社会道德模范或英雄。其次,大学生的道德意愿与道德判断信心不足。有96.6%的大学生愿意扶跌倒老人,但其中近半数大学生担心被讹诈。再次,大学生的道德意愿与道德行为相分离,道德意愿强烈但道德践行不足。有91.9%的大学生愿意做志愿者,但绝大部分仅参加2~3次。最后,大学生文明素质与日常行为表现相分离。关于大学生文明素质评价的调查结果显示,大学生的12项文明素质得分在6.57~7.54(满分10分)。

[2] 塞缪尔·亨廷顿.文明的冲突[M].周琪,等译.北京:新华出版社,2013.

[3] 杨卫琴,英震.多元文化背景大学生社会主义核心价值观教育研究[J].当代教育实践与教学研究,2016(8):66-67.

[4] 沈壮海,王培刚,段立国.中国大学生思想政治教育发展报告2015[M].北京:北京师范大学出版社,2016.

[5] 孙海涛.社会思潮对大学生社会主义核心价值观培育的影响及对策[J].黑龙江高教研究,2014,237(1):124-126.

学生自身的世界观、人生观、价值观尚未成熟,在西方资本主义的"软刀子"的持续攻击下,很容易误入歧途。众所周知,青年大学生个性张扬,喜欢追赶潮流,而西方资本主义的一些思潮正是披着各种外衣、打着各种"幌子"博取眼球,以此来满足大学生的求异心理、猎奇心理。西方社会思潮中高扬的"自由、民主、平等、人权"等核心价值观念,披着抽象人性论、价值绝对化的外衣,恰恰迎合了大学生的这种心理需求,具有很强的唯心性、虚伪性、欺骗性。不仅如此,它们还具有严密的逻辑结构和话语体系,伴随着色彩缤纷的形式、丰富的文化内涵以及隐秘的渗透方式,对高校校园文化安全形成了围攻之势,冲击着社会主义核心价值观。"而改革开放以来形成的当今中国文化,充斥着对金钱和权利的崇拜,缺乏深邃、高雅的思想文化内涵,缺乏对国家、民族及未来发展的思考,使社会成员和高校大学生精神信仰缺失,以致丧失战斗意志和创造动力。""部分高校大学生喜欢解构当下中国的一切,他们对中国特色社会主义理论、制度、文化等持批判甚至全盘否定的态度。"[1]根据佘双好对于社会思潮对大学生社会主义核心价值观影响的一项调查显示:"29.6%的人赞同社会思潮现实针对性强,18.4%的人认同社会思潮观点新颖,认为理论说服力强的人数占18.1%,而认同社会思潮满足利益群众诉求的人数占15.4%。"[2]西方社会思潮凭借其经济、政治、文化领域的压倒性优势,以及部分价值的合理性,通过渗透进入大学校园文化等途径,成功地将思想价值观念植入大学生的头脑之中。当前,打着"超阶级意识形态"的"普世价值",是影响大学生对社会主义核心价值观认同的重要因素之一。这种包裹"淡化意识形态""非意识形态化"外衣的错误思潮,迎合了当代大学生崇尚的价值倾向,严重危害大学校园文化和社会主义核心价值体系建设。

综上所述,面对各种文化、社会思潮相互激荡、相互交织、犬牙交错的复杂局面,我们必须要在坚持马克思主义、社会主义核心价值观指导思想的前提下,以对待文化的"百花齐放、百家争鸣"的态度来对待各种社会文化思潮,吸收借鉴各种文化思潮中的积极成分和合理价值,坚决抵制各种文化思潮中的倒退的、消极的、腐朽的思想价值观念。我们要尊重文化多样性,以包容、理性的态度进行批判,努力实现各种文化思潮的相互制衡与发展,构建"一元主导"之下的高校校园文化格局,巩固社会主义核心价值观在校园文化中的统领地位,促进大学生社会主义核心价值观教育的健康发展。

第三节　校园文化涵养主流价值观的经验借鉴

众所周知,文化是涵养价值观的重要途径。无论是国内还是国外,执政者都非常注重利用文化来开展主流价值观教育。从国内来说,中国共产党具有重视大学生思想政治教育和文化建设的光荣传统,并在理论和实践创新中积累了丰富经验。从国外来说,美国、英国等发达国家在通过文化创新、传播以及隐性教育等方式,进行主流价值观教育方面,积累了更加先进的宝贵经验,这些宝贵经验将有助于我们创新校园文化载体,为涵养大学

[1] 李少奇. 文化安全视域下应对西方社会思潮冲击的大学生思想教育研究[J]. 西南民族大学学报(人文社科版), 2015(8):225-230.

[2] 佘双好. 社会思潮对高校学生社会主义核心价值观的影响研究[J]. 思想教育研究, 2011(6):34-39.

生社会主义核心价值观提供更佳的精神食粮。

一、国内经验总结

长期以来，广大教育工作者在大学生思想政治教育实践中积累了大量关于校园文化载体的宝贵经验。认真总结、科学概括这些经验，对我们加强大学校园文化创新，提高涵养社会主义核心价值观的成效具有重要的参考价值。

（一）重视文化载体的政治性

我国高校校园文化，从一开始就是在马克思主义思想指导下建立的，自始至终都强调党对文化建设的绝对领导。因此，被广泛应用于大学生思想政治教育工作中的校园文化载体，具有鲜明的政治性。

讲政治是中国共产党的优良传统，也是中国特色社会主义校园文化的特色之一。习近平同志在北京大学考察时曾说道：必须扎根中国大地办大学，"没有特色，跟在他人后面亦步亦趋，依样画葫芦，是不可能办成功的"[1]。这个特色，首先就是政治特色，这是大学"姓社"还是"姓资"的根本区别所在。没有社会主义的政治意识，就没有社会主义性质的大学，同样也就没有社会主义大学的校园文化。

新中国成立后，毛泽东曾多次强调："有些政治上根本反动的东西，也可能有某种艺术性。内容愈反动的作品而又愈带艺术性，就愈能毒害人民，就愈应该排斥。"[2]邓小平也曾在很多场合反复强调："社会主义现代化建设是我们当前最大的政治，因为它代表着人民的最大的利益、最根本的利益。"[3]我们"两手都要抓""两手都要硬"。1986年，他在天津视察时提出："改革，现代化科学技术，加上我们讲政治，威力就大多了。到什么时候都得讲政治，外国人就是不理解后面这一条。"[4]不仅如此，针对文化，他还特别指出："属于文化领域的东西，一定要用马克思主义对它们的思想内容和表现方法进行分析、鉴别和批判。"[5]

进入21世纪以来，以胡锦涛、习近平为代表的党和国家领导集体，继承和发扬了老一辈无产阶级讲政治的重要思想。尤其是党的十八大以来，习近平总书记反复强调了政治纪律、政治言论、政治行为的重要性，并叮嘱党的各级领导干部一定要坚持讲政治。

回顾党的历史，我们可以发现，讲政治，是我党一以贯之的优良传统，任何时期、任何场所都是如此。就高校来说，政治内涵既鲜明又丰富。

高等学校实行党委领导下的校长负责制，从根本上保证了党的领导核心地位和作用，在政治上确保了高校宣传思想工作、意识形态工作中的马克思主义指导思想的领导地位，也从制度上保障了高校校园文化的政治性。实践证明，这一管理体制符合我国国情，从政

---

[1] 习近平.青年要自觉践行社会主义核心价值观——在北京大学师生座谈会上的讲话[N].人民日报，2014-5-5(2).

[2] 毛泽东.毛泽东选集：第3卷[M].北京：人民出版社，1991.

[3] 邓小平.邓小平文选：第2卷[M].北京：人民出版社，1994.

[4][5] 邓小平.邓小平文选：第3卷[M].北京：人民出版社，1993:166.

>>>>>>>>>

治上保障了高等教育的社会主义办学方向。培养什么样的人,是高等教育最大的政治。习近平总书记在北京大学师生座谈会上强调:"引导青年大学生践行社会主义核心价值观是大学的时代责任和历史使命。"[1]这一要求进一步明确了人才培养的目标和政治方向。学科建设和校园文化建设,是大学履行时代责任和历史使命的引擎,而意识形态则是大学校园文化形成及其内涵发展的核心内容。在大学生思想政治工作实践中,党对宣传工作拥有绝对领导权。被广泛应用的校园文化载体,随之也体现出鲜明的政治方向、价值取向。

校园文化建设的实践经验表明:只有坚持马克思主义在校园文化建设中的指导地位,用正确的价值导向引领校园文化的发展。"通过健康的精神食粮、文明的活动方式、昂扬的校园精神、良好的校园环境去影响师生员工的思想、行为和生活,才能牢牢把握校园文化建设的正确方向,不致使错误思潮和形形色色的错误观点对青年学生产生误导。"[2]

(二)重视文化传播阵地建设

在我国高等教育发展的各个阶段,中国共产党都非常重视文化传播的阵地建设,尤其是创造性地广泛运用了各种传播载体开展思想政治教育工作,为我们开展大学生社会主义核心价值观教育打下了坚实基础,提供了宝贵经验。

毫不夸张地说,中国共产党不断从小到大、从弱到强的发展历程,就是一部文化传播的历史。其中,以报刊为代表的传统媒体发挥了重要作用。早在 1921 年中国共产党成立初期,改版后的《新青年》成为唯一的文化宣传阵地。在中国共产党的领导下,全国各地相继涌现出诸如《向导》《中国青年》等反映工人、青年、农民和军人等各个阶层的刊物,还有许许多多的面向学生、妇女的各类报刊。短时间内,全国涌现办报高潮。文化传播阵营如雨后春笋,开遍神州大地。

中国共产党不仅重视文化传播的阵地建设,还非常重视对文化传播阵地的领导和掌控,充分发挥文化传播阵地的功能。1921 年 7 月,中国共产党通过的《关于共产党任务的第一个决议》明确规定:"不能刊载与党的方针、政策和决定相违背的文章。"[3]毛泽东曾多次强调文化传播阵地建设的重要性,称为"组织一切工作的一个武器",并要求报纸等文化传播要根据实际情况办事,注重传播效果,他还特别提出:"报纸是要有领导的,但是领导要适合客观情况,马克思主义是按情况办事的,客观情况就包括客观效果。群众爱看,证明领导得好,群众不爱看,领导就不那么高明?有正确的领导,也有不正确的领导,正确的领导按情况办事,符合实际,群众欢迎。"[4]毛泽东关于文化阵地建设的论述阐明了一个道理:文化阵地建设,不仅需要高明的领导,还要根据实际情况办事,根据传播对象办事,只有符合客观实际情况,遵循文化传播的客观规律,才能发挥文化阵地的传播效果。

[1] 习近平.青年要自觉践行社会主义核心价值观——在北京大学师生座谈会上的讲话[N].人民日报,2014-5-5(2).

[2] 陈正祥.改革开放以来高校校园文化建设基本经验研究[D].武汉:华中师范大学,2002.

[3] 丁淦林,刘家林,等.中国新闻事业史新编[M].成都:四川人民出版社,1998.

[4] 中共中央文献研究室,新华通讯社.毛泽东新闻工作文选[M].北京:新华出版社,1983.

也只有这样,文化传播者才是自由的,才会满足受教育者的实际需要,受到群众的欢迎,实现传播价值,发挥传播效果。

改革开放后,文化传播领域中出现一些思想涣散、精神污染等问题。邓小平专门批示:"加强党对思想战线的领导,克服软弱涣散的状态,已经成为全党的一个迫切的任务。"[1] 1989年,在吸取资产阶级自由化引发青年大学生学潮的经验教训的基础上,中国共产党根据国内外的复杂形势,审时度势地提出以正面宣传为主的方针,禁止传播与政策相悖的言论。

在新的历史条件下,在总结历史经验的基础上,中国共产党进一步加强了文化传播领域的意识形态建设。江泽民指出:"我们的宣传思想工作,必须以科学的理论武装人,以正确的舆论引导人,以高尚的精神塑造人,以优秀的作品鼓舞人,不断培养和造就一代又一代有理想、有道德、有文化、有纪律的社会主义新人,在建设有中国特色社会主义的伟大事业中发挥有力的思想保证和舆论支持作用。"[2]

在人类社会进入21世纪以后,随着社会主义市场经济的大发展、大繁荣,我国高等教育也步入了发展的快车道。高等教育大规模扩招,推动了校园文化的飞速发展。宏伟气派的教学大楼像雨后春笋一样拔地而起,校园绿化、美化,先进的仪器设备让人叹为观止。各种校园文化设施的不断发展和完善,为文化传播阵地建设提供了物质保障。同时,随着改革开放的深入和全球化进程的加快,大学生身处一种各种思想、文化交汇、交流、交锋的环境中,西方思潮也趁机利用互联网等新媒体加强了对大学生文化传播阵地的争夺。大学生历来"是西方敌对势力对我国进行意识形态渗透,实现其西化、分化图谋的重要目标,一些带有意识形态目的的教育机构会趁机而入,教育领域维护社会主义意识形态,反对西化分化的任务将更加艰巨"[3]。另外,"在各种文明的冲突和对话中,人们必定要对自己原有的价值体系做出反思和变革,从而追求某种更具有普遍意义和更为健全的文明价值观"。[4] 在这种情势下,高校校园文化传播的阵地建设只能加强,不能放松,这既是中国共产党历来重视文化传播阵地建设的经验,更是当前大学生社会主义核心价值观教育的现实要求。

（三）重视文化领导权的建构

安东尼奥·葛兰西（Antonio Gramsci）是"文化领导权"理论的创始人。他认为:"一个社会集团能够也必须赢得政权之前开始行使'领导权'（这就是赢得政权的首要条件之一）;当它行使政权的时候就最终成了统治者,但它即使牢牢地掌握了政权,也必须继续以往的'领导'。"[5] 在葛兰西眼里,它是集团或政党获得政治领导权的前提,同时也是该集团或政党稳固政治领导权的重要保障。文化领导权决定了该集团或政党对人民的价

[1] 邓小平.邓小平文选:第3卷[M].北京:人民出版社,1993.

[2] 中共中央文献研究室.十四大以来重要文献选编[M].北京:人民出版社,1996.

[3] 陈至立.我国加入WTO对我国教育的影响及对策研究[N].中国教育报,2002,1(9):8.

[4] 樊浩.中国伦理精神的现代建构[M].南京:江苏人民出版社,1997.

[5] 安东尼奥·葛兰西.狱中札记[M].曹雷雨,等译.北京:中国社会科学出版社,2000.

>>>>>>>>>

值观、政治信仰的引领与掌控。只有把人民的价值观、政治信仰握在统治阶层的手中,才能引领文化的前进方向。这里所指的文化"领导权",主要强调的是柔性领导,并非硬性领导。与柔性领导相比,硬性领导也很重要。事实上,只有两者兼而有之、两手都要"硬",才算是真正获得了"文化领导权"。因此,"无产阶级政党的一项重要使命就是通过建构以马克思主义意识形态为核心的文化领导权,寻求'精神认同',来赢得夺取政权和执政的合法性"。[1]

自1921年中国共产党成立以来,党始终重视硬性、柔性文化领导权的建构,并对文化工作实行直接领导。在这个进程中,毛泽东提出了"掌握思想领导是掌握一切领导的第一位"[2]的著名论断。这是对文化领导权的具体化和中国化。在此基础上,他还进一步提出中国文化的领导权只能落在无产阶级文化思想的肩上,这是资产阶级的腐朽的、落后的文化思想领导不了的。毛泽东通过论述"文艺为人民服务""如何为人民服务"这两个文化领导权建设的基本问题,为中国共产党指明了方向。他指出:"一切革命的文学家艺术家只有联系群众,表现群众,把自己当作群众的忠实的代言人,他们的工作才有意义。只有代表群众才能教育群众,只有做群众的学生才能做群众的先生。"[3]"也就是说,艺术只有回归大众的审美经验本身,才能真正实现当前大众文化的突围,建立真正属于大众的文化,增强文化领导权的建构。"[4]归纳起来一句话:建立在群众路线基础上的说服、教育,是文化领导权建构的最好范式。正是在这个基础上,中国共产党成功奠定了文化领导权的基础,并成功开创了中国特色社会主义文化大发展、大繁荣的新局面。继毛泽东之后,一代又一代党和国家领导集体继承和发扬了重视文化领导权的优良传统。习近平总书记从文化"软实力"的战略高度论述了文化领导权的重要性,他提出:"要弘扬社会主义先进文化,深化文化体制改革,推动社会主义文化发展大繁荣,增强全民族文化创造活力,推动文化事业全面繁荣,文化产业快速发展。"[5]

当前,文化领导权正面临着历史虚无主义、新自由主义等社会思潮以及西方"普世价值"的冲击和挑战,使得人们达成价值共识困难重重。甚至少数大学生认为"只有'普世价值'才是社会主义核心价值观"。[6]在这种条件下,中国共产党长期以来通过文化领导权引领社会文化发展的宝贵经验,对于应对当前各种社会思潮、文化交织、冲突的复杂局面,尤其是引领以高校校园文化为代表的先进文化的发展,以文化认同实现大学生对社会主义核心价值观的认同,依然具有很强的现实意义。

[1] 张士海. 论苏共"文化领导权"的历史流变及其现实启示——兼谈苏联解体的思想理论根源[J]. 江西师范大学学报, 2011,44(6):34-38.

[2] 中共中央文献研究室. 毛泽东文集:第2卷[M]. 北京:人民出版社, 1993.

[3] 中共中央文献研究室. 毛泽东文集:第3卷[M]. 北京:人民出版社, 1991.

[4] 周维山. 大众审美经验与文化领导权的建构——论《在延安文艺座谈会上的讲话》的当代价值[J]. 文艺理论与批评, 2012(2):4-8.

[5] 新华社. 中共中央关于深化文化体制改革推动社会主义文化大发展大繁荣若干重大问题的决定[N]. 人民日报, 2011-10-26(1).

[6] 岳鹏. 当代大学生社会主义观研究[M]. 北京:人民出版社, 2016.

二、国外经验借鉴

涵养大学生社会主义核心价值观的校园文化创新的目的就是满足大学生的精神需要、促进其健康发展,归根结底都是为了实现大学生的自由全面发展。为了使校园文化创新不偏离其以人为本的目的,防止出现"创新不当"和"不当创新",我们有必要在借鉴发达国家主流价值观的教育经验的基础上,立足我国高等教育的实际,消化、吸收再创新,更好地推动大学生社会主义核心价值观教育的发展。

(一)美国:注重隐性课程与价值观教育社会化

作为成立仅仅 200 余年的世界上最多移民的国家,如何在多民族、多文化、多元价值观的条件下,形成统一的民族精神,培养"合格的美国公民",既是美国思想政治教育的主要任务,又是其核心问题。从现实情况来看,美国主要采取了以"注重隐性课程和思想政治教育社会化"为核心的方式方法,对世界各国涌入美国的移民成功地实现了"美国化",很好地维护了美国的统一,保持了美国的强大。正如美国政治学家安东尼·M.奥勒姆(Anthony M.Orum)所指出的:"任何社会为了生存下去,都必须成功地向社会成员灌输适合于维持其制度的思想。"[1] 1968 年,美国社会学家杰克逊提出了"隐性课程"理论,他主张学校教育应该促进学生的知识和态度、动机、价值以及心理的多维成长,并且要通过潜在的、间接的非学术途径传递给他们。美国学者里克纳认为,学校应该为学生创设积极的道德文化,家庭、社区应该为学校的价值教育提供协助,让学生在学校实施的隐性教育和社会的环境中接受价值教育。1983 年 4 月,《国家处在危险之中,教育改革势在必行》问世,该文件由美国质量教育委员会制定,旨在确立和强化美国社会的基本思想和主流价值观,培育"站在 21 世纪曙光下的美国人"。为此,美国"大学开设美国总统制、欧洲政治思想、美国政治生活中的道德问题、政治与社会制度、伟人肖像、美国历史等公共课程,而且非常重视社会化教育的途径,较好地实现了社会教育与学校教育的有机结合,从而使教育为培养具有美国精神和国家价值观的一代又一代公民服务"。[2]

美国著名的教育学家、心理学家约翰·杜威(John Dewey)认为,"学校即社会""教育即生长",他反对教条式的教育方式,倡导"从做中学"。学校教育同样也是一种社会生活方式,它必须遵循学生的思想道德发展规律以及服从其批评性思维,促进学生的独立性和批评性思维能力的生长。在杜威看来,抽象式的理论说教,无异于岸上教游泳,受教育者不过是熟记和背诵道德名词的"好学生"而已,实际上并没有真正理解和认同。在杜威的影响下,以阿尔伯特·班杜拉(Albert Bandura)等人为代表的教育学派继承和发展了杜威的教育思想。社会学习理论学派的代表人物阿尔伯特·班杜拉认为,把道德教育作为抽象说教的知识教育,曲解了道德教育的本质,忽视了学生的主体性,培养的只是具有"道德知识"的人,并不是真正具有道德的人。事实上,道德教育不能与传播和灌输知

[1] 奥勒姆.政治社会学导论[M].董云虎,李云龙,译.杭州:浙江人民出版社,1989.

[2] 赵康太.试论美国思想政治教育的社会化、具象化和实践化路径[J].思想理论教育导刊,2007 (4):48-51.

识画等号,真正的道德教育应该是以培养学生的独立思考能力为目标。为此,他主张学校教育应该为学生创设一种社会环境,一种师生之间平等对话的情境,让学生在直接"观察"和"模仿"中,获得价值观的碰撞和升华。正如结构马克思主义的奠基人路易·阿尔都塞(Louis Althusser)所言:"没有意识形态的种种表象体系,人类社会就不能生存下去,人类社会把意识形态作为自己呼吸的空气和历史生活的必要成分而分泌出来。"[1]在像空气一样的意识形态包围中,学生身临其境,于不知不觉中接受着意识形态的教育。

　　虽然美国大学没有整齐划一的思想政治教育教学大纲和课程设置,甚至没有专门的思想政治教育学科,但是,在课程内容的价值取向上,美国大学在各种课程中渗透着平等、自由、民主、人权等为核心的美国价值观和公民意识,而且这种核心价值观的引导涵括了整个高等教育。正如美国教育家尼古拉斯·马斯特(Nicholas Marsters)所言:"像教育事业这样能够产生如此巨大作用的社会事业是不允许在某一个政体下任意游荡的,拥有权力与影响的团体和个人在必要时刻,将会尽最大努力按照自己的想法去塑造一个体系,并使课程设计符合自己的特殊需要。"[2]尽管美国大学在课程设置上拥有很大的自主权,但是,美国的核心价值观培育的导向性却是高度一致的。或许有人会有疑惑,作为一个高度强调个人主义的国家,美国又是如何做到核心价值观的主导和统一呢?事实上,在第二次世界大战后,个人主义的盛行的确成为美国主流价值观的一大流弊,核心价值观面临着边缘化的威胁。针对这一问题,美国施行了教育改革,各大学相继开设了颂扬美国核心价值观的核心课程和公开课,聘请具有名望的学者、专家主讲,并且从学生事务管理制度和社会参与环节入手,环环相扣,前后呼应,促成了美国大学生的主流思想与美国核心价值观的高度统一。以哈佛大学为例,"哈佛的核心课程分别为外国文化、历史学、文学、艺术、道德思辨、自然科学和社会分析",[3]涵盖六大领域的十大类别。其中,道德思辨几乎包括了美国核心价值观的所有内容,其课程体系包括的内容十分宽泛,比如,政治、道德与法律上的公共与私有,现代主义与极端主义,有神论与道德推理等。[4]耶鲁大学、麻省理工学院等美国知名高校均开设类似的核心课程和公开课,这些课程成为美国大学对学生进行美国核心价值观教育的"公开教育资源",为美国所有大学的学生所分享,并允许他们对社会公平、正义、自由、平等、民主等问题进行批判性思考、追问,这些课程还面向全世界进行推广,产生了深刻的影响。

　　值得一提的是,承载和渗透美国核心价值观的英雄人物形象已经深深扎根于美国人民的日常生活之中。这些浸润"美国精神"的英雄人物形象,经过美国主流媒体和文学作品的加工和传播,对美国大学生的人生观、价值观产生着直接的影响。这些"英雄人物"并不全是超人型和贵族型,他们很多是来自平民中的平民故事而已,具有很强的亲和力和感染力,容易唤起大学生对于国家、社会的责任。著名的好莱坞的影视作品,实际上

[1] 路易·阿尔都塞.保卫马克思[M].顾良,译.北京:商务印书馆,1984.

[2] 理查德·D.范斯科特,理查德·J.克拉夫特,等.美国教育基础——社会展望[M].北京师范大学外国教育研究所,译.北京:教育科学出版社,1984.

[3] 贾付强.美国的"公民教育"及其启示[J].教育探索,2016(12):129-133.

[4] 周南平,张敏.美国高校思想政治教育的隐性化及其启示[J].南京政治学院学报,2011,27(6):123-126.

就是"英雄人物"的制造者,在其背后隐射的就是美国的核心价值观,宣扬的正是美国政府和军队的荣光,让人身临其境、肃然起敬。因此,美国大学思想政治教育社会化和隐性化,不只是局限于隐性课程范畴之内,更多地体现在大众传媒、文化艺术等文化体系上,社会化的程度和广度非常之高,影响极其深远。这种隐性化、社会化的主流价值观教育,贯穿于美国大学生整个大学生活的经历和体验之中。其中,大学社团活动在主流价值观教育过程中扮演着重要角色。正如美国社会学家夏尔·阿列克西·德·托克维尔所说:"最值得我们重视的,莫过于美国的智力活动和道德方面的结社。"[1] 著名的康奈尔大学就有600 余所学生俱乐部。这些社团都由美国大学生自我组织、自我管理,社团的自主性和学生参与的自主性,成为培养大学生核心价值观和思辨精神的"试验田"。如"'学生政府',代表大学生群体的利益参与学校的部分决策。在社团的选举中,大学生竞选者要通过竞选和辩论声明自己的观点,承诺当选后带来的变化。社团从产生和运行,都模仿了美国政治制度中的自治和选举模式。"[2] 这些大学生社团成为美国大学生核心价值观教育的"看不见的课堂"。在社会参与上,美国大学出台了鼓励大学生参与社区工作的激励制度。在这些制度的约束和推动下,美国大学生广泛而深入地参与了社区的募集资金、竞选宣传、慈善公益、环境保护等工作,使他们在亲身体验和内心自省中实现道德原则和价值观念的内化和升华,有效地弥补了学校教育的不足,为美国大学生核心价值观教育丰富了载体和途径。

当然,不论是美国大学的隐性课程,或是思想政治教育社会化,它折射的始终是"美国资本主义发展的本质要求和美国资产阶级的根本利益。美国的政治社会化传达的是美国社会的主流政治文化。美国公民教育传达的是美利坚信念、美利坚价值观"。[3] 它与我国高校的大学生社会主义核心价值观教育具有差异性。对此,我们要有清醒的认识。尤其是在阶级立场和价值原则上,我们要保持政治定力和文化自信,而对其载体、方法、路径等可供借鉴的经验,我们要结合实际,有选择地进行理性借鉴、取长补短再创新。毫无疑问,美国大学的隐性教育和思想政治教育社会的成功经验对于我国高校开展大学生社会主义核心价值观教育提供了有益的启示。

首先,我们应该在坚持"两课"等核心课程的前提下,进一步丰富大学生思想政治教育的课程体系,让社会主义核心价值观渗透于各学科体系教材内容之中,进一步巩固和拓展大学生社会主义核心价值观教育的阵地。美国大学的"隐性课程"在弱化"教"的同时,强化了"育"的功能,使"教"隐性化,而"育"显性化,在一隐一显中,使核心价值观教育更加深入、持久。因此,我们要在巩固和拓展教育阵地的同时,更加注重隐性教育,让大学生在潜移默化中得到滋养和浸润。其次,我们要摒弃以往"高、大、全"的英雄形象,塑造大学生自己的"英雄人物"。传统的"高、大、全"的英雄形象,脱离了大学生的生活实际,缺乏亲和力、吸引力和影响力,没有塑造贴近大学生生活实际的"普通人物"的英雄形象,

[1] 夏尔·阿列克西·德·托克维尔.论美国的民主(下)[M].董果良,译.北京:商务印书馆,2017.

[2] 荣霞.美国高校隐性思想政治教育的途径及启示[J].教育理论与实践,2016,36(36):35-37.

[3] 赵铁锁,孙晓华.美国政治社会化与我国思想政治教育的比较研究其启示[J].思想理论教育导刊,2010(7):100-104.

则扬长避短,很好地发挥了引领大学生定位自身价值和角色的作用。再次,我们要鼓励学生积极投身社会实践,让大学生在志愿活动中增长见识、丰富阅历,在情感体验和价值体验中,增进自己的社会责任感。美国经验表明,大学生参加学生社团、志愿活动、社区工作等社会实践,不仅培养了大学生的同情心、责任心,认清了自己的责任和义务,而且使他们真正实现了"在做中学""在做中悟"。在大学生社团管理中,我们既要"管",又要"放",管的是政治方向,放的是让大学生在社团中真正管理自己,而不是大包大揽,无法发挥社团在大学生社会主义核心价值观教育中的作用。最后,我们要依据大学生社会主义核心价值观教育的要求,有针对性地开设承载和传递社会主义核心价值观的文化课程,并整合大学生社会主义核心价值观教育的文化载体的资源,形成教育资源和文化载体的合力,让大学生在任何场所、任何时间都受到社会主义核心价值观的感染和熏陶。美国大学生核心价值观教育载体的系统性和协同性,有效地整合了各种教育资源,形成了核心价值观教育"社会化"的大格局,充分释放了各种载体的能量,非常值得推崇。为此,我们要寻求和构建一种大学生社会主义核心价值观教育的文化载体系统,有效地衔接和实现学校教育、社会教育以及学校环境和社会环境的协同,确保社会主义核心价值观教育的一致性和统一性。

(二)英国:注重大学精神和理念培育

作为一个历史悠久、文化深厚的国家,英国自 1852 年《大学的理念》问世之后,越来越多的英国人认识到"大学只是中等教育的一种扩展形式",[1] 已经成为过去式。现代大学已经成为一个与众不同的、拥有办学理念和精神气质的特殊机构。19 世纪初期,民主化浪潮的兴起,让自由教育成为英国古典大学的旗帜,古典人文主义成为英国古典大学的核心理念,其目标就是培养英国社会精英。正如阿什比(E·Ashby)所指出的那样,"培养有教养的人,而不是知识分子,就大学毕业生而言,具有教养比具有高深学识更重要"。[2]

随着工业革命的来临,教育观念也与时俱进,"以赫胥黎、斯宾塞为代表的科学思想与以边沁为代表的功利主义教育思想日益盛行"。[3] 这些教育理念与英国传统的大学精神产生了激烈的交锋,形成了科学与人文的势不两立。英国著名的教育学家约翰·亨利·纽曼(John Henry Newman)在这次交锋中站在了古典人文主义这一边,并表达了自己的大学理想。在纽曼看来,大学是"智慧之府,世界之光,信仰的使者,新生文明之母"。"大学教育的目的就是让学生适应这个世界",[4] 培养造就英国绅士。这种绅士是智慧、文化、修养的化身,他们来自大学的自由教育。19 世纪的英国大学的理念,并没有盲从于社会弥漫的科学气息,在整体上仍然保持着很强的人文色彩,享有较为充分的自由和自治。

进入 20 世纪以后,科学技术的发展日新月异,高等教育越来越受到英国政府的重视。

---

[1] Peter Scott. The Meanings of Mass Higher Education[M]. Buckingham: SRHE and Open University Press,1995.

[2] 阿什比 E. 科技发达时代的大学教育[M]. 滕大春,等译. 北京:人民教育出版社,1983.

[3] 国兆亮. 试析英国大学理念的形成和变迁——以纽曼、怀特海和阿什比为例[J]. 北京航空航天大学学报(社会科学版),2013(4):109-112.

[4] 约翰·亨利·纽曼. 大学的理想[M]. 徐辉,等译. 杭州:浙江教育出版社,1999.

"当时英国的教育体系中,传统和保守的力量依然顽固。他们崇尚古典的课程知识,排斥以专门化为特征的自然科学课程,固守自由教育和普通教育的阵地,拒绝对专门化知识体系、现代工业生产等要求做出快速的反应和变革。"[1] 作为教育改革的倡导者,著名的哲学家、教育家怀特海认为,高等教育不应该与社会格格不入,它应该适应人的发展和社会发展的需要。至此,英国高等教育的理念发生了显著变化。怀特海对于古典人文主义的教育理念十分不满,在他看来,高等教育不应该只是传统的人文教育,还应该发挥促进社会进步的作用。为此,他主张大学应该走出"象牙塔",走向社会。应当承认,怀特海进一步发展了英国古典大学的理念。但是,我们又不得不指出,在本质上,怀特海的大学理念并没有完全跳出古典大学理念,两者仍然具有内在的一致性。尽管如此,他的大学理念仍然将英国的高等教育向前推进了一大步。一些古老而传统的大学悄然改变,政治学、现代历史等课程已经登堂入室,许多新型大学不断涌现。

进入 20 世纪后半叶后,英国发生了史无前例的社会危机。在这种情形之下,大学被赋予新的历史责任。英国著名的教育家埃里克·阿什比提出了"科技人文教育思想",即著名的"完人"教育理念。他认为:"社会对受过教育的公民的需求甚至要超过对职业培训的需求。对于大学毕业生来说,具有教养比具有高深学识更重要。"[2] 尽管科学技术教育在高等教育中占据了非常重要的地位,但是,"育人"的教育理念显然更为重要。60 年代后,世界各国民主政治方兴未艾,民主、平等成为英国开放大学精神,教育民主化、社会正义步入了英国大学的价值体系,"终身学习"成为核心价值理念。在这一整套价值体系中,其中,"创造机会平等"是"人的开放"的核心价值,而"扩展学习场所"则被纳入"地点的开放",人文与科学最终走向了统一。但是,传统的英国大学精神并没有被完全抛弃,而是在渐进式的改革创新过程中得到了新的诠释和发扬。

透过英国大学理念和大学精神的发展脉络,我们可以清楚地看到,"以人为本"一直是英国大学理念和大学精神的核心,人的理性始终是大学教育的目标。大学教育的意义,在于为生活而准备,而不在于为职业而准备。由于历史条件和社会环境的迥异,中英大学理念和大学精神存在着很大差异。"育人"理念在英国的大学中占据核心地位,德才兼备之人,"作为大学的培养目标,它主张在教育过程中实现人的自我完善。"[3] 不尽相同的是,中国大学则更加关注科研的发展,以培养专门的职业人才作为目标,实用主义一直占据着绝对性的主导地位,在办学理念和大学精神上存在巨大差异。那么,现代大学的理念和精神到底应当如何?或者说中英大学的大学精神和大学理念到底孰优孰劣?事实上,回答这个问题并不十分困难。且不论两者之间孰优孰劣,但是,可以肯定的是,正确的答案应该是两者的合题。作为"人"来说,品行德行无疑是第一位的。这也是为什么英国的高等教育,无论是在理念精神上,还是在制度管理上,始终处于世界的前列,引领高等教育发展的原因所在。它对于中国的高等教育以及大学理念和大学精神的创新具有重要的启示作用。

[1] 潘懋元. 现代高等教育思想的演变[M]. 广州:广州高等教育出版社,2008.

[2] 阿什比 E. 科技发达时代的大学教育[M]. 滕大春,等译. 北京:人民教育出版社,1983.

[3] 罗素. 罗素论教育[M]. 杨汉麟,译. 北京:人民教育出版社,2009.

首先，我们要重视大学文化的发展和创新，尤其是大学理念和大学精神的培育。大学理念和大学精神是一所大学的生命力，深深地熔铸在大学生的生命之中。一所大学的影响力，不仅仅是体现在其办学规模、资金投入、学科层次等方面的"硬实力"上，更重要的是体现在办学理念、发展战略、价值观念等透视大学校园文化底蕴的"软实力"上。"有学者指出，第二次世界大战结束后的 25 年是英国大学的黄金时期，表现为空前的扩张和赢得公众的尊重。"[1] 原因就在于大学民主精神成为英国高等教育的主流，提高学生的参与率，赢得社会的尊重和支持，成为英国大学办学的基本理念和指导思想。无论是大学自身发展也好，抑或是对大学生的影响也罢，归根结底，它决定于大学文化内涵和文化氛围的累积、创新和发展，尤其是大学理念和大学精神所彰显的独特价值魅力。

其次，高等教育既要重视学生的专业教学，又要重视真理探索。这里的真理探索，不仅仅是学术上的科学探究，它还包括人之为人、如何为人、为人如何的命题。作为一个现代人，应该具有什么样的价值观念，大学教育应该为培养这种价值观念的人提供什么样的文化和教育，在现代高等教育中将占据更加重要的地位。

最后，"以人为本"是我们建构大学校园文化、办学理念和大学精神的核心，任何时候、任何场所都要一以贯之。英国大学理念和大学精神的发展经验告诉我们，不论是古典的人文主义，或是科学与人文之争，还是开放大学、终身教育，无论是培养"绅士"，或是"完人"，还是德才兼备之人，"以人为本"贯穿大学理念和大学精神发展变迁的始终。作为积累着一代又一代大学人"信念、价值观、理想和追求的结合，是历史、现实、时代文明与精神在大学建设与发展中的折射，"只有坚持"以人为本"的理念和精神，大学校园文化才能得以传承和发展，才能发挥出对于涵养大学生社会主义核心价值观的感召力、凝聚力和影响力。也只有这样的文化，才是适宜大学生成长、成才的文化，才能履行时代赋予大学的特殊使命。

（三）新加坡：注重理论灌输与实践养成

新加坡建国历史比我国短，人口以华人为主，深受儒家传统文化的影响。相比西方发达国家，新加坡国情与我国更加接近，新加坡大学生的主流价值观教育经验因而更具借鉴意义。

与美国、英国不同，新加坡大学更加注重理论灌输以加强大学生主流价值观教育。在教学大纲上，新加坡大学制定了涉及核心价值观教育的诸多主题教育，可谓非常详细。其中，国民教育是其最大的亮点，它以传授新加坡奋斗史的方式，培养大学生的爱国情感，提高大学生的民族精神，增进凝聚力。大学开设了很多灌输新加坡政治理念的课程，不同的是，在制定政治学课程教材时，他们按照地域划分为不同的课程。比如，政治思想课程，在新加坡大学中细分为西方、东方及其东西方的比较等课程。其目的就是让学生对它们有清楚的认识，养成清醒的国家意识。众所周知，新加坡的法治水平享有盛誉，公民具有强烈的法治意识。其中一个重要原因就是，从小学到大学，新加坡都开设相应的法治教育课程。新加坡政府不仅重视法治，而且注重以德治国。因此，新加坡大学非常重视大学生的

---

[1]　易红郡. 英国近现代大学精神的创新[J]. 清华大学教育研究，2015,36(5):31-40.

伦理道德教育,开设了丰富的伦理道德的理论与实践课程,并且注重从历史传统文化中挖掘伦理道德教学资源。其中,"儒家伦理"占有重要的地位,对大学生主流价值观教育具有重要作用。值得一提的是,新加坡大学还非常重视在专业课程中渗透主流价值观教育。比如,"新加坡高校注重学生创新精神和国际化视野的开阔,充分利用国际资源和人才,形成了一系列具有国际特色的发展战略,为大学生主流价值观教育提供了很好的载体。"[1]

除了显性教育以外,新加坡大学对隐性教育的重视有过之而无不及。尤其是通过校园文化活动这一载体来加强大学生主流价值观教育。在课堂教学上,他们特别注重与学生的互动,通过师生之间的交流,让学生增强体验,培养其主体精神,达成知、情、意、行的统一。由于新加坡严苛的法律和执法,在公共场合稍有不文明行为就会面临巨额罚款、鞭笞或更加严厉的惩罚。也许有人因此会形成"新加坡是一个独裁专制国家"类似的误判。事实上,并非如此。新加坡大学不仅倡导学生思想自由,而且特别重视通过学术团体、报告等方式,培养学生的自由思想。当然,这并不代表新加坡大学就不重视纪律教育,两者是相对而言的。作为高度法治化的国度,公民对于法治的遵守和维护,离不开纪律教育。因此,新加坡大学生主流价值观教育,既重视其生活化,又重视其制度化;既重视落实,又注重落细。尽管新加坡的国土面积及其人口总量都很小,甚至以"弹丸之地"形容也不为过,但却制定了逾500种法律法规。这些法律法规涉及方方面面,甚至对个人乱扔垃圾、吐痰等琐碎的日常行为都有详细的明文规定。这在全球所有的国家中几乎难得一见。正是因为这些很具体详细的法规制度,使得新加坡主流价值观全部制度化,并在严格执法中,新加坡享有了全球普遍认可的文明、法治国家等美誉,新加坡公民也因此得到"素质高"等好评。在大学校园中,校园管理规章制度、行为守则等成为主流价值观制度化的重要载体,这些管理规章制度和准则被贴在大学校园最醒目的位置,时刻提醒学生注意自己的言行举止。

除上述外,新加坡高校还特别重视在社会运动、节日庆典、文体活动、社会服务中渗透主流价值观。"据不完全统计,新加坡每年开展的全国运动大约有20个,其中比较著名的有'文明礼貌运动''尊老爱幼运动''忠诚周运动''国民意识周运动'等。这些运动多是围绕新加坡核心价值观展开,很多都由大学生发起、组织和开展。运动赢得了民众,也教育了民众,深化了民众对新加坡核心价值观的理解和认同。"[2]他们还特别鼓励学生积极参加社会公益、社区服务等各种社会实践活动,让学生在真实生活体验中,改造价值观,增进责任感。一些新加坡大学甚至还将大学生的社会实践情况记入学生档案,对其获得的正、负评价进行计分,该项累积分将成为就业单位考核的重要依据,对其影响终其一生。

综上,新加坡高校对大学生的主流价值观教育,不仅重视对儒家文化的传承创新,使之有效涵养共同价值观,而且注重主流价值观教育的日常化、生活化、制度化。在途径上,"既有政府主导、社会参与,又有学校主责、家庭配合,同时注重发挥学生的主体能动

[1] 王鹏.新加坡大学生主流价值观教育探析[J].思想理论教育导刊,2012(12):100-103.

[2] 张陟遥、戴玉琴.核心价值观教育范式问题探析——以新加坡高校的核心价值观教育为例[J].毛泽东邓小平理论研究,2013(9):34-38.

> > > > > > > > >

性"。[1] 在方法上,理论灌输和实践养成并重,显性教育与隐性教育渗透并举,情感融通与价值同构并进,同时注重司法执法公正严明以发挥社会环境的熏染作用。这些经验对于我国大学生核心价值观教育具有重要启示。

第一,重视对优秀儒家文化的挖掘和改造。新加坡经验启示我们:传统文化及其价值观不仅不会阻碍现代主流价值观的培育,相反,只要我们正确改造、推陈出新,使其表征现代性,就能够充分发挥其文化底蕴作用,增进国家、民族认同,从而形成共同的价值观。

第二,重视发挥家风对社会主义核心价值观的涵养功能。新加坡经验启示我们:家庭教育是新加坡主流价值观教育生活化的重要途径,道德教育、纪律教育对于大学生主流价值观教育具有重要作用。"家庭是居于国家、社会组织之下最小的单元,它能使社会主义核心价值观教育触及最基层的社会细胞,落实到每位社会成员身上。"[2]

第三,重视发挥社会环境对社会主义核心价值观的涵养功能。新加坡经验启示我们:社会环境是社会主义核心价值观的重要推力,尤其是政府公信力和社会文明、和谐、法治氛围,对大学生具有重要约束力和影响力。新加坡政府除了制定名目繁多的法律条文以外,特别重视政府的形象建设,通过强化铁腕反腐、司法公正、严厉惩罚等手段,树立了政府清正廉洁、办事高效的社会形象,社会形成了守秩序、讲公德的良好氛围,为涵养共同价值观营造了有利条件。反躬自省,我国政府也制定了繁多的法律,但是有法不依、执法不公、违法不究的现象还时有发生,对政府形象产生了一定的消极影响。总之,我们要加强法治建设,维护法律权威,以提高人民的尊严和信心,发挥对社会主义核心价值观的保障作用。

---

[1]　王鹏.新加坡大学生主流价值观教育探析[J].思想理论教育导刊,2012(12):100-103.

[2]　康雁冰.论家风的实质及发展价值[J].教育与教学研究,2015(12):58-61.

第四章　校园文化载体创新的目标、依据与原则

作为立德树人的重要载体,校园文化载体创新必须满足涵养大学生社会主义核心价值观(以下简称核心价值观)的根本要求,才能形成涵养功效。因此,校园文化载体创新,必须确立正确的目标,遵循科学的依据和适当的原则,才能使自身更好地承载和传导核心价值观。

第一节　校园文化载体创新的目标

从不同角度划分,校园文化载体具有不同的表现形式,它们以不同的方式发挥着各自的核心价值观教育功能,对涵养大学生核心价值观起着重要作用。鉴于此,校园文化载体创新目标就是要构建以彰显核心价值观为己任的物质载体、以践行核心价值观为己任的榜样载体、以弘扬核心价值观为己任的制度载体、以传播核心价值观为己任的网络载体等目标系统,形成涵养大学生核心价值观的沃壤。

一、彰显核心价值观的物质载体

众所周知,物质载体是涵养核心价值观的重要形态。人们通过自己的知觉感知到物质形态所表达的思想。为了生存和发展的需要,人们生产出丰富的物质载体。物质载体在满足人们需要的同时,以文化独有的方式影响着人们的价值观念,塑造和改变着人们的行为方式。价值观通过文化予以呈现和表达,而文化又以物质载体的形态予以承载和传递,因此,涵养大学生核心价值观的物质载体,必须以高度呈现核心价值观的校园物质文化作为基础,以"作为核心价值观载体的建筑物或场所"为依托,"把有形物质的东西做成有文化内涵的精神载体",[1] 使无形的精神通过有形的物质彰显出来。这不仅仅在于文化是一种精神存在,而且也是一种物质存在。文化必须依附、固着于物,才能阐发、诠释自我。因为人们不能也不可能从所谓的"意义"中寻找意义,而必须通过"意义"的承载物、传递物来感受意义,在不断地体悟和追寻中求得价值的真谛。正如文学艺术之于情感,哲学宗教之于价值,风俗规制之于道德行为一样,人们的价值观念也需要通过物质环境或文化产品进行建构。事实上,从理论确证而言确实如此,从实践生产来说,又何尝不是如此呢?因为任何价值观念的输入、生成都离不开这一"中介",而它的品质决定了它所承载和传递价值观的张力。这种张力表现在两个方面,一是物质文化载体所承载、表达价值观的程度;二是表达价值观的物质载体本身的力度。这两者之间的结合,便构成了物质载

---

[1] 杨金海. 应当加强社会主义核心价值观的载体建设[J]. 兰州学刊, 2015(9):1-4.

>>>>>>>>>

体在涵养价值观中的综合实力。

毋庸讳言,一个优秀的物质载体,它必须在高度呈现核心价值观的同时,包含着深刻的文化内涵。承载是彰显的前提和基础,但是承载又不能等同于彰显。呈现不只是承载,它还需要在承载的同时,与大学生形成各种联系,发生作用,从而对他们的价值观产生影响。"在物质载体的设计和生产过程中,线条、造型、图案、色彩、质料、结构等都成为承载、表达文化元素的特殊符号,透过这些符号,人们能够读出特定民族、大众的价值、情感和趣味,并展开丰富的文化联想。"[1]因此,涵养社会主义核心价值观,必须借助物质载体的建设,将核心价值观与之深度结合,使物质文化载体的各种文化元素呈现出核心价值观,积极表达其价值意蕴。

马克思指出:"既然是环境造就人,那就必须以合乎人性的方式去造就环境。"[2]人们在生活环境中不断地完成着社会化,并通过这种方式进行自我塑造。也就是说,人在自己生存的环境中塑造自己,发展着自我。从这个意义上讲,校园环境对于涵养大学生核心价值观的价值不言而喻,他们每天生活的环境对于价值观的发展具有真正的价值。正如陈秉公所言:"一个人长期在美观、优雅和文化内涵丰富的环境中生活,久而久之必成性格。"[3]关于这一点,苏联著名教育学家马卡连柯早在20世纪70年代就表达过类似的观点。他认为,如果没有健全的环境,高贵品质不可能诞生,相反,堕落性格却极易出现。此外,维多里诺和夸美纽斯等教育家也将校园环境视为"快意之所"。这种快意并非单纯的娱乐,而是特别强调校园环境的"安久移质"之效。如果说,众多教育学家的观点只是一种坐而论道式的异想天开,那么,古今中外的光辉范例却是不争之事实。比如,南京晓庄学院的校园物质文化倾注了我国著名教育学家陶行知的情感,巴普雷什中学的校园环境一点一滴彰显着苏霍姆林斯基的教育理念。类似这样的例子不胜枚举,它们都堪称物质载体育人的典范。

诚然,这些堪称物质载体典范的教育环境的共同特点,在于其丰富的价值观含量,点滴之处尽显教育性和人性。它们不仅仅得益于建设中的合理规划,更得益于物质文化建设中的精耕细作和不断创新。以巴普雷什中学为例,苏霍姆林斯基为之辛勤耕耘数十年,才造就其人性化的环境。南京晓庄学院也不例外,从建校伊始,陶行知就将"生活即教育""教学做合一"的理念融入校园建设之中,为我们打造了一个鲜活的范本。可见,校园物质文化的建设,我们不能单纯地考虑实用性,作为涵养核心价值观的载体而言,我们要更多地考虑在建设中深化价值内涵,特别注重发挥校园装置的传播优势。因此,我们进行校园环境建设必须形神兼备,而不能顾此失彼。有了形,失了神,或者成为"感觉不到的神"。如果这样,它就不能让学生在生活、学习中感觉到核心价值观的存在,这样的物质文化载体也就不能在"形"和"神"上表达出核心价值观,其熏陶、渗透的功能就无处施展。

综上,在校园物质文化建设中,我们必须深度植入核心价值观元素,注重校园物质文

---

[1] 董世军. 现代思想政治教育载体论[D]. 长春:吉林大学,2008.

[2] 中共中央马克思恩格斯列宁斯大林著作编译局. 马克思恩格斯文集:第1卷[M]. 北京:人民出版社,2009.

[3] 陈秉公. 思想政治教育学原理[M]. 沈阳:辽宁人民出版社,2001.

化中的价值导向,既要把"硬实力做软",又要把"软实力做硬"。加强校园文化环境载体建设,让它们成为承载和传播核心价值观的重要阵地。

二、践行核心价值观的榜样载体

关于榜样,学界历来存在两种具有代表性的观点:第一种观点是把榜样解释为先进人物或典型,这些人或事物在同类中出类拔萃,具有很强的代表性和影响力;第二种观点是把榜样理解为人的一种精神或人格,这种精神或人格集中体现了某一时代或某一社会关系中所倡导的道德规范和价值标准,能够对社会成员产生导向和教化作用。事实上,无论是典型事迹或者是先进人物,真正产生作用的并不是事物或人物的代表,而是内在的人格和价值。正因为如此,榜样历来是活生生的价值载体,它不仅真实、生动,而且它能够让抽象化、符号的价值观变得鲜活、具体,以一种直观、人性化的方式直达人们的内心深处,给人以审美之感,引发情感上的共振共鸣,因而,这种榜样人物身上体现的道德人格价值魅力,其优势在于它以"人格化"的价值载体打动人,以"形象化"的道德载体感化人。马克思主义认为,榜样是具体的、社会的,既普通又"不普通",普通之处在于榜样和社会人并无二致,不普通在于其超越普通人的精神和价值。可以说,在道德和价值精神上,榜样代表了某一社会时期人类社会道德和价值的最高标准。榜样的生成,不仅是榜样本身在不断地实现自我,同时,它也反映了社会主流价值观的发展和进步。这一过程,"不断创造和生成新的人类文化、新的思想、新的道德、新的价值、新的精神品质,而人的德行也得以发展、更新、优化和提升。"[1]因此,榜样是人作为社会主体在实践中的优秀代表,是价值与精神的典范,他们在改造客观世界的同时实现了自我改造,成为精神与价值的先行者、引领者和示范者。就其承载和传递的价值观而言,榜样是主流价值观的理想投射,充分反映了人们对于真、善、美的价值追求,寄托着人们对于"理想人格"和"美好社会"的追求。总之,在本质上,榜样就是一种活态的价值载体,他们都是作为某种特殊价值观存在的人格类型。作为当今中国的榜样,他们代表了社会道德标准及先进文化的前进方向。

从本质上说,不同的榜样人物体现了不同的价值观,我们选拔榜样的标准,树立典型的尺度,实际上就代表了我们的价值立场,体现了社会倡导的价值观和道德观。例如,解放战争时的"手托炸药包,舍生取义"的董存瑞、"英勇就义"的刘胡兰和夏明翰等英雄人物,他们身上体现的是爱国、奉献以及追求正义的价值观;新中国成立后的雷锋、焦裕禄、王进喜等,以及改革开放后的张海迪、孔繁森、李素丽等,体现的是爱岗、敬业、奉献等新时期价值观;而作为新时代优秀大学生代表和典型的洪战辉,他自强自立的精神以及感人肺腑的事迹,集中体现了社会主义和谐社会所倡导的"友善"价值观。纵观这些榜样,他们无疑是中华民族精神在不同时期的最好诠释,代表了我国社会在不同时期所倡导的主流价值观。2013年8月19日,习近平总书记在全国宣传思想工作会议上特别强调了"正面宣传"的重要性。同年12月出台《关于培育和践行社会主义核心价值观的意见》,文件要求把"宣传先进典型"作为培育核心价值观的重要方针。

---

[1] 袁文斌. 当代中国榜样教育研究[D]. 石家庄:河北师范大学,2010.

　　有鉴于榜样载体在培育大学生核心价值观中的特殊作用，我们有必要充分利用这一极具感染力的载体形式。我们要把握涵养要求，选择、树立道德榜样，大力传播和弘扬他们的典型事迹和精神价值。事实上，我国历史上诞生了很多榜样，他们或多或少对大学生的价值观产生着影响，其中一个重要原因是其承载的价值和精神依然具有生命力。但是，对于社会主义核心价值观而言，一些榜样的作用和影响力又非常有限，这就需要我们对历史上的榜样加以取舍，选择其与核心价值相一致的因子，将历史的厚重与现实的要求相衔接，进行新的选择、新的阐发和新的传播。当然，我们选择的榜样必须是现实的、生活中的人，而非抽象的、虚构的或者超然的人。因为这些虚构或者虚拟之人脱离了社会实际，远离了大学生的生活情境，任意拔高价值品质的背后往往让他们失去了个性，成为无血、无肉和无灵魂的榜样，其影响力也随之消失殆尽。核心价值观包含了24个字，它是多方面的，也是多维的。一个榜样不可能承载其全部的价值，因而榜样也应该是多样的。当然，我们这样判定，并不是否定单个榜样在承载价值观上具有交叉性，而是基于一个人不能也不可能同时承载核心价值观的全部这一基本前提。

　　值得注意的是，榜样诠释的价值观要有效地传达给大学生，不能靠"神仙"，也不能靠苍白无力的符号。历史教训告诉我们，远离人们生活的榜样，只能成为神龛上的"神"。人们在对之表示敬仰的背后，对其认同值得商榷。因为，它让人们觉得高不可攀，两者之间的隔阂无法逾越。因此，践行核心价值观的榜样，最好的选择是来自大学生的生活之中，来自他们自己的群体之中。只有这样的榜样，他们所彰显的价值观才是看得见、摸得着的，才是可信、可学的。诚然，选择和树立榜样固然重要，但是要充分发挥这一载体的作用，还需要我们科学阐释及传播榜样。阐释的关键在于，我们要从核心价值观的角度来揭示榜样类型，切忌生搬硬套、无中生有，也不能刻意粉饰和文过饰非。这种阐释不仅包括直接阐释，还包括间接阐释，让大学生在"零距离接触"和"媒介传播"的作用中感受道德和价值的力量。在这种要求下，创新方式方法就必不可少。一是要让大学生走近"榜样"，让两者处于同一情境中，因为榜样的价值只有在亲身接触中才能完全体现，在亲身感受中，大学生才会真正信服。当然，我们不能完全寄希望于一次零距离的邂逅，就能让大学生完成价值观的完美蜕变。正如文化对人的浸润、陶冶效应一样，价值观的升华必须历经陶冶，才能完成品性的净化。榜样所展现的精神和价值力量也是一种难以察觉的力量，促使人们扬弃旧我，实现新我。这种力量就是黑格尔眼中"从异己的客体或疏离的对象中显现自我的精神实质"。[1] 这种力量的实现，还需要我们不断拓宽其途径和路径，让大学生在广阔的社会情境中感受榜样精神的力量。随着社会的发展，社会文化环境对于人们的影响越来越重要，这就要求我们的眼光不能只局限于校园，而是要从社会文化环境出发，充分利用社会团体以及各种社会力量宣传榜样的先进事迹和精神价值。尤其是在"互联网＋"时代，我们要充分利用网络的优势，发挥网络在挖掘、选拔和树立践行核心价值观方面的优势，开辟榜样文化网络专题、论坛，不断创新手段和方式、方法，宣传、弘扬榜样文化的精神和价值。总之，我们要将榜样与核心价值观相结合，以社会主义核心价值观为导

[1] 邹进.现代德国文化教育学[M].太原：山西教育出版社，1992.

向,促成两者的契合与互动,提升榜样载体的号召力、影响力,实现两者精神价值上的同频共振和双向提升。

三、弘扬核心价值观的制度载体

马克思在《神圣家庭》中论述:"'思想'一旦离开'利益',就一定会使自己出丑。"[1]如果撇开利益,空谈思想,思想也只能沦为空想。社会制度如此,学校制度也不例外。从本质上说,制度的目的就是保障某一特定人群的利益。而这一切必须建立在依法治校的基础上。实现依法治校,保障学生正当权益,需要建立健全大学章程、内部监督机制和学生权益救济体系,构建起一整套弘扬核心价值观的制度载体体系。

党的十八届四中全会明确提出了建设中国特色社会主义法治体系和法治国家的总目标,依法治国的总原则。"减法"效应对与核心价值观相左的制度、行为形成有效约束,减少了与核心价值观相悖的制度与行为的发生。相反,"加法"效应对与核心价值观相一致的制度和行为形成有效保护,强化了与核心价值观相一致的制度与行为的发生频率和积极效应。有监督,必然有"奖"与"罚",否则监督形同虚设。"奖"与"罚"又必须要遵循一定的价值标准和正当程序。这就意味着,监督规则本身就要价值合理与程序正当,才能有效保障权利正当行使。在这种条件下,仅有自我监督,显然远远不够,它更多的需要接受外部的有效监督。实践证明:"科学的社会监督管理的建立,不仅能促使人们有效地认识社会、认识自己,通过比照正确的社会所要求的行为规范来合理地调整自己的行为,使自身的行为符合社会的需要,同时,还能协调个人、集体、国家三者之间的各种关系,通过这些复杂的关系的不断调节,使得个人乃至整个社会的思想道德水平和科学文化素质都得到较大提高。"[2]它充分说明了内外监督机制不仅必要,而且必需。"在社会发展过程中,如果想要推行某种道德主张,仅仅依靠宣传和说教的形式推广是远远不够的,社会监督管理正好弥补了该方面的不足。"[3]

校监有权在规定范围内接受和处理投诉。如果学生对校监的处理不满,可向学生纪律处分委员会申诉。学生纪律处分委员会在接到学生投诉后可以对原处理结果做出支持或撤销的决定。如果学生仍不满,有权继续向学生申诉委员会提出申诉。一所学校如此,一个国家、社会又何尝不是这样?

四、传播核心价值观的网络载体

大学校园是网络的兴起之地、发展之地,它已经成为当代大学生的"生活伴侣""学习助手"。它不仅是当代大学生获取信息的主要方式,同样也是大学生群体交流互动的重要通道。网络文化的风起云涌、网络信息的瞬息万变,时刻牵动着他们敏感的神经。它不

[1] 中共中央马克思恩格斯列宁斯大林著作编译局.马克思恩格斯文集:第2卷[M].北京:人民出版社,2009.

[2] 陈新汉.社会主义核心价值体系价值论研究[M].上海:上海人民出版社,2008.

[3] 罗理章,张一.当代大学生社会主义核心价值观教育创新研究[M].北京:中国水利水电出版社,2016.

受地域的限制、时间的约束,覆盖面广、时效性强,使网络成为改变大学生价值观念和行为方式不可忽视的力量。可以毫不夸张地说,网络载体是影响大学生价值观形成、发展最强的载体形式之一。它不仅使教学更加快捷,而且依靠网络制作和网络传播,让大学生通过这一途径构建正确的价值观。在这种社会背景下,网络载体对于涵养大学生核心价值观的价值和作用更加凸显。与此同时,我们又不得不注意到,网络是一把"双刃剑",它对价值观的影响具有正负双向性。也就是说,网络载体既可以促进大学生核心价值观的培育,又会妨碍其形成和发展。从这个角度讲,我们必须构建以传播核心价值观为己任的校园网络,充分发挥网络载体对大学生价值观的正能量,减少其负面影响。

根据马克思主义的观点,价值观的形成,归根结底是人们交互活动的结果。网络之所以在信息时代影响和改变着大学生的价值观念和行为方式,无疑是它为大学生群体交往提供了支持。尤其是以手机微信为代表的新型网络载体兴起的条件下,网络载体极大地提高了大学生沟通、交流的效率。他们可以随时随地遨游于网络中,与全球各地的人畅聊。毋庸讳言,这种便利化满足了各种不同性格的大学生群体的交往需要。从这个角度讲,网络载体不仅是传播价值观的重要手段,更是成为其信息之源。它在为涵养大学生核心价值观开辟新路径及拓宽新渠道的同时,也为之提供了内容更加丰富、形式更加多样的文化之源。在传播过程中,由于对象、传播方式、渠道等不同,各媒体传播的效果也不尽相同,为此,我们要整合各媒体的功能优势,就"要适应互联网快速发展形势,善于运用网络传播规律,把社会主义核心价值观体现到网络宣传、网络文化、网络服务中,用正面声音和先进文化占领网络阵地"。[1]

为了更好地利用网络载体,有效推进大学生核心价值观教育,我们必须对其进行研究,把握运用网络载体的规律,从而更好地发挥网络载体的积极作用。毫无疑问,良好的基础设施是构建校园网络载体的基本前提。为此,我们要完善校园网络的软件和硬件,建立传播核心价值观的校园网站。作为传播核心价值观的载体,网络载体不仅要注重传播质量,而且要强化传播的多样性和针对性,让网络成为传播以核心价值观为内核的先进文化的阵地。因此,它必须增加核心价值观的信息容量。随着大数据和云计算等信息技术的迅猛发展,视频压缩技术取得长足的进步,信道调制技术也是日新月异,这些技术使网络可以容纳海量内容,瞬间传输大量核心价值观的相关信息。更为重要的是,网络载体可以使来自不同地域的信息汇聚到一起,进行优中选优,使网络呈现个性化、独具特色的内容和形式,极大地满足不同层次的需要。另外,网络载体还必须提升核心价值观内容的表现质量。以网络视频为例,如果这个视频内容蕴含价值观信息,那么,它将对浏览该视频的大学生的价值观产生重要影响。数字媒体技术,尤其是3D和VR技术,使得视频的表现质量已不可同日而语,它可以营造出身临其境的氛围和感觉。在这种条件下,网络载体应大大增强核心价值观的吸引力,从而提升社会主义核心价值观的影响力。

除了上述创新目标以外,我们构建的以传播核心价值观的网络载体还必须扩大其辐

[1] 朱琳,张力,梁正科.社会主义核心价值观的传播效果及有效传播策略分析[J].思想理论教育导刊,2015(11):81-84.

射范围。众所周知,在传统媒体条件下,人们获取信息受制于很多因素,而网络载体将使这些制约不复存在。可以说,它有效弥补了传统媒体的缺陷,成为传播核心价值观的移动平台。这种平台不仅让大学生及时、快捷地接收到投送的信息,还可以将各种终端安装在各种场所和交通工具,实现传播的 24 小时和全方位的饱和覆盖。无论大学生是在宿舍、教室还是在路途中,他们都可以接收到定向投送的信息。值得一提的是,我们在加强主流网站建设的同时,还必须加强其他网站的引导,为涵养核心价值观营造良好的氛围。事实上,仅仅依靠传播社会主义核心价值观的主流网站并不能一劳永逸。我们还必须联合其他网站,共同建设和维护传播核心价值观的网络系统。因此,加强对接入校园网的其他网站的信息选择引导就显得非常必要,尤其是对信息的真实性和价值导向性的审核特别关键。只有这样,我们才能彻底掌握网络传播的话语权。值得注意的是,传播社会主义核心价值观的网络载体必须抓住"点击率"和"回头率",不能从理论到理论,更不能是一成不变的陈词滥调。我们的网络载体在及时更新内容的同时,必须结合社会热点和实际问题,才能吸引大学生的眼球,提高他们的回头率。网络之所以深受大学生追捧,另一个重要原因在于网络语言的独树一帜。网络语言不同于生活语言,它以直观、简单、诙谐的表达方式来诠释对象,表现力和震撼力强,很容易捕获人心。因此,我们利用网络载体传播核心价值观,不只是将传播核心价值观的文化搬上校园网络,融进 QQ、微信、微博等自媒体中,也必须用网络的语言予以表达,才能更好地赢得大学生的喜爱和关注。比如,在一些诸如传统佳节等时间节点,我们可以推送承载核心价值观的典故、故事,配以图片、动漫等,以趣味性、生动性的手法表现出来,以增强核心价值观的亲和力和吸引力。

第二节　校园文化载体创新的依据

校园文化载体创新,是对当前校园文化载体建设中存在问题的反思和治理。如果校园文化不能有效承载、传播核心价值观,不能与大学生形成互动,那么,它就不能成为其有效载体,也就意味着我们要对它进行创新。因此,校园文化载体创新的逻辑前提就是要解答其中的四个基本问题:一是校园文化载体创新的现实依据问题,亦即为何要对它进行创新的问题;二是校园文化载体建设主体关系问题,亦即校园文化创新需要主客体建立一种什么样的关系的问题,才能有效传导价值观;三是校园文化载体与大学生的互动问题,亦即如何实现让校园文化的育人功能转化为涵养功效的问题;四是校园文化载体之间的联动发展问题,即如何使各校园文化载体形成涵养价值观合力,使其作用最大化的问题。我们只有破解这些问题,遵循校园文化载体创新的基本原则,采取针对性的有效对策,才能促使校园文化载体满足涵养要求和需要。在当前涵养大学生核心价值观的校园文化载体创新理论和实践中,校园文化载体创新主要回答:校园文化载体创新的现实依据问题、校园文化载体创新的主客体关系问题、校园文化载体与核心价值观的共融共生问题、实现各校园文化载体之间的联动发展问题。这是涵养大学生社会主义核心价值观的校园文化创新的基本依据。

>>>>>>>>>

一、满足涵养大学生核心价值观的需要

校园文化载体创新是新形势下对我国高校校园文化发展以及核心价值观教育进行反思的必然产物。随着各项改革的深入推进，我国社会经济步入"新常态"，改革进入深水区、攻坚期，各种社会矛盾凸显，文化体制改革和社会主义核心价值体系建设也在全面推进，文化发展的社会基础、社会环境和发展要求都发生了翻天覆地的变化。据 2015 年教育部一项关于大学生对社会主义核心价值观的认同情况的调查显示："大学生对国家层面价值目标的认同度为 94.5%，社会层面为 93.7%，个人层面仅为 83%。"[1] 对这一调查结果进行影响因素分析时发现："日常思想政治教育的成效，对大学生的认同度产生显著差异。"[2] 这说明，大学生对社会主义核心价值观的认同程度，尤其是对个人层面价值观的实现，还需要进一步提升日常思想政治教育的成效。校园文化载体创新正是基于对上述问题的严重关切以及解决问题的美好愿望之上的。

社会转型对涵养大学生核心价值观的校园文化载体创新提出了挑战。随着我国经济转型"新常态"、全面推进政治改革，建设法治中国，深化文化体制改革，建设文化强国等各项改革和目标的推进和确立，校园文化也深受影响。对于涵养大学生核心价值观的校园文化载体创新而言，它既是机遇又是挑战。长期中高速的经济发展态势和法治中国、文化强国战略的推进，为大学生实现自己的人生价值提供了发展机遇。与此同时，在社会转型的过程中，各种冲突、矛盾交织叠加、层出不穷，也为培育大学生核心价值观以及高校校园文化建设带来了强烈冲击。少数大学生的世界观、人生观、价值观出现了偏差，对国家改革出现的一些新事物、新矛盾不理解，对中国特色社会主义道路、制度以及对中国共产党的领导、共产主义信念产生了怀疑和动摇。同时，"以物质利益、普遍竞争为基本规则的市场经济在推动经济快速发展的同时，也赋予了个人追求物质享受的合法性，导致了个人主义、享乐主义、自由主义的膨胀和横行，对个人的道德理想、价值标准、人生信仰造成了强烈冲击。"[3] 市场经济自发性、盲目性、趋利性等弊端，对大学生的思想价值观念造成了很多负面影响，大学校园文化也面临着市场经济高扬的个人价值本位、效率优先的价值标准的严峻挑战。在社会转型的特殊阶段和特殊时期，如何进行高校校园精神文明建设，如何改革和创新高校校园文化建设，更好地涵养大学生核心价值观，这些都是大学校园文化创新必须解决的重要课题。

随着现代信息技术的迅猛发展，人类社会已经进入了信息大爆炸的新媒体时代。作为"人的肢体或中枢神经系统的延伸，都将反过来影响人的生活、思维和历史进程"，媒体

[1] 沈壮海，王培刚，段立国. 中国大学生思想政治教育发展报告2015[M]. 北京：北京师范大学出版社，2016.

[2] 根据考察指标，在认为日常思想政治教育作用"很大""较大""一般""较少""没有"的大学生中，认同社会主义核心价值观的人数比例依次为88.3%、82.6%、72.9%、72.1%、66.9%。进一步相关分析显示，日常思想政治教育的成效与大学生对社会主义核心价值观的认同程度呈显著正相关。

[3] 康雁冰.社会主义核心价值观建设领域的失衡现象及对策研究[J]. 中共福建省委党校学报，2016(3):50-55.

对人塑造着新的生存方式，而"每一种塑造社会生活的产品，都使社会付出沉重的代价。"[1] 新媒体俨然已经不只是一个技术话语，还是一种蕴含文化交流传播、社会心理、人的生活方式以及交往方式等多重复杂语境的时代命题。它促使人类社会经济、政治、文化等全领域、全方位、全球化的深刻变革，对人的生存方式以及文化传统、思想观念产生了深远影响。尤其是以"互联网＋"为代表的新媒体技术不断催生出新的事物、新的环境、新的文化，它以"跨界融合""重塑结构""连接一切"的发展态势将人的思想、行为全方位裹挟其中，人的认知方式和社会关系、社会结构等随之发生翻天覆地的变化。赫伯特·马尔库塞（Herbert Marcuse）在《单向度的人》如此描述现代人："技术作为工具的领域，既可以增加人的力量，又可以加剧人的软弱性。现阶段，人也许比以前更加无力支配他的设备。"[2]

对于校园文化载体创新而言，新媒体既是机遇又是挑战。它极大地丰富了创新的方式和途径，为我们提供了更加多样的选择。正如克里斯·安德森（Chris Anderson）所言："在一个无限选择的时代，统治一切的不是内容，而是寻找内容的方式。"[3]这种方式对大学生的世界观、人生观和价值观产生了正、负双重影响。一方面，它契合了大学生多样化、个性化的需求，为涵养大学生核心价值观提供了更加丰富的文化资源；另一方面，纷繁复杂的文化形态，良莠不齐的信息，需要大学生理性地选择和对待，不可避免地陷入选择和判断的两难境地，稍有不慎便为其所困。文化汪洋的群雄逐鹿，对校园主流文化形成了巨大冲击，"主流文化去中心化"以及"非主流文化中心化"的现象此起彼伏，伴随着平民英雄追捧下的"非主流文化"的熠熠生辉，传统主流文化价值观逐渐式微。在这种条件下，涵养大学生核心价值观的校园文化载体创新显得尤为紧迫，它不仅是文化价值观的较量，更是抢占文化阵地、传播渠道等战略制高点的正面交锋。

校园文化载体创新是涵养大学生核心价值观的现实要求。大学生承载着民族的希望和未来，是最宝贵的社会财富。培育大学生社会主义核心价值观，既关系到国家民族的前途命运，又关系到个人成长成才。核心价值观"对任何社会来说，其成员服从这些准则是该社会生存所必需的，因为这些准则是该社会特定的生产方式和生活方式必不可少的。"[4]在西方发达资本主义国家企图通过价值侵略、文化霸权等手段进行意识形态渗透与和平演变的新形势下，社会主义核心价值观的培育愈加紧迫和重要。它既是迎接经济全球化发展的挑战的需要，又是社会转型期稳定和发展的需要，更是应对西方文化价值侵略对大学生思想挑战的需要。"一个社会不应局限于物质生产和经济交流。它不能脱离思想观念而存在。这些思想观念不是一种奢侈，对它可有可无，而是集体生活自身的条件。它可以帮助个体彼此照顾，具有共同目标，共同行动。没有价值体系，就没有可以再生的社会集体。"[5]为此，中共中央办公厅在 2013 年印发的《关于培育和践行社会主义核心价值观

[1] 马歇尔·麦克卢汉. 理解媒介：论人的延伸[M]. 何道宽，译. 南京：译林出版社，2011.

[2] 郝伯特·马尔库塞. 单向度的人[M]. 刘继，译. 上海：上海译文出版社，2008.

[3] 克里斯·安德森. 长尾理论[M]. 乔江涛，译. 北京：中信出版社，2006.

[4] 弗洛姆. 为自己的人[M]. 孙依依，译. 北京：生活·读书·新知三联书店，1988.

[5] 吉尔·利波维茨基，赛巴夏蒂安·夏尔. 超越现代时间[M]. 谢强，译. 北京：中国人民大学出版社，2005.

的意见》中要求:"把培育和践行社会主义核心价值观融入国民教育全过程……形成课堂教学、社会实践、校园文化多位一体的育人平台。"因为"文化是价值的历史和现实的存在方式,价值观上的突破就是文化上的根本变革……价值通常通过文化才能有效地影响一切社会组织和个人的思想和行为。"[1]在这种语境下,作为涵养大学生核心价值观的载体,我们必须对校园文化的内容、传播等方面做出有针对性的创新,才能适应涵养大学生核心价值观的现实要求。

校园文化载体创新是校园文化本身的内在要求。"文化创新是人类适应社会进步与变革的基本方式。"[2]没有创新,就没有进步,没有进步也就没有发展。没有创新,文化就会散失生命力和吸引力,也就必将被淘汰。人类历史反复证明:一个善于创新的民族才能不断发展壮大,立于不败之地;反之,落后挨打,国将不国。尤其是对于引领社会进步的先进文化而言,创新更是其生命。人类不断发现、认识新事物的过程就是创新的过程。文化只有在不断地创新中才能维持其先进性,保持其生命力和战斗力。大学作为文化传承和创新的摇篮,文化创新是其基本职能,也是培养创新型人才的必然要求,更是大学肩负的时代使命。我国著名的教育学家潘懋元指出:"文化创新的火焰,往往是在大学校园中点燃起来的。"[3]文化创新是大学安身立命之本,也是大学人的文化自觉、文化自信之所在,更是一所大学的独立品格和价值所在。只有不断创新,大学才能履行其职能,承担其历史使命,实现其时代价值。因为,文化因创新而兴,因守旧而衰。

加拿大学者 D. 保罗·谢弗(D.Paul Schafer)在《经济革命还是文化复兴》中提出:"人类正在迎来一个'文化时代'而取代即将过去的'经济时代'。"[4]21 世纪不仅是一个文化的时代,更是一个文化冲突的时代。"各种思想文化交流交融交锋更加频繁,文化在综合国力竞争中的地位和作用更加凸显,维护国家文化安全任务更加艰巨,增强国家文化软实力、中华文化国际影响力的要求更加迫切。"[5]在这种时代背景下,大学校园文化的困境和危机亦步亦趋。它不仅表现在大学文化内部人文与科学隔离状态下导致的人文精神的失落,而且表现在"大学文化教育范式的'道器之争'。"[6]价值本位的颠覆导致大学校园文化的畸形发展,成为"单向度的文化"。这种"单向度的文化"并未成为人之思想和精神自由的超越,反而成为操控和禁锢人的思想意识的羁绊,导致人之批判能力和自由思想逐渐式微,进一步加剧了高校校园文化的委顿与价值危机。为了摆脱这种价值危机,创新是大学校园文化摆脱困境的必然选择。"当代中国进入全面建设小康社会的关键时期和深化改革开放、加快转变经济发展方式的攻坚时期,文化越来越成为民族凝聚力和创造力的重要源泉,越来越成为综合国力竞争的重要因素,越来越成为经济社会发展的重要支

[1] 李春华. 有关文化创新的几个问题[J]. 理论探索,2011,189(3):5-9.

[2] 章牧. 论可持续发展的社会文化属性[J]. 福建师范大学学报(哲学社会科学版),2001(3):7-11.

[3] 潘懋元. 全面深入地认识高等教育的文化功能[J]. 教育研究,1996(11):18-19.

[4] D.保罗·谢弗. 经济革命还是文化复兴[M]. 高广卿,陈炜,译. 北京:社会科学文献出版社,2006.

[5] 本书编写组.《中共中央关于深化文化体制改革推动社会主义文化大发展大繁荣若干重大问题的决定》辅导读本[M]. 北京:人民出版社,2011.

[6] 吴立保. 中国大学的文化困境与文化创新[J]. 中国高教研究,2013(6):43-47.

撑,丰富精神文化生活越来越成为我国人民的热切愿望。"[1] 在这种条件下,大学校园文化创新不仅是摆脱文化委顿、价值危机等现实困境的必经之路,也是实现社会主义文化强国战略的必然要求,更是提高文化软实力及维护文化安全的必然选择。

值得注意的是,"文化引领时代风气,是最需要创新的领域"。[2] 要实现校园文化载体有效涵养大学生核心价值观,我们就必须对承载和传递异质价值观的各种社会思潮、非主流文化、西方价值侵略和文化霸权进行反思和批判。它的根本意义在于用社会主义核心价值观"引领人",用校园文化"培育人",防止"被边缘化"和"去中心化"。

(一) 对社会思潮的反思和批判

马克思认为:"如果从观念上来考察,那么一定的意识形态的解体足以使整个时代覆灭。"[3] 诚然,当前社会主义核心价值观还不至于陷入"解体"的窘境,但对于当代大学生社会主义核心价值观教育而言,它确实面临着多样社会思潮冲击下"被边缘化""去中心化""非主流化"的危机。《人民论坛》[4] 刊登的相关调查报告显示:"主流价值观边缘化"位居未来十年十大挑战之列。毋庸置疑,如何有效地化解这一危机,将是涵养大学生社会主义核心价值观所面临的重要而紧迫的严峻问题。这个问题既是一个"老问题",又是一个"新问题"。早在1987年,"分析批判有影响的错误思潮,以正确地有说服力地回答学生提出的问题"[5] 已见诸《关于加强和改进高等学校思想政治工作的决定》中。在此之后,中共中央分别在《关于加强和改进思想政治工作的若干意见》(1999年)和《关于进一步加强和改进大学生思想政治教育的意见》(2004年)中反复强调了批判各种错误思潮和社会丑恶现象的紧迫性和重要性。所以说,这是一个老问题,它由来已久,其重要性、复杂性、艰巨性使得它仍然会长期存在。同时,它又是一个"新问题"。因为它一直存在一个时代性很强的问题,其内容和价值因时而变、因时而异,始终处于不断发展变化之中,这种变化不仅快速,而且幅度很大,在当前更是如此。

社会思潮是"某一时期内在某一阶级或阶层中反映当时社会政治情况而有较大影响的思想潮流,它以一定的社会存在为基础,以特定的思想理论为理论核心,并与某种社会心理发生相互影响、相互制约、相互渗透的作用。"[6] 作为各种社会思潮的必争之地,各种社会思潮在高校校园里彼此交织、相互激荡、异常活跃。它们或正确科学,或偏颇错误,或进步向上,或反动落后,或积极健康,或消极腐朽。有鉴于社会思潮的积极与消极共存、进步与落后伴生,对待社会思潮就不能简单化地全盘否定或照单全收,而应是在反思中批判与借鉴,扬长避短,用主流意识形态去正确引导他们,实现两者的和谐共存。由于社会思潮种类繁多,在此我们仅选择其中对大学生社会主义核心价值观影响较大的几种主要的

[1] 江泽民.江泽民文选:第3卷[M].北京:人民出版社,2006.

[2] 于平,傅才武.文化创新蓝皮书:中国文化创新报告(2014)[M].北京:社会科学文献出版社,2014.

[3] 中共中央马克思恩格斯列宁斯大林著作编译局.马克思恩格斯文集:第8卷[M].北京:人民出版社,2009.

[4] 2009年《人民论坛》刊载《未来10年十大挑战》千人问卷调查报告。调查数据表明:主流价值观边缘化是我国未来十年中面临的十大严峻问题之一。

[5] 中共中央文献研究室.十二大以来重要文献选编(下)[M].北京:人民出版社,1988.

[6] 梅荣政.用马克思主义引领社会思潮[M].武汉:武汉大学出版社,2008.

>>>>>>>>>

社会思潮进行简要的批判和解构。

民主社会主义思潮是 20 世纪 40 年代流行于西欧的一种资产阶级的改良主义思潮，其前身是社会民主主义；80 年代盛行于东欧、苏联，是导致东欧剧变和苏联解体的"元凶"。民主社会主义的核心是"民主""社会主义"，"它在思想上的主要表现就是坚持多元化的指导思想，反对统一的思想理论基础；主张在资产阶级议会民主国家的范围内通过合法的、渐进的改良来实现'社会主义'。它打着'社会主义'旗号反对科学社会主义，污蔑根据马克思主义理论建立起来的社会主义制度不是真正的社会主义，号称真正的社会主义应该是民主的、人道的社会主义。"[1] 多元化的指导思想看似兼容并包，实际上不过是借以否定马克思主义指导思想的"外衣"，本质上是为资产阶级所服务的。民主社会主义倡导的混合经济体制实际上不过是借以否定公有制的主导地位，本质上依然是资本主义的私有制。民主社会主义政治上主张多党轮流执政，实际上不过是资本主义议会民主制的翻版。民主社会主义宣称在资本主义民主政治框架下通过和平、改良实现所谓的民主社会主义，实际上是一个欺骗和麻痹无产阶级的"幌子"而已。总之，民主社会主义是一种"伪社会主义"。所谓的"民主社会主义"，并不是真正的社会主义，仅仅是欺骗和麻痹无产阶级的"噱头"而已，其指导思想立场、经济、政治主张无一不是为资本主义服务的。对此，我们要保持清醒的头脑，切不可被其所骗。当然，民主社会主义也并非一无是处，它仍然有进步之处。比如，它所主张的混合型经济体制对于我国建立坚持公有制主体地位下的混合型经济体制具有一定的借鉴意义。

新自由主义是与亚当·斯密为代表的古典自由主义相区别的自由主义。新自由主义最初是为了研究解决资本主义经济危机和滞涨问题而形成的经济学理论，后来全面渗透到政治、文化等领域，成为对我国影响较大的社会思潮之一。新自由主义"在经济理论方面，主张自由化、市场化和私有化；在政治理论方面，否定公有制、否定社会主义制度、否定国家干预；在战略和政策方面，极力鼓吹以超级大国主导的全球经济、政治和文化的一体化。"[2] 新自由主义认为私有制是自由之源，公有制是自由的绊脚石。"若要让社会裹足不前，最有效的办法莫过于给所有的人都强加一个标准。"[3] 这种说辞无疑暴露其资产阶级自由观的本质，一种极端狭隘的自由主义，实质是极少数人的自由，绝非大多数人享有的自由。在私有制下，生产资料不可避免地沦为少数人的私有财产，结果造成社会两极分化，少数人成为自由的主人，而大多数人沦为自由的奴隶。这种自由是以牺牲大多数人的自由为代表的"自由"，说到底是资本主义的自由，并非社会主义人人享有的自由。新自由主义反对国家干预，主张全面融入资本主义主导的一体化，实际上是否定无产阶级专政，否定社会主义，其归途依然是资本主义道路，最终必成为资本主义的附庸，沦为资本主义的"尾巴"。在对待历史问题上，新自由主义否定中国共产党及其领导的中国革命的历史功绩，其真实的政治目的就是否定中国共产党执政的"合法性"，动摇中国人民的政治信仰，为资本主义让路。说到底，新自由主义是为维护资本主义生产方式和社会制度所服务的，其政治目的就是动摇共产党的执政根基，削弱和消解民族凝聚力和理想信念，所谓

---

[1][2] 王飞霞. 用社会主义核心价值体系引领多样化社会思潮的途径研究[D]. 武汉：武汉大学，2012.

[3] 弗·奥·哈耶克. 自由宪章[M]. 杨玉生，等译. 北京：中国社会科学出版社，1999.

的西方自由民主价值观才是"新帝国主义"的"历史终结"[1]。无论在理论上还是实践上，新自由主义是彻底的失败者。2008年全球金融危机就是其破产的最佳注脚。新自由主义不能从根本上解决资本主义固有的基本矛盾，对资本主义来说，新自由主义无疑是饮鸩止渴、苟延残喘。新自由主义使拉美陷入失业加剧、贫富拉大、经济萎靡、社会动荡的深渊。俄罗斯在实行"休克疗法"之后，经济倒退、国力大衰、社会动荡、民不聊生。在新自由主义的推动下，西亚及北非的一些国家发生"颜色革命"，一些国家长期陷入暴乱泥潭而无法自拔。新自由主义的"绝对真理"不仅没有奏效，相反却将其"傲慢与偏见"击得粉碎，所宣称的"普适性"变成了"不适性"。相反，所谓的"不干预主义"也没有成为"灵丹妙药"，就连许多资本主义国家和政府本身也在"通过精英和专家忙于干预活动。"[2]

人类社会不同的历史时期形成了特定历史方位的核心价值观，任何核心价值观都是历史存在与现实存在的融合与发展。否定历史，也就是切断了涵养核心价值观的源头，使之成为无源之水。对历史的虚无，等同于核心价值观虚无。"历史虚无主义是作为同'全盘西化'论相呼应而出现的一种错误思潮。持'全盘西化'论者往往对民族文化、历史遗产采取轻蔑虚无的态度，表现为民族文化虚无主义。"[3]历史虚无主义是20世纪80年代风靡于西方的一种政治思潮，是苏联、东欧演变的"始作俑者"。历史虚无主义歪曲、否定中国历史和传统文化，唯西方马首是瞻，假"还原历史"之名，行歪曲、否定中华文明、中国革命历史之实；借"价值中立"之名为资本主义价值观开山铺路、跑马圈地。历史虚无主义企图通过消解文化认同，达到模糊价值标准及消解社会主义主流意识形态的政治目的，说到底，它只是西方反华势力西化、分化我国的"和平演变"战略之一而已。对之，我们既不能掉以轻心，也不用过于惊慌，而是要保持清醒的头脑和战略定力。"灭人之国，必先去其史。"历史虚无主义思潮不仅事关尊重历史事实的大是大非，而且关系到国家民族的立足之本。如果任其泛滥，就会混淆视听、扰乱思想，颠倒和消解主流价值观，一个国家和民族就丧失了立足之本，长此以往，国将不国。然而，历史虚无者丧失起码的道德良知，无视历史事实，企图为资本主义侵略历史翻案，为敌对势力歌功颂德，罔顾事实地美化帝国主义，公然将爱国主义、民族大义抛之脑后，其狼子野心昭然若揭。"科学的历史观对于人们确立正确的世界观、人生观和价值观关系极大。对历史的颠倒，必然导致是非、美丑、荣辱标准的颠倒，这种是非判断标准的颠倒，会在社会上造成极大的思想混乱，而社会思想混乱进而可能造成政治上的动乱。"[4]

"普世价值"肇始于西方启蒙运动，并承袭其核心价值演变至今形成了一套完整而严密的理论体系。普世价值宣称"资本主义核心价值观"是人类的"普世价值"，中国不应置身其外，并主张"普世价值"超越阶级、超越国家、超越时空、超越民族，是放之四海而

---

[1] "历史的终结"源自美国学者弗朗西斯·福山1989年发表的《历史的终结》一文。福山认为，西方国家的民主自由也许是"人类意识形态发展的终结"和"人类最后一种统治方式"，并因此构成"历史的终结"。

[2] 大卫·哈维.新自由主义简史[M].王钦，译.上海：上海译文出版社，2010.

[3][4] 曹二刚，庞世伟.当代社会非主流思潮评析[M].北京：中国言实出版社，2014.

>>>>>>>>>

皆准的"绝对真理"。马克思认为:"人的本质不是单个人所固有的抽象物。在其现实性上,它是一切社会关系的总和。"[1]价值是具体的、社会的,始终处于发展变化之中。他们宣扬的永恒的、纯粹的、绝对的"民主、自由、人权、公平、正义、平等",无非是从抽象的人性出发,将西方的核心价值和制度模式吹捧成人类的"终极价值"和"完美模式",实际上是一种抽象的人性论和人道主义。这种抽象只能满足于"想象中"的口腹之欲,而无法实现对现实的批判和超越。针对这种所谓的抽象人性论和抽象价值论,邓小平曾作如是批判:"离开了这些具体情况和具体任务而谈人,这就不是谈现实的人而是谈抽象的人,就不是马克思主义的态度,就会把青年引入歧途。"[2]"普世价值"主张的"淡化意识形态"和"意识形态终结论",其实也是西方资本主义意识形态的"翻版",以一种相对"委婉""中立"的方式,不遗余力地推销资本主义核心价值观,企图达到消解社会主义核心价值体系的目的。"'普世价值'思潮宣扬者根本无法避免意识形态影响,他们有意无意站在资产阶级立场上'考虑问题',并以一些迷惑性、抽象性'名词'设立'陷阱',希冀将马克思主义意识形态'束之高阁'或实现社会主义意识形态与资本主义意识形态所谓的'合流与趋同'。"[3]在"普世价值"思潮看来,资本主义制度模式和核心价值观才是人类的"自由之邦""民主堡垒",西方模式才是整个人类"普世价值"的"乌托邦",任何与之相左皆为落后鼠辈,凡是不承认、不遵循者,都要受到审判和制裁。他们带着这种"傲慢与偏见"向全世界推行"凝固化"的"价值标准"和"制度模式",任何民族都必须与之看齐、马首是瞻,因为它是"任何民族最终的制度净化归宿。"[4]"实际上,世界上只有具体的自由,具体的民主,没有抽象的自由,抽象的民主。在阶级社会里,有了剥削阶级的剥削劳动人民的自由,就没有劳动人民不受剥削的自由。有了资产阶级的民主,就没有无产阶级和劳动人民的民主。"[5]可见,"普世"只是资本主义的"普世","普世价值"也仅仅是资产阶级的"普世价值"。

诚然,"西方文明特别是'民主、自由、人权'等思想及相关社会制度曾推动了历史发展和社会进步,值得人们发扬继承。不过西方据此将自己核心理念自封为'普世价值',陶醉于'唯西方独尊'的成就中,显然是对文明的亵渎,也是赤裸裸将狭隘的价值及制度夸大,这是一种盛气凌人的姿态在全世界推行资产阶级价值观念、道德标准、意识形态。"[6]说到底,"普世价值"迷彩服包裹下的仍然是资本主义的身躯,流淌的依然是资产阶级的血液。"普世价值"主张"社会主义"与"资本主义"趋同合流,实际上是用资本主义核心价值观取代社会主义核心价值观,"伪善"外衣难掩取代马克思主义及消解社会主义核心价值观的政治阴谋。"普世价值"借"普世"为名,行文化扩张、价值输出之实,手段实在巧妙和高明。但是,无论它口号多响亮、用词多华丽、手段多隐蔽,只要我们认清其本质,它的虚伪性、欺骗性终将暴露无遗。因为它的立场始终处于无产阶级的对立面,宣扬

[1] 中共中央马克思恩格斯列宁斯大林著作编译局. 马克思恩格斯文集: 第1卷[M]. 北京: 人民出版社, 2009.

[2] 邓小平. 邓小平文选: 第3卷[M]. 北京: 人民出版社, 1993.

[3][6] 赵丽涛. "普世价值"思潮对当代大学生的影响及对策研究[D]. 重庆: 西南大学, 2012.

[4] 李崇富. 关于"普世价值"的几点看法[J]. 马克思主义研究, 2008(9):17-20.

[5] 中共中央文献研究室. 毛泽东文集: 第7卷[M]. 北京: 人民出版社, 1996.

的价值观与社会主义核心价值观格格不入，推销的制度模式依然难逃西方政治制度的翻版。邓小平一针见血地指出："资本主义社会讲的民主是资产阶级的民主，实际上是垄断资本的民主，无非是多党竞选、三权鼎立、两院制。我们的制度是人民代表大会制度，共产党领导下的人民民主制度，不能搞西方那一套。"[1]

马克思·韦伯认为："任何统治都企图唤起并维持它的'合法性'的信仰。"[2] 毋庸讳言，各种围剿社会主义的社会思潮都是为了维护资本主义"合法性"的信仰。资产阶级包装的各种社会思潮，皆以唯一、唯美的面目示人，恰恰暴露出"做贼心虚"的真实面目。事实上，任何价值形态和制度模式都是不断发展的产物，人类社会没有十全十美的唯一的价值标准和政治模式，但是发展是事物的客观规律，社会主义代替资本主义是历史的必然，这是不以人的意志为转移的规律所决定的。人类文化的多样、价值多元无疑也是人类文明发展进步的必然产物，也是无法避免的发展趋势。我们必须"以建设性的眼光对待社会思潮，有针对性地批判社会思潮的错误部分，正视其凸显的社会问题，吸收其合理主张，不被社会思潮所束缚"，[3] 更不能盲目引进、生吞活剥，不加批判和消化地盲从。只有这样，我们才能在面对各种社会思潮交织的复杂局面时保持冷静、理性，从容对待，批判地吸收其有益成分，不断完善和发展自己，夯实自身的物质基础和文化根基；只有这样，我们才能在包容文化多样的条件下赢得社会主义核心价值观的主导地位，实现其一元主导下的多样并存。

（二）对非主流文化的反思和批判

校园非主流文化是相对校园主流文化而言的，两者都是校园文化的组成部分，以不同的形态共同存在于校园文化系统之中。一般而言，校园主流文化在校园文化系统中处于主导地位，与社会主流价值观和主流意识形态保持一致，影响并决定着校园文化的发展方向，影响广泛而又深刻。与主流文化相比，非主流文化则处于从属地位，所承载和传递的价值观与主流价值观有一定的差距，甚至截然相反，影响范围和深度相对狭窄和有限，但是我们不能就此而忽略它的存在，忽视它的影响。作为矛盾的双方，主流文化与非主流文化相互依存、不可分离。两者互为前提、相互作用，在一定条件下彼此之间可以吸收对方而相互转化。相对于主流文化而言，非主流文化一开始只得到少数人的接受和认可，但是随着影响的增大，非主流文化甚至会蔓延整个校园，主流文化的生存空间将会受到挤压，其影响力也必将日渐式微。不可否认的是，当前我国高校校园非主流文化日益盛行，对高校校园主流文化的地位形成了一定的威胁，对于大学生社会主义核心价值观教育也产生了一定的消极影响。

最初，"非主流"风靡于国外，后经互联网和文化传播，将其"叛逆""标新立异"的价值观念渗透进大学校园。非主流文化在后现代主义、功利主义等非主流价值观的影响下，呈现出更加复杂、多样的形态。如果我们以主流价值观为标准进行划分，非主流

[1] 邓小平. 邓小平文选：第3卷[M]. 北京：人民出版社，1993.

[2] 马克思·韦伯. 经济与社会：上卷[M]. 北京：商务印刷出版社，1997.

[3] 闫东. 中国特色社会主义理论的开放性——论党对社会思潮的批判与包容[J]. 天府新论，2008(3):1-5.

文化具有同质性、中性与异质性之别。同质性的非主流文化与社会主义核心价值观较为一致或接近,异质性的非主流文化则与马克思主义指导的社会主义主流意识形态背道而驰,中性的非主流文化则处于两者之间。正如范秋迎在概括"非主流意识形态"时所描述的那样:"各种非主流意识形态表现出进步与保守、先进与落后、积极与消极、高雅与低俗等思想意识杂陈、清浊激荡的复杂性特征。"[1] 各种非主流文化也是如此,但是万变不离其宗,校园非主流文化与校园主流文化一样,同样也是大学生道德价值观的"晴雨表"。

有人认为,"非主流行为文化是一种风格化、符号化的反叛。"[2] 毫无疑问,这种反叛是相对于主流文化而言的,如果一个社会的主流文化是先进的,与其反叛无疑是一种消极的反叛;反之,则是一种积极的反叛。这种反叛表现在非主流文化与主流文化之间存在的思想观念、价值体系等差异或对立。在很多时候,这种差异或对立并不表现为绝对的对抗。正如加拿大学者迈克尔·布雷克(Michael Harvey)所指出的:"绝大多数青年亚文化,除非他们具有明晰的政治因素,否则在任何简单意义上都不是反抗性的。它们也可以是反叛性的;它们可以推崇和追求特殊的时尚和价值观,但它们的反叛很少达到一种鲜明的对抗。"[3] 非主流文化中的糟粕部分依然对大学生社会主义核心价值观教育产生了很大的阻碍,尤其是对大学生的思想道德、价值观念和心理健康产生了剧烈的冲击。在一些场合,非主流文化甚至与主流文化处于分庭抗礼之势,其消极成分对主流文化和主流意识形态产生了消解。

"历史上各种特殊文化类型中的主流文化与非主流文化之间在相互尊重、相互包容的同时,也必然存在着相互排斥、相互冲突的情况。"[4] 校园非主流文化也是如此,为了赢得自己的生存空间和发展空间,它必然以某种方式挑战主流文化的地位,这也注定两者之间存在无法避免的碰撞和交锋。值得注意的是,西方反华敌对势力正是通过非主流文化渗透进行价值观输出而企图围剿我国主流文化,进而挤压社会主义主流意识形态的生存空间。正如王秋梅在《主流引领与和谐共生——社会主义主流意识形态建设的关键》一文中提到的:"中国意识形态领域经受着形态各异的异质文化的大规模碰撞,这种碰撞,既存在着自发影响的问题,又面临着自觉渗透的问题。"[5] 事实上,尽管意识形态领域存在着多元价值观和多样文化,但是它只能有一个指导思想和一个主导的价值观,而裹挟着西方意识形态或西方主流价值观的非主流文化势必要争夺中心位置。在这种形势下,主流价值观与边缘价值观的状态就会被打破,边缘价值观的扩张将导致主流价值观的边缘化与去中心化。"可以说,各种非主流意识形态从各个方面进行渗透,消解着我国社会

[1] 范秋迎. 科学认识、区别对待:对非主流意识形态的理性考量——以社会主义主流意识形态为视角[J]. 湖北社会科学,2010(3):5-7.

[2] 董敏志. 接受与超越:青年文化论[M]. 上海:复旦大学出版社,1993:38.

[3] 迈克尔·布雷克. 超轨青年文化比较[M]. 岳西宽,张谦,等译. 北京:北京理工大学出版社,1989:9.

[4] 桑国元. 学校文化冲突的源起、表现与缓和:多元文化教育的视角[J]. 宁波大学学报,2006(6):25-28.

[5] 王秋梅. 主流引领与和谐共生——社会主义主流意识形态建设的关键[J]. 理论与改革,2015(3):23-25.

主义主流意识形态,瓦解着社会主义核心价值体系。"[1] 这并非危言耸听,而是以一些较为隐蔽的方式正在悄然发生着,有些甚至游离于大学生思想政治工作之外,其危害不容忽视。

　　有鉴于此,对待校园非主流文化,我们不能听之任之、放任自流,也不能一概而论、主观臆断,不加分析地全盘否定,而是要客观、全面、辩证地分析其价值,在此基础上给予区别对待、分类指导。对于与社会主义核心价值观同质或相近的非主流文化,我们要加以利用;对于异质的或相反的非主流文化,我们要坚决予以批判;而对于处于两者之间的中性的非主流文化,我们则要加强引领和争取。美国著名的文化类学家罗杰·M.基辛(R.M.Keesing)认为:"文化的歧义多端是一项极其重要的人类资源。一旦去除了文化的差异,出现了一个一致的世界文化——虽然若干政治整合的问题得以解决——就可能会剥夺了人类一切……去除了人类的多样性可能到最后付出持续的意想不到的代价。维持世界秩序并保持文化多元化的问题,这就是一个我们面临、但想象不出解决办法的问题。"[2] 这就告诉我们,对待非主流文化,我们不能采用强行禁止或严厉打击等简单粗暴的方式,其结果只能是适得其反、变本加厉。正如英国哲学家罗素在《中国问题》一书中指出的:"不同文化的接触,以往常常成为人类进步的里程碑。希腊学习埃及,罗马学习希腊,阿拉伯学习罗马,中世界的欧洲学习阿拉伯,文艺复兴时期的欧洲学习东罗马帝国。学生胜于老师的先例不少。"[3] 正因为主流文化与非主流文化之间的张力,构成了主流文化发展的动力。这实际上也给我们提出了一个问题,我们允许非主流文化存在,但是允许什么样的非主流文化却是值得商榷的。毫无疑问,尊重多样,包容多元,有的放矢地引导非主流文化健康发展,实现两者的和谐共生,是顺应时代和尊重文化发展规律的必然选择。对待非主流文化,我们不仅要注意挖掘非主流文化中的积极元素和积极成分,发挥其正向功能,同时还要改造其消极元素和消极成分,引导非主流文化朝着积极健康的方向发展,从而为大学生社会主义核心价值观教育提供更加多样的文化选择和更加适宜的文化环境。

（三）对文化帝国主义的反思和批判

　　回顾中华民族的近现代史,我们可以发现,伴随着西方列强军事侵略与占领、经济掠夺与剥削、政治遏制与颠覆的同时,有预谋的文化殖民与丑化也从未停歇和终止过。帝国主义试图从文化根基上对我国的主流文化价值体系进行解构,将资本主义文化价值观取代社会主义文化价值观,从文化价值观上消灭社会主义。与军事侵略、政治威胁、经济制裁相比,文化帝国主义表面波澜不惊,底下惊涛骇浪;貌似温和,实则阴险毒辣。"文化成为一个舞台,各种政治的、意识形态的力量都在这个舞台上较量。文化不但不是一个文雅平静的领地,它甚至可以成为一个战场,各种力量在上面亮相,互相角逐。"[4] 在不同时期

[1] 李贵忠. 当前非主流价值观的影响与引导[J]. 人民论坛,2013(33):191-192.

[2] 罗杰·M.基辛. 当代文化人类学概要[M]. 北晨,译. 杭州:浙江人民出版社,1986.

[3] 伯特兰·罗素. 中国问题[M]. 秦悦,译. 北京:学林出版社,1996.

[4] 爱德华·W.萨义德. 文化与帝国主义[M]. 李琨,译. 北京:生活·读书·新知三联书店,2003.

和不同历史条件下,文化帝国主义表现也不尽相同。但是,无论它以何种面目示人,它绝非田园牧歌式的"文化大使""和平行者",而是一种隐藏于表象之下的文化价值侵略。

值得注意的是,文化帝国主义并未因为世界进入和平与发展的时代而终结,相反,它只是改头换面,以新的形式、新的伎俩、新的途径进行着文化商品倾销和价值观渗透。与战争时期依赖军事占领和政治控制而进行文化殖民不同,今天更多的是伴随着经济全球化的进程,以美国为首的西方资本主义发达国家凭借其经济、政治、文化等全方位、压倒性优势,搭乘商品、技术和资本的力量,肆无忌惮地向社会主义国家输送资本主义文化和价值观,其根本目的就是要瓦解社会主义核心价值体系和民族文化根基,彻底"改变他们的文化身份,模糊他们的文化认同,从而使他们从根本上失去反抗的意识和斗志"。[1] 在这种形势下,社会主义的主流文化价值体系正遭受前所未有的侵蚀、破坏和颠覆,高校校园文化和当代大学生也未能幸免。大众传媒、教育系统和互联网正成为资本主义国家进行文化价值观念渗透的重要通道。伴随着全球化进程的加速和深化,在"文化的全球化"浪潮的席卷之下,西方的饮食、文化产品、"洋节"正成为当代大学生为之痴狂的对象,而自身的主体意识正在逐渐消磨和蜕化,无聊、寂寞、空虚甚至抑郁,像瘟疫一样吞噬着他们的灵魂。就像德国学者马克斯•舍勒(Max Scheler)在《资本主义的未来》一书中所描绘的:"历史上从来没有一个时代像当前这样,人人对于自身这样的困惑。"[2] "一切迹象都指陈发生了文化危机,或者(就其本质来说是)价值危机。"[3] 尽管这种价值判断有待商榷,但是我们不得不承认,当代大学生的文化认同、价值信仰逐渐成为一个问题,或者说已经是一个问题。正如美国学者詹姆斯•博特金(James Botteghin)眼里的"未来的挑战"一样,"一些国家易受文化侵略,一些国家易遭文化分裂"。[4] 当前高校校园文化何尝不是如此,它正遭受着西方文化以及各种社会思潮的冲击和挑战。"正是那些作为'支配者'的西方诸国文化正在伴随着科技的出口而出口,而那些作为'被支配者'的发展中国家(包括中国)的文化则在不断地被压缩、被压制和被抽空化。"[5] 如果任其泛滥,大学生"对主流意识形态弱化、西方文化认同模式强化,以及由此所导致的价值取向迷茫与信仰缺失等"[6],将无法避免。美国前总统布什曾在就职演说中毫不避讳地鼓吹,"美国的政策是争取支持每个国家和每种文化中民主运动和制度的发展",从而"创造一个与美国(及其盟友)的行为价值息息相关的国家秩序"。[7] 可见,"美国化""西方化"才是"文化全球化"的真实面目。其实质是,以西方文化价值观为主导的一体化,本质上就是文化帝国主义。"它的目的,不是征服国土,也不是控制经济生活,而是征服和控制人心……文化帝国主义在现代所起的典型作用,是辅助其他方法。它软化敌人,为军事征服或经济渗透做准

[1] 石中英.学校教育与国家文化安全[J].教育理论与实践,2000,20(11):11-14.

[2] 马克斯•舍勒.资本主义的未来[M].罗悌伦,等译.北京:生活•读书•新知三联书店,1997.

[3] 李慎之,何家栋.世界已经进入全球化时代[M].广州:南方日报出版社,2000.

[4] 詹姆斯•博特金.回答未来的挑战[M].林均,译.上海:上海人民出版社,1984.

[5] 邓正来.中国法学向何处去——建构中国法学理想图景时代论纲[M].北京:商务印书馆,2006.

[6] 鲁全信,李虹.大学生文化认同危机与思想政治教育[J].长春理工大学学报(社会科学版),2013(10):169-170,204.

[7] 李慎明.领导权与话语权:"颜色革命"与文化霸权[M].北京:社会科学出版社,2016.

备。"[1]如果我们把军事斗争比喻为一场有硝烟的战争,那么文化帝国主义则是没有硝烟的战争。"如果我们把冷战界定为思想战,那么这场战争就具有一个庞大的文化武器库,所藏的武器是刊物、图书、会议、研讨会、美术展览、音乐会、授奖等。"[2]在这种"软刀子"的持续攻击下,部分大学生纷纷迷失了立场,一些人唯西方马首是瞻,笃信"西方的月亮比中国圆",而另外一些所谓持"价值中立"者,最终依然是在劫难逃。这并非一种言过其实或者故意抹黑"文化帝国主义",因为这种"颜色革命"下的所谓的民主、自由、人权早已经被淹没在动荡、混乱和无序中了,它并未像其所宣扬的"普世价值"那样美好,这种发生在"民主渗透""和平渗透"下的"民主改造"也并没有使人们获得真正意义上的民主、自由,相反,它在得逞之后,撕下了温和、亲善的伪装,露出了狰狞、凶残的真实面目,那些"来自底层的民主"则被看起来永无休止和永无宁日的"更大的民主"运动折腾得遥不可及。说到底,文化帝国主义只是在表面上践行"自由""民主""人权",而实际上则是在用这些幌子欺骗全世界,所谓的民主、自由、人权只是虚幻的泡影。它借"自由""民主""人权"之名,以"自由""民主"和幸福生活相许,真正带给人们的不是民主、自由、平等和人权,而是持续的战乱、动荡和不安。我们不妨看看饱受"文化帝国主义"关爱的所谓"阿拉伯之春""郁金香革命""紫色革命""茉莉花革命",貌似以"善"的名义,实则是以"恶"相加,罪行累累、罄竹难书。

从文化的角度而言,"全球化应被认为是社会生活'文化'不断加深的一种形式"。[3]凭借在全球化中的主导地位,"美国今天的霸权地位已经延伸到了经济、货币、军事、生活方式、语言和铺天盖地地涌向全球的大众文化产品等领域。这些文化产品左右着人们的思想,甚至使美国的敌人也为之着迷"。[4]"西方文化有直接宣扬资本主义制度优越性的一面,但更多是通过展示资本主义制度下的生活方式和所谓民主与人权,间接影响受众,更多地着眼于涉世不深的年轻人。"[5]大学生对于西方文化产品的迷恋,将进一步加剧校园主流文化的沉沦、旁落以及碎片化地存在。当然,对于当代大学生对于美国等西方文化产品的追捧、痴迷,我们还不至于惊慌失措、惶惶不可终日,那么,如果他们缺乏对西方文化的独立思考和理性批判,有些学者关于大学生"文化危机""信仰危机"的判断,也就并非空穴来风、言过其实和危言耸听了。"对文化产品的消费是一种精神过程,因而它可能是在一定的文化霸权下进行的,并且它可能会有意识形态的后果。"[6]更何况,在当前西方全方位压倒性优势主导下,文化的交流绝非一种均衡的、平等的对话,而是一种不均衡、非对称的"文化逆差",这也就不难解释"好莱坞信仰"之源了。西方文化价值观输出的目的就是要"在中国培养一批有实力的中间阶层""社会精英",用西方的民主观,政治观、价值观乃至生活方式、思维方式、行为方式去影响、征服和控制这些"中间阶层"和"社

[1] 汉斯·摩根索. 国际纵横策论:争强权、求和平[M]. 上海:上海译文出版社,1995.

[2] 弗朗西斯·斯托纳·桑德斯. 文化冷战与中央情报局[M]. 北京:国际文化出版公司,2002.

[3] Waters M. Globalization[M]. London:Routledge,1995.

[4] 胡鞍钢,等. 解读美国大战略[M]. 杭州:杭州人民出版社,2003.

[5] 李慎明. 领导权与话语权:"颜色革命"与文化霸权[M]. 北京:社会科学出版社,2016.

[6] 苏国勋,张旅平,夏光. 全球化:文化冲突与共生社会[M]. 北京:社会科学出版社,2006.

会精英",意图文化殖民,进而利用这些人来改造中国,进一步巩固西方中心主义的文化政治权威,最终走向"历史的终结"。

"不同文明的接触,以往常常成为人类进步的里程碑。"[1]如今,我们依然不怀疑各种不同文明交往、文化交流给全世界人民所带来的福祉。即便是面对西方咄咄逼人的"文化帝国主义",我们依然坚持平等、互利原则下的文化交流。从根本上说,"文化帝国主义"就是要控制、消灭异己的文化,说得更直接一点,就是要解构社会主义文化价值观的合理性和价值性,让资本主义文化价值观一统江湖。这无异于釜底抽薪、"全盘西化",白白葬送中华五千年灿烂文明和社会主义道路。对此,我们要保持高度的警惕。当然,我们也不能因噎废食,而是要在坚持社会主义核心价值观和中华民族文化的原则下,在平等、对话的基础上,积极开展人文交流和文化交往,积极吸收西方文化的精华,坚持"洋为中用",促进社会主义文化的大繁荣和大发展,进一步提升社会主义文化价值观的吸引力、辐射力,从而筑牢抵抗西方文化帝国主义的思想防线,增进大学生的文化自觉和文化自信。

二、增强校园文化载体创新发展的动力

习近平总书记在文化传承发展座谈会上强调:"每一种文明都延续着一个国家和民族的精神血脉,既需要薪火相传、代代守护,更需要与时俱进、勇于创新。"[2]人类的创新实践活动促使人类文明不断进步,并取得了丰硕的文化成果。对于作为大学生社会主义核心价值观载体而言,校园文化创新同样具有突出的意义,创新的好坏将直接关系到涵养大学生社会主义核心价值观的效果乃至成败。校园文化载体创新是一项复杂的系统工程,它受制于各种条件、环境等因素。尽管涉及的因素错综复杂,但是创新的决定性因素依然是参与主体——人。"人的主观能动性发挥的状态和程度决定着创新的质量和结果。"[3]因此,校园文化载体创新主体的主体性能量的释放状态,对校园文化载体创新具有决定作用,必将左右涵养成效。

马克思历史唯物主义告诉我们,人的本质在于其社会实践性,人是社会实践活动的主体,实践活动的对象和结果是客体。人的主体性只有从社会实践性才能生成和体现,也只有回到社会实践中才能理解人的主体性。因而,作为涵养大学生社会主义核心价值观的校园文化载体创新主体,文化建设的参与者才是推动其创新的根本动力。我们只有通过主体的社会实践活动,才能正确理解校园文化载体创新的主客体关系,把握主体能动性与客体规律性的协调统一,提高校园文化载体创新的有效性。校园文化载体创新是高校全体成员改造客体的对象性活动,在文化载体创新的实践过程中,主体需要借助以科技为代表等手段、方法、工具等中介才能实现。尤其是在当今科技信息高度发达的时代,借助于网络信息科技,主体创新能力得到充分提高和体现。正如马克思指出的:"我们看到,工业

[1] 罗素.中西文明的对比[M].秦悦,译.上海:学林出版社,1996.

[2] 新华社.习近平在文化传承发展座谈会上强调　担负起新的文化使命　努力建设中华民族现代文明[N].人民日报,2023-6-3(1).

[3] 毛良升.创新主客体维度分析及启示[J].前沿,2010(17):39-43.

的历史和工业的已经生成的对象性的存在,是一本打开了的关于人的本质力量的书,是感性地摆在我们面前的心理学。"[1]

涵养大学生社会主义核心价值观的校园文化载体创新,不仅需要发挥创新主体的能动性,主客体互动的中介的积极作用,还需要良好的创新制度和环境。"如果技术要得到高效和广泛的利用,而且说实在话,如果它自己的进步要受到这种利用的刺激,必须做出制度和意识的调整,以实现正确利用人类知识中先进部分产生的创新。"[2]为了调动校园文化载体创新主体的积极性和主动性,就必须对相关的社会制度和校园管理制度进行变革,为主体创新提供一个有利的条件和环境,激发主体创新的活力和动力。从人类社会历史的发展进程可以看出:人类社会每一次社会制度的变革,都给人的主体性带来了解放,人的创新能力因此得到了更大提升。正因为如此,马克思才会如此惊叹:"资产阶级在它的不到一百年的阶级统治中所创造的生产力,比过去一切时代创造的全部生产力还要多,还要大。"[3]原因在于资本主义社会制度为人的主体性解放提供了较人类社会以往任何制度形态下更为适宜的条件和制度环境,人的主体地位和创新激情都得到了大幅提高。不可否认的是,资本主义制度虽然大大解放了人的创新性,但是其固有的基本矛盾和制度弊端决定了资本主义制度下主体创新的"异化",这种异化根源于资产阶级自身的局限性,因为创新的成果绝大部分沦为了资产阶级的私有物,大部分人享有的权利被剥夺了,人民的生活水平和社会生产力很难得到充分的提高。

与资本主义相比较,社会主义制度更具有优越性。"创新实践主体被异化的制度根源被铲除,创新不再仅仅是为了追求利益的最大化和资本的升值,更多的是为了满足人民群众日益增长的物质文化需求和个人自由全面发展的愿望,创新主体的主动性、积极性比以往都要高,创新的制度环境也比以往都要好。"[4]但是,这并不意味着创新的制度环境就不需要改革了。创新永无止境,制度环境创新也将永无止境。它依然有许多需要改革和完善的地方,尤其是在当前我国仍将长期处于社会主义初级阶段的情况下,生产力还不是十分发达,生产关系和社会制度还有许多不够完善之处。在这种条件下,涵养大学生社会主义核心价值观的校园文化载体创新,无疑仍将受到生产力不够发达和社会制度、体制、机制不够完善的限制和影响。

积极向上的创新是校园文化发展的前提,也是大学生自身发展的重要保证。但是,大学校园文化的创新,并不意味着创新就必然会对涵养大学生社会主义核心价值观带来进步和发展,两者不能画上绝对的等号。究其原因在于校园文化创新主体的价值取向。如果两者相向或完全相左,这种创新就不能够为涵养大学生社会主义核心价值观带来福祉,相反,它带来的可能是适得其反的效果。正如资本主义价值观下的文化创新实践,在给社会经济建设带来极大发展的同时,造成了个人的"异化",而且这种"异化"在资本主义制度下将是个人发展的宿命。科技创新也是一样,它在促进科学技术和社会生产力飞速

[1] 中共中央马克思恩格斯列宁斯大林著作编译局.马克思恩格斯文集:第1卷[M].北京:人民出版社,2009.

[2] 柳御林.技术创新经济学[M].北京:中国经济出版社,1993.

[3] 中共中央马克思恩格斯列宁斯大林著作编译局.马克思恩格斯文集:第2卷[M].北京:人民出版社,2009.

[4] 毛良升.创新主客体维度分析及启示[J].前沿,2010(17):39-43.

发展的同时，也使自然环境和社会发展付出了沉重的代价。"随着现代化发展的不断深入，展现在人类面前的是这种一幅生存与发展困境图景：发展与生态危机共存，自然家园遭到破坏；发展与发展'代价'伴生，和谐社会家园难建；发展与发展'异化'同在，精神家园逐渐荒芜。"[1]造成这种结果的根本原因，不是科技创新本身，而是科技创新主体的价值观产生了问题。"人类借助于不断进步的科学技术，逐步完成了人类从对自然的'敬畏'到对自然的'征服'的观念的转变，人类中心主义和唯我独尊的思想开始出现，人的野心和欲望也开始无休止膨胀。"人类的任性妄为在满足自己无休止的欲望的同时，也给整个人类社会带来了灾难性的后果。恩格斯曾告诫世人："我们不要过分陶醉于我们人类对自然的胜利，对于每一次这样的胜利，自然界都会对我们进行报复。"[2]

基于上述分析，校园文化载体创新，需要我们改革不合理的管理体制，为校园文化载体创新提供良好的社会和制度环境，以利于充分发挥创新主体的积极性和主动性。从创新的中介来说，科学技术是第一生产力。我们必须始终坚持科学发展观。校园文化载体创新要以人为本，以社会主义核心价值观为价值导向，因为实现大学生的自由全面发展才是校园文化载体创新的终极目标和价值旨归。

三、促进校园文化与大学生之间的互动

如果校园文化不能与大学生形成互动，它对大学生的价值观就产生不了作用。因此，能否实现两者之间的互动，是校园文化载体创新的重要依据。因为文化只有作用于人，才能化人。如果两者之间不发生联系，文化的育人功能就不能发生作用，对大学生价值观的影响形同虚设。

"文化是价值的存在形式，而价值和价值观念是文化的内容。"[3] "一切文化产品都必然通过它的思想内容、科技含量、审美情趣、风格式样等负载一定的价值取向，传输一定的价值观念。"[4] 特定的文化承载和传递的价值、价值观，特定的价值、价值观赋予了特定的文化内容和文化式样。文化与价值、价值观的你中有我、我中有你的内在关系，不仅决定了价值观建构在文化发展中的核心地位和重要作用，而且凸显了文化在涵养价值观中的重要价值。因此，涵养大学生社会主义核心价值观既是一个道德层面的问题，又是一个政治层面的问题，更是一个文化层面的问题。一句话：涵养大学生社会主义核心价值观与大学校园文化密不可分，两者相辅相成。简言之，加强大学校园文化载体建设与创新，是涵养大学生社会主义核心价值观的着力点。因此，校园文化载体创新，要以实现两者之间的互动联系为依据。反之，"如果文化不能满足时代要求而又拒绝更新内容，甚至倒行逆施，那它就不可避免地被本民族所摒弃，从而因为失去载体而僵止在历史中。"[5]文化内容

[1] 林春逸. 发展伦理初探[M]. 北京：社会科学文献出版社，2007.

[2] 中共中央马克思恩格斯列宁斯大林著作编译局. 马克思恩格斯文集：第9卷[M]. 北京：人民出版社，2009.

[3] 王玉樑. 当代中国价值哲学[M]. 北京：人民出版社，2004.

[4] 李德顺. 简论文化发展观与我国文化体制改革[J]. 文化学刊，2006(1):5-14.

[5] 陈时见. 多元共生与多样化发展——西南民族学校教育发展研究[M]. 北京：商务印书馆，2012.

的创新在于核心价值或核心价值观,文化也因其承载的核心价值或核心价值观而屹立于世界民族之林,核心价值或核心价值观的建构也必须依托于承载自身的文化资源,才能生成和绵延。文化之所以被民族抛弃或摒弃,原因在于其涵养的核心价值或核心价值观没有得到民族认同、信仰。作为迄今为止人类社会最先进社会形态的核心价值观,社会主义核心价值观具有旺盛的生命力和吸引力,因而其建构也必须依托于涵养它的现实的文化资源。

"共生"(symbiosis)原本是生物学术语,是指两种生物之间互惠共存的自然现象。一种生物不能离开另一种生物而独立生存,或者一种生物必须依附于另一种生物体内才能生存下去,总之,两者必须共同生存在一起,互相依赖,才能共存、共生、共荣。引申到文化价值学则是指不同民族、不同地区文化价值观之间的"相互尊重、相互交流、兼容并包、多元共存、协调发展的文化形态"。[1] 塞缪尔·亨廷顿和劳伦斯·哈里森在《文化的重要作用》中指出:"当我们力求理解为什么存在技能差异、能力差异和工资差异,以及为什么数以百万计的非洲裔美国人陷入病态心理的社会渊源时,一定可以从文化中找到答案。"[2] 这种差异的根源在于不同民族具有完全不同的文化,不同的文化决定了不同的价值观,因而决定了社会形态的差异。这种差异形成了不同文化价值观冲突和矛盾的根源,两种不同的文化价值观相遇时,冲突和矛盾在所难免,正是这种矛盾和冲突促使文化不断创新和发展。"只是互斥性共生是文化共生的初级阶段,和谐共生才是共生中的最高境界"。[3] 随着文化共生的演进和发展,"以往曾经是多重的、随意的认同,现在变得集中和强化了。"[4] 这一过程固然不乏停滞、曲折、反复,甚至倒退,文化就是在这种前进性和曲折性的反复过程中完成自己的价值创新和质的飞跃。正如马克思所认为的那样:"文化的发展是一般规律和特殊规律的统一。它把人类文化的进步的一般规律建立在对文化多元存在和发展的特殊规律的深刻认识的基础之上。它肯定文化进步的一般规律寓于各种文化类型之中并制约着各种文化类型的发展,但并不忽视各种文化类型发展规律的特殊性。"[5] 因此,文化的发展与进步离不开主导文化模式的核心价值、核心价值观的根本性变革,也与其他共生的文化类型的发展进步息息相关。这种核心价值、核心价值观的变革,体现了人类社会的价值诉求,这也恰恰是文化创新的价值所在。因为文化创新,归根结底是人创造的,任何人的创造都是在某种价值观指导下的创造,而不是随意的、任意地创造,文化创新遵循着人的价值观的尺度和规范,文化的发展和进步同样也体现在承载和传递的价值观上。"在这个意义上,价值就意味着文化的价值。"[6] "文化的发展,也是价值的发展;文化的进步,也是价值的增值。"[7]

---

[1] 朴今海. 论文化共生视野下的东北民族地区和谐社会构建——以吉林省延边地区为例[J]. 东疆学刊, 2016,33(4):25-30.

[2] 塞缪尔·亨廷顿, 劳伦斯·哈里森. 文化的重要作用[M]. 程克雄, 译. 北京: 新华出版社, 2013.

[3] 谭晓静. 文化失忆与记忆重构[M]. 北京: 人民出版社, 2013.

[4] 塞缪尔·亨廷顿. 文明的冲突[M]. 周琪, 等译. 北京: 新华出版社, 2013.

[5] 许苏民. 文化哲学[M]. 上海: 上海人民出版社, 1990.

[6] 牧口常三郎. 价值哲学[M]. 马俊峰, 江畅, 译. 北京: 中国人民大学出版社, 1989.

[7] 王玉樑. 当代中国价值哲学[M]. 北京: 人民出版社, 2004.

>>>>>>>>

　　21世纪是经济全球化、政治多极化、文化多样化的时代,文化价值的交融、交锋和共融、共生的趋势不可阻挡。这种背景和趋势下的"文化竞争,将是以价值体系和价值观念为核心的思想和智慧之争",[1]其重要性和紧迫性日益凸显。文化价值观的整体认同危机,将超越经济发展危机成为最致命的风险和深刻的危机。在这个意义上,涵养大学生社会主义核心价值观,不仅是简单的确立什么样的自我意识的问题,而是关乎在新形势下重建中华民族共同的精神家园问题。

　　当前,中国特色社会主义大学还处于摸索阶段,完整意义上的大学校园文化仍然是一个待解之谜。在新的时代条件下,大学校园文化面临着更加复杂的局面,自身也呈现出更加复杂的状况。它不仅存在社会主义先进文化占主导的主流文化,也存在着非主流文化;不仅存在博大精深的传统文化,也存在着鱼龙混杂的外来文化;不仅具有各种文化精华,也掺杂着文化糟粕等。各种文化、价值观交织并存,相互影响,社会主义核心价值观正处于不断生成和建构的过程中,它既是高校校园文化创新和发展的需要,同样也关系到我国先进文化建设的大局。涵养大学生社会主义核心价值观,不能脱离校园文化环境。如果我们要使社会主义核心价值观深入大学生的灵魂深处,就必须依托大学校园文化资源,使其能够统领、提升校园文化的价值内涵,以及实现两者之间的共融、共生。"历史证明,否定和漠视文化传统只能导致历史虚无主义和民族虚无主义,导致民族文化和民族精神的断裂,民族凝聚力和向心力的下降,民族自豪感和自信心的挫伤,甚至导致社会分裂和混乱,而新的价值体系也会因为缺乏传统文化的深厚底蕴而难以深入持久。"[2]离开这一前提和基础,社会主义核心价值观就会因其缺乏文化底蕴和根基难以深入和持久,大学生社会主义核心价值观就会失去涵养之源、固本之基,最终将成为"虚幻意识"。

　　高校校园文化是一个包含丰富的文化内容、多种文化元素、多样文化形式的文化系统,其中既有涵养核心价值观有益因子,也有与其相悖的文化因子,甚至是消极的、反动的、有害的"文化垃圾"。总体来说,高校校园文化的主流是积极的、健康的,它涵盖了社会主义核心价值体系的主要内容,两者在价值取向上基本一致。正因为如此,它具有融涵核心价值观等优秀文化成果和外来文化精华的中介功能,并经过共存、共融,实现两者的共生。其中共存是彼此存在的状态,共融是高校校园文化发展的过程,共生是共存、共融的必然趋势和发展结果。共存和共融是共生的前提,实现共生要求我们充分尊重高校校园文化传统,在尊重校园文化多样性的基础上,承认各种文化内容和文化形式存在的合理性和必然性,不能因为与主流核心价值观相左而妄图强行抹杀。不仅如此,我们还要充分接受各种文化之间互惠共生的理念,大胆吸收各种文化因子中的有益元素,积极探索彼此共生的途径。当各种文化有益因子与两者融为一体时,校园文化就一定会释放出涵养的重大能量。因此,"共融、共生"并不是"凿开堤坝,任水蔓延,而是有选择地开放,取其精华,去其糟粕,最终使不同校园文化经过相互碰撞后达到某种程度的共融",[3]以实现校

[1] 李德顺.价值论[M].北京:中国人民大学出版社,2007.

[2] 王现东.文化哲学视域中的价值观研究[D].泉州:华侨大学,2012.

[3] 李忠红.对我国当代高校校园文化发展的思考[J].高教探索,2008(5):129-130.

园文化与社会主义核心价值观的共生。

四、实现校园文化与核心价值观的整合

"改革开放使我国政治、经济和文化都发生了深刻的变迁,在信息化与全球化的双重影响下,社会变迁以文化的方式深刻地作用和影响着高校校园文化,使其陷入多元的价值观冲突之中,进而导致大学生的价值观念产生偏异倾向,深刻影响着大学生的思想意识和行为选择。"[1] 经济高速发展给人们带来高度文明福祉的同时,也使人们经受着文化矛盾的精神炼狱。社会转型引发的价值变迁和矛盾冲突,以不同的文化思潮潜入大学校园,结果成为影响涵养成效的重要屏障。因此,在尊重文化、价值多样的前提下和认可、留存其差异性和个性化的基础上,降解、消融文化价值观的冲突和对抗,促进校园文化在社会主义核心价值观的引领下和谐发展,是提高涵养成效的重要途径,也是校园文化创新的题中之意。

在我们进入改革深化期、攻坚期这一特殊时期,各种利益结构和矛盾面临着深刻调整和变化,在这种条件下,传统价值观的文化基础处于不断分化之中,而新的价值观的文化条件未完全形成,人们的价值认同、价值共识、价值信仰变得困难重重。复杂的社会变迁促使人们的思想价值观念发生着翻天覆地的变化,在全球化和信息化浪潮的席卷之下,人们的价值观念面临着分崩离析的风险。"在与社会进行信息交换中,将社会变迁的所有影响内化为校园精神文化,使不同的文化构成要素之间保持着相互的矛盾性和否定性,以致高校校园逐步陷入文化冲突之中,继而衍生出校园文化的价值冲突。"[2] 尤其是在市场经济条件下,各种利益主体形成了复杂的社会关系,传统的单一的文化价值观在利益结构深度调整的过程中日趋解体。鉴于"文化对经济的设计和导向作用,现代中国的市场经济陷入了深刻的文化矛盾中,社会正经历着文化价值观念的剧烈冲突。"[3] 在这种社会背景下,由于大学校园是社会文化交汇、交锋的洼地,在与各种文化碰撞、冲突中,校园文化及其价值观多样化也在所难免,价值标准、价值评判也在不断分化,人与人之间的价值鸿沟愈加凸显。当大学生面对纷繁复杂、色彩缤纷的多样文化时,往往容易陷入选择性困难和判断性纠结之中。造成这种状况的原因就在于价值对立和价值冲突,以及在此基础上形成的文化价值冲突。这种冲突并非非此即彼的"你死我活",其实质是彼此之间价值观的对立。如果我们把视线聚焦于大学校园,这种价值冲突集中表现为大学生文化选择的差异性,而这种差异性的本质就是双方核心价值观存有根本分歧的真实写照。因为"文化传统的核心就是价值观念,一种文化同另一种文化的交融与冲突,主要是价值观念的交融与冲突"。[4]

[1][2] 张春和. 社会转型期高校校园文化价值冲突的整合对策[J]. 西南民族大学学报(人文社科版),
    2010(7):240-244.
[3] 王军. 校园文化的历史回顾、现状和对策——兼谈校园文化与教育的关系[J]. 江西教育科研,
    1996(3):27-30.
[4] 兰久富. 社会转型时期的价值观念[M]. 北京:北京师范大学出版社,1999.

对涵养大学生社会主义核心价值观的校园文化载体创新而言,价值整合是逻辑起点,它规定着大学校园载体文化创新的发展方向,因而具有重要作用。作为载体,校园文化载体创新的价值整合主要包括几个方面的内容。

第一,对社会主义核心价值观的内涵的整合。"富强、民主、文明、和谐,自由、平等、公正、法治,爱国、敬业、诚信、友善",涵括了国家、社会、公民三个维度的价值目标、价值取向和价值准则,凝聚全党、全社会和全体人民的价值共识是其根本旨趣。作为我国社会主义实践的产物,社会主义核心价值观本身是对社会共识的反映,它既是对马克思主义理论的继承与发展,又是对中国传统价值观的继承发展,而且还是对包括西方发达国家在内的一切优秀文明成果的继承和发展。毋庸讳言,它是对人类先进价值观念进行价值整合的产物。当然,这一整合并不是完成时,而永远是一种进行时。

第二,对各种文化思潮和价值观念的统摄、整合与引领。作为社会主义意识形态的主要内容,社会主义核心价值观培育面临着文化及其价值观多样等诸多障碍,尤其是各种文化思潮的围追堵截,但是我们"决不能无所作为,更不能放任自流,而必须进行引导、转化、消解。"[1] 消解并非对文化、价值观多样以及各种社会思潮的消灭,而是实现对其承载的价值观的统摄与引领,引导大学生理性对待它们,从而发挥其积极作用,消解其负面影响。正如葛兰西在"一般意识形态"理论中所指出的:"在保持整个社会集团的意识形态上的统一中,意识形态起了团结统一的水泥作用。"作为"社会水泥"的重要成分,其重要作用就是实现对各种文化思潮和价值观念的统摄、整合与引领,让它们"团结统一",为实现中华民族伟大复兴贡献力量。

第三,促进核心价值观与校园文化的深度融合。涵养大学生社会主义核心价值观,不是让大学生记住其内容,也不是停留在口头说教和盲目追求的低层次上,而是要引领他们真正理解真实内涵,将社会主义核心价值观作为自己的人生追求、精神信仰,最终实现大学生的自由全面发展。显然,实现社会主义核心价值观与校园文化的深度融合并非文化整合的最终目的,它的最终目的是以此实现大学生的价值整合。因此,它在实现价值目标、价值手段方面有辩证统一的关系,只有实现了价值整合,校园文化才能充分体现对大学生社会主义核心价值观的涵养功能。

第三节　校园文化载体创新的原则

涵养大学生社会主义核心价值观的校园文化载体创新,旨在形成涵养社会主义核心价值观,形成面向现代化、面向世界、面向未来的具有中国特色社会主义大学校园文化形态,不断满足师生的文化生活需要,增进文化认同、文化自觉和文化自信,为实现大学生的自由全面发展服务。创新作为文化内在生命力和应对外部各种挑战、侵蚀的一种手段和机制,具有自身的基本原则。这些基本原则包括导向性原则、系统性原则、主体性原则、开放性原则、渐进性原则、科学性原则和实践性原则。

---

[1] 郑永廷,等.社会意识形态发展研究[M].北京:人民出版社,2002.

一、导向性原则

习近平总书记指出："我国必须走自己的高等教育发展道路，扎实办好中国特色社会主义高校。"作为国家的未来，当代大学生能不能成为"社会主义核心价值观的信仰者、传播者和践行者，本质上属于培养什么人、为谁培养人、如何培养人等大是大非的根本性问题，在这个问题上，我们决不能有任何犹豫、徘徊和迟疑"，[1]而是要扎根中国大地，以马克思主义为指导思想，继续坚持中国特色社会主义道路。

"一个健全的文化体系，必有一个中心思想，在文化体系中起主导作用。同时又兼容并包，允许不同思想的存在。"[2]中国特色社会主义大学校园文化应当坚持什么？反对什么？追求什么？这是中国特色社会主义大学校园文化创新的根本性问题。毫无疑问，中国特色社会主义大学，它的社会主义性质决定了中国特色社会主义大学校园文化的发展方向。归结到一点上，就是中国道路、社会主义核心价值观以及建设面向现代化、面向世界、面向未来的中国特色社会主义大学校园文化。它的根本任务就是培养更多的符合社会主义发展要求，德才兼备、全面发展的高素质人才。这就要求校园文化载体创新必须坚持坚定的政治方向和正确的价值取向，坚持围绕社会主义大学的办学方向和立德树人的根本宗旨，培养和造就又红又专的"四有"新人，否则，任何偏离和违背这一政治方向和价值取向的创新都会使得高校校园文化迷失方向，也就有违创新"初心"，不得始终。毋庸讳言，这样的创新是没有灵魂的创新，它随之而来的必然是错误的指导思想或者是指导思想的多元化，以及各种腐朽没落和文化垃圾的沉渣泛起、肆意泛滥。如果我们失去了坚定的政治方向和正确的价值取向，也就意味着我们失去了对错误思潮和腐朽文化斗争的阵地，铲除了先进文化的培育土壤，在这种环境下，我们培养出的将是高智商的"精致的利己主义者"，绝非社会主义建设事业的可靠接班人。这并不是否定意识形态、政治的或经济的因素对于人的重要性，而是文化本身承载、传递不同的意识形态，塑造了不同政治立场、价值取向的"人"，形成了各种文化和各种文明之间的"冲突"。

在当今时代，各种文化和各种文明之间的"冲突"是我们无法回避的现实，在这种条件下，如果没有正确的指导思想，我们就很难驾驭思想的多元、文化的多样形成的复杂局势。正如一个硬币的两面，既有有利的一面，又有不利的一面。一方面，文化的多样性也为不同文化之间的交流和沟通提供了有利条件，形成了异质文化交流的需要，在彼此之间互动的过程中不断孕育和创造出新的文化。这种新的文化正是两者相互融合、取长补短的产物，有助双方增进文化价值认同。另一方面，它也容易给人们的思想带来混乱，尤其是在强势文化的长驱直入下，弱势文化更有决堤之险。"西方世界一手拿着《圣经》一手拿着武器的征服，相对于武器或暴力统治，文化的控制和渗透更能摧毁一个国家和民族的

[1] 编者.扎实办好中国特色社会主义高校——论学习贯彻习近平总书记高校思想政治工作会议讲话精神[N].中国教育报，2016,12(10):1.

[2] 张岱年.张岱年哲学文选（下）[M].北京：中国广播电视出版社，1999.

心灵壁垒。"[1] 在这种形势下,人们的主体意识、主权意识和价值标准很容易在文化价值观的渗透中被模糊化,政治立场和价值信仰产生动摇,因此,多元下的一元主导就显得至关重要。一元主导下的多元文化既不是一元文化发展模式,也不是多元文化主导下的一元。因为一元文化模式必将导致文化专制主义或文化沙文主义,在文化彻底沦为政治工具之后,它本身也将丧失活力,阻碍社会的发展进步。在一元文化主义的日益膨胀下,文化侵略和文化帝国主义将无法避免,进而导致不同民族之间的文化冲突,引发侵略和战争,对世界和平和人类社会都将产生难以估量的后果。值得一提的是,一元主导下的多元不等同于多元文化主导下的一元,因为这种所谓的"一元"其实不是真正的"一元",更加不是一元主导,而是所谓的沦为多元文化主导下的"尾巴"和"傀儡",所谓的"一元"在多元主导下亦步亦趋,久而久之,它必将在多元文化主导的汪洋大海中沉没。因此,这里的主导性原则可以这样描述:坚持用社会主义核心价值观统领高校校园文化载体创新的全局。这里的主导也是坚持多元文化共存前提下的一元主导,它意味着高校校园文化系统内部允许不同的文化形态、思想价值观念存在,意味着校园文化系统内部充满活力,理性而平等的交往、对话和包容,和谐共处等。这种不同文化之间的融合将不会丧失一元的主导地位,而是在融合中汲取各种文化之长,促进和完善自身的发展,共同推动高校校园文化朝着健康的方向发展。所以,这种主导也不是放弃中国特色社会主义大学校园文化本身的特性,而是为中国特色社会主义大学校园文化提供一个充满活力的场域,让不同的文化在这一场域中对话、交流,而这种对话和交流的原则之一就是坚持先进文化主导原则。进而言之,就是社会主义核心价值观,因为它承载着全国 14 亿人民、56 个民族的整体性的价值信仰和精神追求,是符合人类社会发展趋势和人类社会进步要求的社会主义先进文化。

值得注意的是,允许多元共存并不等于允许任何文化共存于高校校园文化体系之中,也不等于任何共存的文化享有同样的地位和权利。它的发展必须是在坚持马克思主义指导思想下的独立自主的发展,也就是坚持主导性前提下和基础上的发展。因此,这种多元文化的共存是有前提条件的,那就是必须服从一元主导,服务于中国特色社会主义事业,能够满足广大师生的精神需要,促进大学生健康成长、成才的积极文化、健康文化、先进文化,而绝不是与之相违背的消极文化、腐朽文化、落后文化。只有这样的主导性才是真正的主导性,也必须这样,中国特色社会主义大学校园文化,才能避免被承载异质价值观的各种文化以及霸权文化借多元共存而篡夺主导权。

二、系统性原则

"所谓系统是指由互相联系的两个或两个以上的要素(或部分、子系统)构成的具有特定功能的有机整体。要素是构成系统的最基本的单位,要素与要素之间存在着一定的有机联系,在系统的内部和外部形成一定的结构和秩序。"[2] 系统论认为,涵养大学生

---

[1] 师英杰. 论中国文化软实力的建构原则[J]. 湖北大学学报(哲学社会科学版),2011,38(1):64-67.

[2] 朴昌根. 系统学基础[M]. 上海:上海辞书出版社,2005.

社会主义核心价值观的校园文化载体创新是一项系统工程,校园文化建设本身也是一个有机整体,必须从其整体上予以观照。事实上,作为涵养大学生社会主义核心价值观的载体,大学校园文化创新必须坚持系统性原则。从内容上说,校园文化是由许多单个子文化要素、结构和功能及社会环境组成的有机统一的文化系统,它们之间相互联系、相互作用、相辅相成,校园文化创新必须进行全面思考和整体规划;从功能上说,校园文化创新必须要充分调动教师、学生等相关主体,共同参与到校园文化建设中,并促进参与主体、客体以及介体的协调发展,才能充分发挥其整体功能,对大学生的价值观产生最大作用。

系统论认为,校园文化是一个具有结构性、层次性、功能性和开放性特征的系统,由硬件、软件两部分构成。历史唯物主义认为,文化结构由社会经济结构和生产方式决定。在一定历史条件下,先进文化能够促进社会经济、政治的发展;反之,落后文化则阻碍和破坏社会经济、政治的发展。在一定程度上,马克思历史唯物主义同样也是一种系统论,他们不仅看到了文化的内部结构和联系,而且看到了文化系统与社会经济、政治等外部系统之间不可分割的联系。总之,校园文化系统主要表现为社会意识的结构,既包括低层次的全校成员的社会心理,又包括高层次的思想体系,彼此之间相互联系、相互作用,并与社会经济结构、政治结构之间具有千丝万缕、密不可分的联系。具体而言,校园文化是由“大学理念、价值观、校风、建筑设施、管理制度和文化活动等六大要素构成的综合系统。”[1]它们分居校园文化系统的表层、中层和核心层。其中大学理念、价值观和校风位居核心层。从社会文化系统角度而言,校园文化系统又是社会文化系统的一个分支,社会文化构成了校园文化系统的外部环境。校园文化系统与社会文化等外部系统环境之间发生着物质、信息和能量交换。特别是在经济全球化、信息一体化的语境下,校园文化系统不再是与世隔绝的象牙塔,校园文化也不再是独居小楼成一统、管他春夏与秋天的独善其身之所,而是深受国内外多元思想、多样文化的冲击和碰撞,相互交锋、交融、影响和作用,尤其是与社区文化的联系更加紧密。“大学坐落于某一区域内,其文化不可避免地会烙上区域印迹,同时,大学作为文化传承与创新的重要机构,对于区域经济和文化的发展又必然起着重要的推动作用。”[2]同样,作为社区文化的组成部分之一,校园文化或多或少也深受社区文化的影响和作用,这种影响和作用既有积极的,又有消极的。因此,大学校园文化的建设还需要置于区域文化的大语境中进行考虑和规划,尤其是要注重校园文化对于社区文化的引领。

按照系统论的观点,大学校园文化系统由各学院、系、教研室、教师、管理人员、学生等不同子系统构成。如果我们把它分成若干分系统,校园文化系统则由教务处、学工处、人事处、科研处、团委等不同的职能部门组成,可划分为教学、管理、学术研究、生活等四大分系统。这些系统承担着不同的功能“一方面规范、检验着个体成员的行为规范;另一方面又传递、塑造并显化了个体内在的文化特征,体现并传播了校园文化精神”。[3]因此,系统

[1][3]　邹治,罗英姿.系统论视角下的大学校园文化建设[J].现代教育科学,2015(1):141-144.

[2]　章春杰.区域文化发展与大学文化建设[J].教育评论,2014(5):6-8.

性原则要求我们在对涵养大学生社会主义核心价值观的校园文化载体创新时,要重视校园文化建设的系统性,把握涵养大学生社会主义核心价值观的校园文化创新的整体性,善于利用系统的方法,科学有效地促成大学生对社会主义核心价值观的认知与认同。换言之,涵养大学生社会主义核心价值观的校园文化载体创新,就是要努力达到校园文化系统的诸多要素之间的协调、统一,促使各校园文化子系统、分系统等要素形成"共振效应",从而充分发挥校园文化载体的整体作用和协同育人功能、批判功能,引导大学生的价值观朝着健康的方向发展。

"系统论的核心思想是整体观念,其基本思想方法就是把所研究和处理的对象当作一个系统,研究系统、要素、环境三者的相互关系和变动的规律性,并优化系统的整体功能。"[1] 由物质文化、制度文化、精神文化等不同要素组成的大学校园文化系统,不同要素的不同结构形式具有不同的功能,因而产生不同的作用。因此,对于涵养大学生社会主义核心价值观的文化载体创新而言,大学校园文化的创新绝非单个校园文化的创新,也非某一个校园文化创新主体所能完成的,它需要一个整体的规划、设计和建设,同样也需要各个主体的相互配合、协同创新,才能真正发挥校园文化的整体功能和育人作用。因为,校园文化系统作为一个有机整体,它并非单个校园文化形态的简单相加,其功能也不是各个组成部分功能的简单叠加,整体所具有的功能和作用不是单个要素或单一功能的简单相加可以取代的,不同的要素、不同的组合形成不同结构的系统,具有完全不同的功能和作用。校园文化载体创新,不仅要求我们把校园文化当作一个有机的整体进行考察,而且要根据不同的对象、环境等条件进行不同的要素整合,以发挥最佳功能,取得最佳效果。

三、主体性原则

所谓主体性原则,是指在涵养大学生社会主义核心价值观的校园文化载体创新的过程中,我们要承认、重视并坚持校园文化主体在实践过程中的主体地位和主体作用的原则。主体性原则的核心是以人为本,尊重并发挥人的主体性。人的主体性主要由能动性、自主性、实践性和创造性构成。在本质上,它主要体现在三个方面:第一,人的主体性体现在人是活动的发动者、组织者和承担者,人的实践活动是一种自由自觉的活动。它主要表现为人的主动性和自主性等。第二,人的主体性体现在主体与主体之间的主体交互关系而形成的主体性,又称"主体间性(inter-subjectivity)"或"交互主体性",这是一种建立在对主体性扬弃基础上的主体性,因为在"主体间性"中,主体是社会性与个体性的统一者,身兼主、客双重身份角色。第三,主体是具有实践能动性的主体,必须从实践中去把握,因此实践能动性是主体性原则的重要组成部分,实践是人成为主体并使客体主体化的基础,人的主体性在其实践过程得到充分体现,尤其是人的创造性在创新实践中体现出独特性的价值。正如马克思所言:"要了解自己本身,使自己成为衡量一切生活关系的尺度。按照自己的本质去估价这些关系,真正依照人的方式,根据自己本性的需要去安排世

---

[1] 杨行玉.系统论视域下的高校和谐校园建设[J].教育探索,2011,239(5):113-114.

界。"[1]人之所以能成为一切生活关系的尺度,并能按照自己的方式去建构生活世界,关键就在于人的主体性。

校园文化是"立校之本"、树人之基。在当前思想多元、文化多样以及文化价值观冲突加剧的条件下,只有坚持文化的主体性,保持当代大学生在全球化语境中的身份,才能构筑起他们的精神家园,保证他们不会在多元文化的浪潮中迷失自我。"以人为本"是涵养大学生社会主义核心价值观的校园文化载体创新的主旨。涵养大学生社会主义核心价值观的校园文化载体创新要从"'重物、重事、重单个劳动力'的管理转变到'重人、重魂、重群体文化力'的开发与管理上,始终着力于构建'塑造人魂、启迪人智、凝聚人心、激发人意'的群体文化载体系统",[2]从而为校园文化创新提供支撑点和着力点,促使其更好地涵养社会主义核心价值观。

值得一提的是,"从中国以往历史征之,其文化上同化他人力量最为伟大。对于外来文化,亦能包容吸收,而初不为其动摇变更。"[3]中华民族文化之所以历经沧桑和磨难而依然没有丢失自己的身份,原因就在于它不忘初心,始终坚持自己的主体性。"若全部传统文化被推翻,一般人对其国家以往传统的一种共尊共信之心也没有了。"[4]毫无疑问,我们对于文化价值观的敬畏不只是建立在文化创新之上,更是建立在自主创新之上。因为创新是文化发展的生命,而自主创新更是生命之生命。任何脱离了自主的文化,都将是失去根基的浮萍,也就失去了生存之根本,凋零和无所皈依将是它的宿命。当前,大学校园文化正面临着各种西方文化思潮的围剿,在被外来文化围攻和蚕食条件下,校园文化正面临着新形势下的前所未有的挑战,大学校园文化精神日渐式微。但是,这并不能成为我们妄自菲薄、自怨自艾的借口,如果全盘否定自己,全盘西化,一味追逐、模仿西方文化,丧失自主性,就会给整个中国大学校园文化带来灭顶之灾。文化不自主,就没有自主的文化,也就没有民族的独立自主,大学就可能沦为西方文化的殖民地,大学生也就可能沦为西方培植的"洋奴"。

"在中国面向世界,要世界充分认识我们中国人的真实面貌,我们首先要自己认识自己,才能谈得上让人家认识我们和我们去认识人家,科学的相互认识是人们建立和平共处的起点……我们中国人有责任用现代科学方法去完成我们'文化自觉'的使命,继往开来地努力创造现代的中华文化,为全人类的明天做出贡献。"[5]费孝通所说的"文化自觉",并不是"文化复归",更不是"全盘他化"和"全盘西化",而是"文化自知""文化自主",亦是一种对属于我们自己的文化的创新的领悟和自主。易言之,坚持文化的主体性是文化自觉的前提,更是实现文化自信的关键。毋庸讳言,费孝通所说的使命,尊重文化创新主体性原则应该占有一席之地。

[1] 中共中央马克思恩格斯列宁斯大林著作编译局.马克思恩格斯文集:第3卷[M].北京:人民出版社,2002.

[2] 王景云.当代中国思想政治教育文化载体研究[D].哈尔滨:哈尔滨工程大学,2012.

[3] 梁漱溟.中国文化要义[M].上海:上海世纪出版集团,2005.

[4] 钱穆.中国历代政治得失[M].北京:生活·读书·新知三联书店,2001.

[5] 编者.20世纪学术思潮与北京大学——北京大学百年校庆感言[J].北京大学学报(哲学社会科学版),1998(2):7-27.

需要注意的是，主体性原则的过分张扬可能会导致两种极端："一种是把主体性原则任意扩大为人类中心主义……另一种是看不到主体与客体的相互作用、相互影响，看不到人类主体性原则的能动性，一旦用这种观点去认识世界和改造世界，往往使主体的价值和存在意义脱离了他自身的主体性，而完全以主体的外化来衡量和说明。"[1]如果这样，校园文化载体创新就会不可避免地出现这样的结果：即使创新主体的主体性发挥得淋漓尽致，我们依然感觉不到它的存在，甚至找不到人的存在，从而出现只见物而不见人的"非人文化"。这样的文化不仅不能"以文化人"，相反它还会将人带入歧途，成为马尔库塞笔下的"单向度的人"。因此，作为人的主体性，它是有限度和界限的，对于那些片面的、狭隘的主体性，我们需要进行批判和扬弃，从而走出主体性困境，回归到全面、理性的主体性。

遵循主体性原则，就是要求我们在涵养大学生社会主义核心价值观的校园文化载体创新的过程中，重视校园文化主体在校园文化创新中的主体地位和主导作用，尊重他们的首创精神，让他们积极参与到涵养大学生社会主义核心价值观的校园文化载体创新实践中来，施展才华，展示自我，把校园文化真正建设成为主体性的文化。毫无疑问，只有将大学生的主体性作用合理而充分地发挥出来，校园文化才能回归"以生为本"的本质内涵，才能使校园文化真正成为"立德树人"的载体，也只有这样的载体，才能肩负起涵养大学生社会主义核心价值观的使命，彰显校园文化载体创新的价值。

四、开放性原则

所谓开放性原则就是通过对外文化交流，使大学校园文化在与校外文化尤其是先进文化的交流、碰撞中推进校园文化自身的创新。开放是创新的手段，创新是开放的目的。"要秉持开放包容，坚持马克思主义中国化时代化，传承发展中华优秀传统文化，促进外来文化本土化，不断培育和创造新时代中国特色社会主义文化。"[2]没有继承就没有创新，没有开放同样没有创新，任何思想文化的伟大创新都因为它们的创立者站在巨人的肩膀之上。在这一点上，马克思主义思想理论也不例外，就连他们本人也毫不否认，在他们创立马克思主义哲学、马克思主义政治经济学和科学社会主义等思想理论的过程中，不论是德国古典哲学之于马克思主义哲学，或是英国古典政治经济学之于马克思主义政治经济学，抑或是法国空想社会主义之于科学社会主义，无一不是其理论创新的基础。

开放性原则是进行文化创新的基本条件，离开这一条件，文化载体创新也就无从谈起。正如著名人类学家弗朗兹·博厄斯（Franz Boas）所说："人类的历史证明，一个社会集团，其文化的进步往往取决于它是否有机会吸取邻近社会集团的经验。"[3]正因为有了不

[1] 周书俊. 主体性原则的解构[J]. 东岳论丛，2002,23(6):76-78.

[2] 新华社. 习近平在文化传承发展座谈会上强调　担负起新的文化使命　努力建设中华民族现代文明[N]. 人民日报，2023,6(3):1.

[3] 斯塔夫里阿诺斯. 全球通史：1500年以前的世界[M]. 吴象婴，梁赤民，译. 上海：上海社会科学出版社，1999.

同文化的相互影响、相互碰撞、相互融合，人类文明才能薪火相传、发扬光大。很难想象，一个国家和民族的文化可以在完全封闭、与世隔绝的环境下长期存在和发展，因为闭关锁国、故步自封注定产生不了先进的文化，这种条件下形成的文化只能是落后的、腐朽的。大唐盛世，民风开放，国门大开，敞开胸襟，形成了中国历史上的文化盛世。晚清政府奉行闭关锁国政策，夜郎自大，闭门造车，造成中国传统文化的衰落。历史已经反复证明了这一点，在此就不再赘述。

在全球化、信息化、网络化加速发展的今天，任何一个国家、民族的文化不可避免地深受另一个国家、民族文化的影响。这种影响既有积极的，又有消极的。对此，我们既不能妄自尊大，又不能妄自菲薄，更不能因噎废食、拒绝开放。不同的国家、民族形成了思想多元、文化多样的文化图景，各有所长，不能相互替代。因为任何一种文化都是在本民族长期的生产实践过程中形成的，具有独特性。事实上，尽管全球化促进了不同文化之间的交流、交融，文化之间的界限变得越来越模糊，但是，全球化永远不可能消灭文化的多样性和差异性，它在加速落后文化或某些文化因为文化霸权而被吞噬消亡的同时，也在加速新的文化的诞生和传播。开放增进了不同国家、民族文化之间的交流，加速了思想观点和信息资源的流转，在各种不同文化之间的交流、交锋和交融中，彼此之间相互激荡、碰撞，在比较和竞争中新的思想观点和精神理念竞相迸发，形成新的文化生态系统，创造出更加灿烂的人类文明。

随着我国改革开放的深入推进，我国的高等教育也将步入国际化开放式发展的快车道，对外开放和国际交流合作将成为高等教育的新常态，跨国界、跨文化以及更加开放的办学理念和办学方式将引领高等教育的发展潮流，开放性也将成为现代高等教育的突出特点。因此，开放性的环境和开放性的发展方式将成为大学校园不可避免的条件和趋势。事实上，校园文化载体创新不可能也不应该排斥开放性。作为多元思想和多样文化的交汇之地，大学校园从来都不是一个封闭的禁区。大学之大，不只是大楼之大，还是大师之大，更是海纳百川、有容乃大。大学以其博大的胸襟、开放的心态，接纳并汲取所有人类社会文明的精华，博采众长，兼收并蓄，才成为传承和创新人类文明的摇篮。"大学推进文化传承创新离不开自由探索的环境。大学作为创收和研究高深学问的场所，其本质属性在于学术自由，思想批判。大学没有自由的环境，学术便失去了生存的条件，没有批判的精神，思想的源泉也就堵塞了。"[1] 因此，大学校园文化载体创新需要我们从开放和自由中寻找生产的源泉。因为，任何一种文化不可能穷尽人类文明的所有成果，它只能在文化交往中完善自己、发展自己。毋庸讳言，校园文化载体创新的开放性原则是一个关联着文化主体实践的历史、现实、未来的全部，它应该当包括历史、现实和未来的开放。

第一，"向历史的开放"是指以时代精神和时代价值重新审视传统校园文化的困境和问题，继承传统历史文化中的合理内核，这种对历史的回眸并不是"文化复古"或者"文化回归"，而是一种新的展望和预期，因为任何文化的创新都是由过去和现在以及未来综合的结果，因此，开放性原则不应该只是针对现在、未来，还应包含过去以及文化自身。

---

[1] 王炳林，方建. 大学推进文化传承创新的原则与途径[J]. 中国高等教育，2012(5):24-26.

>>>>>>>>>

第二,"向现实的开放"是指校园文化载体创新应该站在时代精神和时代价值的立场,摒弃狭隘、保守的世俗和功利,保持与时俱进的理论勇气和创新精神,否定应该否定的东西,发扬应该发扬的东西。

第三,"向未来的开放"是指校园文化载体创新永无止境、永不停止。正如马克思所认为的"正像在历史上进步表现为现存事物的否定一样"。[1] 对于文化价值观来说,文化创新就是为了完成对现实的超越,对自我的不断完善和发展。校园文化和社会主义核心价值观一样,它并不是一成不变的,也必将随着时代的发展而发展。因此,向未来的开放意味着校园文化和社会主义核心价值观本身的未来需要敞开自身内在的必然性,走向有待实现的超越之境。从这个意义上来说,涵养大学生社会主义核心价值观的校园文化创新更应该为人类社会未来发展提供一种更加科学、合理与进步的价值参照和理想目标。

值得一提的是,坚持校园文化载体创新的目的是汲取其他文化之长,外来文化之精华,因此,这种开放性依然是有向度与限度的,一定要防止"食古不化""食洋不化",更加要防止"全盘西化"。因为,我们开放是为了博采众长,为我所用,绝非为了开放而开放,更加不是为了让渡而开放。因此,从某种程度上说,现在的开放已不是低层次、低水平的开放,而是更高质量、更高层次的开放,这种开放以复兴中华文化为目标,以兼容并蓄、批判创新为原则,在坚持主体性的基础上,促进文化之间的交流和融通,增进文化自觉和文化自信,真正实现"各美其美,美人之美,美美与共,天下大同"。[2]

五、渐进性原则

"文化既受到经济社会发展水平的制约,又有内在的发展规律,具有相对独立性。文化的发展是一个循序渐进的过程,文化建设不能一劳永逸,要长期孕育、持续推进、不断积淀。"[3] 同样,作为涵养大学生社会主义核心价值观的载体,校园文化的建设和创新也不可能急躁冒进、一蹴而就。它既不能单纯地依靠"文化输入",也不能过度地依赖"文化传统",而是要自主培育、自主创新,促进物质文化、制度文化、精神文化的协调发展。这一发展过程体现为"空间上由外到内、由表及里,节奏上由快到慢,形式上由少到多,内容上从贫乏单一到丰富多彩"。[4] 文化教育不能急功近利、粗暴冒进,更不能重走"以阶级斗争为纲"的老路。历史上的沉痛教训告诉我们,世界观和价值观不能强加于人,而是要让外因通过内因起作用,如和风细雨、水滴石穿,这是一个缓慢渐进的过程。因为"任何的彻底性都意味着激烈,而任何的激烈之中都会酝酿对价值的破坏。"[5] 正因为如此,"我们的时代对思想的世界观持有几乎最为美感的偏见。我们既是现实的人,又是浪漫主义之子,这一程

[1] 中共中央马克思恩格斯列宁斯大林著作编译局. 马克思恩格斯文集:第9卷[M]. 北京:人民出版社,2009.

[2] 费孝通. 美美与共和人类文明(上)[J]. 群言,2005(1):17-20.

[3] 王炳林,方建. 大学推进文化传承创新的原则与途径[J]. 中国高等教育,2012(5):24-26.

[4] 顾明远. 民族文化传统与教育传统[M]. 北京:北京师范大学出版社,1998.

[5] 任晓. 论国际共生的价值基础[J]. 世界经济与政治,2016(4):4-28.

度实际上比我们自己意识到的要高得多"。[1] 实际上,渐进性原则需要比这更高的智慧,也需要更大的耐心和勇气。"因为其手段更为缓和,避免了你死我活的解决方式,它所积累和沉淀的进步也更为牢固,但也恰恰因为其缓慢和不那么痛快而不要更大的智慧和勇气。"[2] 所以,渐进性原则更具正当性和合理性。

大学校园文化由外到内分别由物质文化、制度文化和精神文化构成。其中,物质文化位于校园文化系统的表层,变化最快,居于校园文化系统中层的制度文化次之,而居于校园文化内核的精神文化的变化则最为缓慢。汤因比认为:"在商业上输出西方的一种新技术,这是世界上最容易办的事。但是让一个西方的诗人或者圣人在一个非西方的灵魂里那样燃起同样的精神上的火焰,却不知要困难多少倍。"[3] 从本质上说,涵养大学生社会主义核心价值观的校园文化载体创新主要是一种精神文化的创新过程,这就决定了创新的艰巨性、复杂性和长期性。"一种文化一旦形成并内化为主体的精神力量,主导主体的行为规范之后,其文化结构的稳定性和内聚力是非常强大的,也不是容易改变的。"[4] 校园文化创新的渐进性的根源即在于此,它主要表现为对传统大学校园文化的价值内容的进一步去伪存真、去粗取精,使主导校园文化创新的价值理念更加符合社会的发展趋势,文化内容更加丰富,文化形态更加成熟,文化结构更加合理,文化价值更加先进,总的来说就是使大学校园文化能够充分反映高等教育本身以及时代发展和社会发展的新要求。因此,大学校园文化要形成更加适合于涵养大学生社会主义核心价值观需要的新文化范式,必然需要经历一个选择、融合的发展过程。因为,不同文化之间的磨合以及文化内部的创新或者新的文化的形成都将经历长期孕育的过程,这是由文化发展创新的客观规律所决定的。

值得注意的是,涵养大学生社会主义核心价值观的校园文化载体创新,主要是从大学校园文化的理念、价值、内容、形式等方面进行创新,形成以社会主义核心价值观为引领的大学校园文化体系。我们这里倡导的创新绝不是割裂与传统校园文化的连续性,而是使校园文化的社会主义价值本质日益彰显,对传统校园文化进行价值整合,对现实校园文化进行批判和创新,从而科学合理地进行取舍,为大学校园文化建设和涵养大学生社会主义核心价值观提供强大的生命力和精神动力。正如美国学者迈克尔·H. 亨特(Michael Hunter)所说:"一种意识形态之所以能够持续存在,可能要归功于某种文化的推动力,而这种文化起初并无显著作用。"[5] 如同大学生社会主义核心价值观的发展历程一样,大学校园文化创新同样需要经历"一个不断与时俱进、不断显现文化推动力的调整历程"。[6] 一方面,涵养大学生社会主义核心价值观的校园文化载体创新需要全新的文化视野,在回溯和认识自己的文化中形成文化身份,在理解文化价值的基础上建构社会主义核心价值观的文化话语,才能在多元的思想和多样的文化之中确立社会主义核心价值观的核心位

[1] 阿尔贝特·施韦泽. 文化哲学[M]. 陈泽环,译. 上海:上海世纪出版集团,2013.

[2] 任晓. 论国际共生的价值基础[J]. 世界经济与政治,2016(4):4-28.

[3] 阿诺德·汤因比. 历史研究:上卷[M]. 郭小凌,等译. 上海:上海人民出版社,2010.

[4] 欧小军. 高等教育发展的文化选择:价值、内容与原则[J]. 现代教育管理,2013(4):5-11.

[5] 迈克尔·H. 亨特. 意识形态与美国的外交政策[M]. 褚律元,译. 北京:世界知识出版社,1999.

[6] 杨建义. 大学生文化认同与价值引领[M]. 北京:社会科学文献出版社,2016.

>>>>>>>>>

置,引领和整合校园文化体系中的社会思潮和异质思想意识,并成为校园文化的精神内核。另一方面,涵养大学生社会主义核心价值观的校园文化载体创新也必须以属于自己文化身份的文化话语体系来传播,从而使社会主义核心价值观在大学生头脑中生根、发芽和成长。

六、科学性原则

所谓科学性,简而言之,就是对客观事物的本质、联系和发展趋势的正确反映。换言之,科学性原则就是按照事物的发展规律,以及本来面目进行认识和改造。检验是否科学的唯一标准就是实践。看它是不是经过实事求是调查获得,是否能经得起历史和实践的检验,是否能够正确指导人们开展实践并取得成功。理性、客观、真实是科学性的前提和基础,"表现为理性地、客观地和真实地认识事物、分析问题和解决问题,人的认识只有保持理性,才能做到客观、真实,而客观、真实又有助于人们进行理性判断和理性抉择"。[1] 实践活动源自既定条件,并受制于社会历史条件。校园文化载体创新要从本校实际出发,遵循客观规律。规律是客观的,不能随意创造,也不能任意改变,但是人们能够认识和利用它。创新就是通过遵循规律、利用规律,实现改变社会历史条件的目的。科学性原则是校园文化载体创新必须坚持的原则。教育者在进行校园文化载体创新时,既要从校园文化实际情况出发,又要遵循受教育者的发展规律,通过把握文化载体创新的内在机理,使各项活动符合科学性规律。

科学性是创新的前提和基础。校园文化载体创新是对既定校园客观存在的改造,创新必须从客观实际情况出发,而不能凭借主观任意创造。否则,就是违背事实,违反规律,适得其反,无法达成教育目标。创新的前提是认识事物,准确把握内在规律,科学运用规律,这样的创新才是合规律的创新,才能确保创新成果的合理性、科学性、有效性。具体而言,就是要坚持马克思主义辩证唯物主义和历史唯物主义,遵循以人民为中心的立场,以矛盾的观点、联系的观点、发展的观点和认识论、实践论等方法,遵循思想政治教育规律,思想道德形成与发展规律,在对现存校园文化的科学分析和把握中实现对其改造,实现有效引领,使其在内在价值上与社会主义核心价值观更加契合,更好地承载其内涵,更好地传播其观点,更好地影响人、感化人、教育人。科学性原则,内含指导思想、创新理论和创新手段的科学性等方面。

首先,创新要依据一定的指导思想进行。作为社会主义核心价值观教育的载体,校园文化创新就是坚持马克思主义的指导思想地位。对校园文化载体的创新,必须坚持马克思主义的世界观和方法论,以马克思主义文化理论为指导,立足于社会主义大学方向和校园文化实际,科学认识校园文化的本质、形成、发展、变化等问题。要科学认识校园文化中与涵养大学生社会主义核心价值观相左的观点、思潮、制度等问题,必须坚持唯物辩证法,用联系、发展、全面、辩证的观点分析,坚持唯物史观,以社会存在与社会意识的关系原理去把握,达到取其精华、去其糟粕的目的,更好地引领提升校园文化。

---

[1] 周贝,陈翠芳.论习近平精准思维的基本内涵及理论特征[J].学校党建与思想教育,2021(24):15-17.

其次,创新就是不断推进文化理论的创新发展,科学引领理论武装。校园文化创新必须解决好内涵问题。文化的内核就是价值观,也就是"以何引领"和"何以引领"的统一问题。前者解决的是用什么引领的问题,后者解决的是为什么能引领的问题。要让校园文化能够承载、传递社会主义核心价值观,必须让两者之间在内涵和价值导向等方面保持内在一致性、契合性。如果希冀让其自发形成这样一种良性循环状态,容易让我们陷入被动局面,对培育和践行社会主义核心价值观是不利的。要实现这一目标,就要让社会主义核心价值观引领校园文化,使校园文化跟随社会主义核心价值观朝着相同的方向,共同的目标,一起运动、发展。社会主义核心价值观何以引领高校校园文化发展呢? 那是因为社会主义核心价值观代表了全体中国人民普遍的价值追求,代表了先进文化的发展方向,凝聚了中华民族的最大共识,是中华民族共同的精神家园。相反,任何与之完全对立的立场、观点,必将冒中华民族之大不韪,遭受中国人民的反对和抵制,也就不可能成为社会的主流,无法实现引领。

最后,手段的科学性,是指马克思主义文化创新理论能够引领校园文化理念、立场、观点、方法和载体的现代化。当前,高校校园文化表面化、同质化、形式化、庸俗化的倾向十分突出,缺少"三观"渗透,缺乏对学生的吸引,缺少对学生的关注、缺失对人性的关怀。解决这一矛盾的前提是实践创新。作为创新实践的中介,创新手段的科学性十分关键。校园文化载体的创新是一项包括形式、内容以及体制机制在内的整体性的创新,必须坚持在社会主义核心价值观理念、方法和教育路径的基础上,实现创新手段的现代化,更好地提升校园文化的情感熏陶、心灵塑造、人格提升功能,发挥其养心、提神、修行作用。特别是要针对校园文化存在的孤立、散乱及目的性、层次性、整体性不强的情况进行总结,反思和重构,释放其感染、熏陶、导向、体验等实践力量,进而唤醒人性,推崇德性。

七、实践性原则

涵养大学生社会主义核心价值观的校园文化载体建设,既是理论问题,又是实践问题。习近平总书记反对空谈,赞成实干,坚持以人民为中心,以"钉钉子"精神,真抓实干,久久为功。以文化人,以文育德,不是敲锣打鼓,轻轻松松就能实现的。理论再深邃,理想再丰满,不付诸行动,只是水中花、镜中月。只有重实践,出实招,才能见实效。校园文化载体建设,就是在发现新矛盾的基础上,挖掘新问题,并进行了分析和解决。面对"硬骨头",要敢于"涉险滩",以敢为天下先的精神,敢闯敢试,革故鼎新,才能有新突破、新作为。如果说创新是根本,那么实践则是关键,因为创新必须依赖实践而实现。社会主义核心价值观在校园落地生根的基础在于要与之要求相适应的文化载体。载体是涵养大学生社会主义核心价值观的关键环节,具有实践性。一是大学生社会主义核心价值观的培育,不能仅从概念、意义出发,必须立足现实,从实际出发。如果我们只是从理论到理论,一味地进行理论说教,停留于口头的空谈,社会主义核心价值观就会成为失根的兰花。因此,我们要理论与实践相结合,结合新要求新形势大胆实践,开拓创新,在实践中不断尝试,不断改进,不断提升,用发展解决探索中遇到的新问题、新矛盾,探索新方法和新途径,取得新成效。二是可操作性,载体要能够被教育者所操作,必然是符合实际,在现有条件下可以实施的,而不是头脑中的设想,图纸上的设计。校园文化活动丰富多彩,目不暇接,但是又感觉如过眼云烟,要么缺乏吸引力,要么缺乏影响力,与学生需求相脱节,与学生实际相脱离,内容与形式错位,不能激发学生情感,引起心理共鸣,教育效果堪忧。

"实践性"既是校园文化载体创新的目标要求,又是实现创新的方法途径,因为所有文化形式内容创新都要通过实践得以呈现和实施,也必须通过实践才能检验创新效果。也就是说,要让所有关于校园文化载体创新的思考、理论、探索等,回归到实践本身,原本的文化通过完整、系统、规范的实践才能实现创造性转化,创新性发展,在新的文化实践过程中展现新的文化样态,容纳新的思想内涵,彰显新的价值理念,从而更好地承接社会主义核心价值观的价值导向,推动社会主义核心价值观落地生根,发展壮大。创新实质上是实践活动,是"主观见之于客观"的过程,在这一过程中,校园文化蕴涵的精神理念得到进一步理解和弘扬。因为,实践取得成功,离不开正确认识,以正确的认识指导实践,才能保证实践结果符合预期。这就要求我们对认识加工深化,从感性认识上升到理性认识,达成反映客观事物的具象与抽象的高度统一,这样才能符合事物本质和规律的认识。

第五章 立德树人的校园文化载体创新方式

立德树人的校园文化载体创新是一项系统工程。它涉及思想观念、体制机制、队伍建设等各个方面,需要解决好为什么要创新、由谁来创新、实现什么样的创新以及怎么实现创新等几个主要问题。

第一节 立德树人的校园文化载体创新体系化建设

立德树人的校园文化载体创新的体系化建设,旨在解决创新动力问题。没有创新的体系化建设就谈不上创新,更谈不上协同创新、可持续创新,重大原创性成果也不可能涌现。实现立德树人的校园文化载体创新的体系化建设,需要我们从系统观念、创新精神、管理机制、师资队伍建设等方面入手,形成校园文化创新的强大动力,从而推动校园文化源源不断地创造性转化、创新性发展,更好地为育人服务。

一、坚持系统观念

思想是行为的先导,观念是创新的前提。改变一个人的行为,始于观念的转变。推进校园文化载体创新,关键在转变思想观念,贵在敢闯敢试、先行先试,重在氛围营造。作为创新人才会聚之地、创新的策源地,大学校园拥有得天独厚的优势。师生是校园文化载体创新的主体和主要力量。要激活创新主体的内在动力,就要树立系统观念,形成良好的创新氛围和创新合力。以系统观念推动校园文化理论和实践创新,要用普遍联系、全面系统、发展变化的观点理解校园文化创新的理论逻辑、实践逻辑,以全局观、战略观、人才观、信息观、风险观正确处理实践进程中的若干重大关系,运用前瞻性思维、全局性谋划、整体性推进校园文化创新的思想方法,把握校园文化创新的规律,合力推进新时代社会主义大学校园文化发展创新。

一是树立全局观。习近平总书记在党的十九大报告中提出了"四个意识",其中之一就是大局意识。全局观即事物之间的普遍联系,任何事物都不是孤立的,自身的变化发展以及与此相联系的事物的变化发展都会引起事物的变化发展。事物之间的相互联系,相互作用,导致事物的变化与其所在的环境的条件紧密相关。树立全局观,就要在社会主义核心价值观培育过程中主动联系社会历史条件以及周围环境,透过纷繁杂乱的表象做出科学研判。改革开放40多年,我国经济快速发展,创造了巨大的物质财富和精神财富,社会主义民主法治和生态文明建设等都迈出坚实步伐,文化软实力也大幅提升,为培育社会主义核心价值观奠定了强大基础。与此同时,我们也面临诸多不利条件和挑战。当前正值百年未有之大变局,各种国际组织的重组,各种力量的重大变更,市场经济的巨大冲击,

>>>>>>>>>

全面深化改革的持续推进,各种冲突矛盾叠加,国内国际发生了深刻变化,社会主义核心价值观面临前所未有的复杂局势,空前严峻的巨大挑战。东西方的意识形态斗争并没有随着经济全球化的深入发展有所缓解,相反日趋激烈,对大学生的思想观念,特别是价值观念的冲击更加猛烈。再者,改革进入深水区,打破阶层固化,冲破利益藩篱,发展不充分,分配不公平,新"三座大山"等更加刺眼刺耳。"打虎拍蝇"和"猎狐追逃"深入开展,反腐败斗争取得压倒性胜利。不可否认,党建薄弱环节依然需要加强。如果这些问题不能全面辩证看待,西方反华势力另做文章,对青年大学生的思想观念将产生重大干扰。特别是信息化的全面快速发展,网络的隐匿性、便捷性让"盲区"增多,各种良莠不齐、鱼目混珠的信息充斥其间,西方炮制的"普世价值""历史虚无主义""宪政民主""新自由主义"等思潮,以及与社会主义核心价值观相左的各种论调,借助网络不断蔓延,导致社会主义核心价值观认同面临认同危机。特别是当前依然是资本主义占优势的条件下,西方发达国家凭借经济、科技、文化、军事等全面压倒性优势,牢牢着占领着意识形态的高地,拥有绝对的主导权和话语权,导致青年大学生出现模糊性认识,备受各种杂音、噪声的干扰。如果没有树立全局观,他们就很容易一叶障目,不见泰山,陷入西方精心设计的"信息茧房"而无法自拔。

二是战略观。创新离不开战略支撑。校园文化载体创新要树立战略观,就要善于总结工作经验和规律,既要立足当前,又要着眼长远,不仅紧盯国内,还要放眼世界,勇于冲破习惯势力,不被主观偏见束缚;敢于打破陈规,触及"盲区""误区""禁区",提出战略决策,保障创新方向目标,保持战略定力。历史经验告诉我们,如果没有大胆突破"两个凡是"禁锢,就不会有真理大讨论;如果没有"大包干"的试验田,就没有改革开放;如果没有突破"市场就是资本主义"的困惑,就没有社会主义市场经济的确立,更加没有生产力的高度发展;如果没有发展观的创新,就没有"五位一体"的全面协调可持续发展;如果没有"四个全面"观念创新,就不会产生历史性巨变。以前是被动改变,现在需要主动求变。被动意味着许多不好的后果已经出现,危害已经产生,属于亡羊补牢之举。如果我们还是一直处于这样一种状态,很难驾驭复杂的国际形势,应对艰巨的压力和挑战。面对复杂多变的国际国内环境及多元、多样、多变的思想文化,困难和阻力越来越多,越来越大,没有前瞻性、预见性,就没有办法把我们的主观意识与变化了的外部环境结合起来,难以科学制订战略规划,及时调整战略部署,快速做出战略决策。

三是人才观。创新依靠人,为了人。创新实质是人才竞争、人才之间的比拼。创新是第一战略,人才是第一资源。没有第一资源,就没有第一战略。校园文化载体创新需要创新精神,以及创新型人才。惜才、爱才、重才、用才是实现创新的重要前提。人才的价值体现在创新性劳动所创造的惊人的物质精神财富。校园文化载体创新需要合理利用人才创造和开发高质量文化产品,使之成为激励人、鼓舞人、塑造人的"利器"。思想政治教育的创新人才,不仅需要过硬的技能,还要有远大的理想信念,高尚的思想道德,强大的心理素质。"面对世界上各种文化和价值观的冲击,要有正确分析、鉴别、选择人生观和价值观的思想基础,要有健康的心理和文明的风度。"[1]

---

[1] 王恒亮.以党的十九大精神推动思想政治教育观念创新[J].中学政治教学参考,2018(27):45-46.

四是信息观。面对数字化信息化发展的日新月异，瞬息万变，我们需要敏感捕捉信息，敏捷掌握信息，敏锐处理信息。网络是各种信息的汇聚地，交流、交融、交锋的集聚地，叠加、流变、蝶变的积聚地。大学生是网络的原住民，是一群与网络一起成长的"数字原住民"。"00后"大学生从一出生就生活在数字科技包围圈，无时无刻不在使用信息技术，进行信息交换，开展人际交往，是彻头彻尾的"网中人"。网络已成为当代大学生生活、学习、工作和交往的重要空间，获取信息的重要平台。网络信息对大学生思维方式和"三观"形成发展影响极大，正如网络的放大效应一样，这种影响同时也在被放大，甚至超出了现实社会的作用。创新要树立信息观，就要把握网络带来的机遇，敢于应对挑战，勇于融入网络，科学分析信息，正确处理信息，高效应对舆情。既要充分发挥正面信息的教育作用，又要及时消除负面信息的影响，让网络成为了解学生、贴近学生、教育学生的新途径。通过网络信息的收集、掌握、分析，全面了解大学生思想动态，及时发现思想问题，深刻剖析矛盾根源，提出应对方法措施。通过及时澄清事实，厘清模糊认识，纠正错误认知，化解矛盾分歧，引导健康发展。

五是风险观。创新意味着打破常规，进入"盲区"，直面"误区"，突破"禁区"，对其面对的风险以及带来的后果要有全面清醒的认识。既不能因为风险缩手缩脚，踟蹰不前，又不能因为创新导致未知的风险，得不偿失的风险。这就要求我们在创新时增强风险意识、忧患意识、对可能产生的后果有科学的预见，对影响群体的数量、影响范围、危害程度等进行风险评估，确保在可控范围之内、可承受程度之内。创新树立风险观，就要对所处的环境仔细观察，深入研究，不能被表象所迷惑，不能为局部所迷茫，要善于从成功中总结经验，从失败中吸取教训，从一般中发现特殊，从特殊中归纳一般，从不变中发现变化，从变化中把握不变，从实践中发现规律，从发展变化中推测趋势。做到心中有数，胸有成竹，一切尽在掌握中。在信息化条件下，各种情况变幻莫测，各种对象变化多端，各种信息千变万化，只有不断创新才能以变应变，紧跟时代步伐，不断与时俱进。既要对风险有清醒认知，又要敢冒风险，也要抵御风险，还要巧化风险。

二、弘扬创新精神

思想是行为的先导，观念是创新的前提。改变行动始于改变思维。文化创新的动力不仅源自制度，也来自于观念变革。穷则变，变则通。只有通过观念变革，才能为文化创新提供精神动力和智力支持。只有更新观念，才能促进文化的持续创新，引领文化的创新，为文化的发展注入新的灵魂。事必有法，然后可成。没有全新的观念更新，文化发展就是失魂的发展。文化的发展创新是以观念变革为先导的。同样，观念的落后、滞后不仅制约文化的发展创新，致使其边缘化，甚至沦为历史的尘埃。其中，积极的因素会推动创新，消极的因素会阻碍社会发展。因为思路受制于观念，决定了出路。当今世界正进入百年未有之大变局，世情国情社情都发生了巨大变化，原有思想观念难以适应新阶段发展要求。思想之变引领发展之变。"变"始于问题，源于矛盾。因此，我们要突出问题意识，以问题为导向，坚持守正创新，正确把握创新中"变"与"不变"的关系，大力弘扬科学家精神，始终推动校园文化朝着正确的方向和道路不断发展创新。

＞＞＞＞＞＞＞＞＞

一是突出问题意识。习近平总书记在党的二十大报告中指出："必须坚持问题导向。问题是时代的声音,回答并指导解决问题是理论的根本任务。今天我们所面临问题的复杂程度、解决问题的艰巨程度明显加大,给理论创新提出了全新要求。我们要增强问题意识,聚焦实践遇到的新问题、改革发展稳定存在的深层次问题、人民群众急难愁盼问题、国际变局中的重大问题、党的建设面临的突出问题,不断提出真正解决问题的新理念新思路新办法。"[1] 问题由矛盾构成。解决问题就是解决矛盾,就是创新。问题意识是推动文化创新的动力,更是方法。问题是创新的起点,抓住根本问题就牵住了创新的"牛鼻子"。文化创新就是在不断发现问题、研究问题、解决问题、总结经验中前进的。突出问题意识,首先,要善于发现问题,学习掌握利用矛盾原理看待事物,形成问题思维,才能具有发现问题的敏锐性,及时准确地发现问题、找准问题。发现问题、找准问题靠实践调查,深入学生中去广泛调研,听取师生的心声,特别是要抓住反映比较突出的问题。"关起门来"既发现不了问题,也找不到解决问题的办法。其次,要敢于正视问题,具体问题具体分析校园文化建设中的问题。正视问题是解决问题的前提。我们不仅要善于从宏观层面分析校园文化创新中的阻力、矛盾,而且要从微观层面发现问题,分析原因,找到症结,为化解矛盾奠定基础。最后,要勇于解决问题,正确化解前进道路上的艰难险阻。校园文化创新就是为了解决存在的突出问题。这些矛盾和问题导致其无法满足涵养社会主义核心价值观的需要,无法满足师生精神需求,影响、阻碍大学生社会主义核心价值观的养成。解决问题需要正确的指导思想和工作方法。新时代校园文化创新,我们要以习近平新时代中国特色社会主义思想为指导,运用辩证唯物主义和历史唯物主义的基本方法,在分析问题、解决问题的实践中总结规律,在尊重客观规律的基础上积极发挥主观能动性,提高破解难题的能力,为实现校园文化创新贡献智慧和力量。

二是坚持守正创新。习近平在党的二十大报告中强调:"我们从事的是前无古人的伟大事业,守正才能不迷失方向、不犯颠覆性错误,创新才能把握时代、引领时代。"[2] 习近平总书记的这一论断为校园文化创新指明了方向。校园文化创新必须坚持守正创新。守正,即坚守立场,坚持正道,坚持本民族的核心价值理念;创新,即科学扬弃、推陈出新。守正是创新的基础,创新是守正的要求。守正与创新两者相辅相成,不可分割。校园文化创新,必须处理好守正与创新之间的关系,创新目的是以文化人更好地肩负起立德树人的时代使命。坚持守正创新,首先要坚持马克思主义在校园文化创新中的指导地位。"守正就不能偏离马克思主义。"[3] 马克思主义是我国意识形态建设的指导思想,对文化创新起决定性作用,对发展中国特色社会主义大学的校园文化发挥着全局性、引领性作用。因此,它也是维护文化安全的客观要求。文化之间的交锋,本质是意识形态之争。维护文化安全本质上就是维护意识形态安全。同理,文化创新只有在维护意识形态安全的前提下,才能避免迷失方向。其次,坚持以社会主义核心价值观引领校园文化创新。以文化人、以文育人的本质是文化蕴涵的价值观的影响力。这种影响一方面体现在对人的思维取向产生

[1][2] 习近平.高举中国特色社会主义伟大旗帜 为全面建设社会主义现代化国家而团结奋斗——习近平同志代表第十九届中央委员会向大会作的报告摘登[N].解放军报,2022-10-17(2).
[3] 习近平.思政课是落实立德树人根本任务的关键课程[J].求是,2020(17).

作用,另一方面体现在人的行为导向。新时代校园文化创新的重要任务之一就是将社会主义核心价值观嵌入其中,形成以社会主义核心价值观为核心的文化成果。从另一个角度而言,我们推进校园文化创新必须坚持以社会主义核心价值观为引领,必须力培和践行社会主义核心价值观。改革开放以来,社会主义市场经济蓬勃发展,为文化创新提供了强大的物质基础,也对文化发展创新产生一些负面作用。文化领域内出现的"功利化""粗制滥造"等现象就是负面作用的反映。同时,这也与文化的创新发展没有始终坚持全方位、全过程贯彻社会主义核心价值观息息相关。社会主义核心价值观是新时代校园文化创新发展的灵魂,丢失了社会主义核心价值观,将是一种失魂的创新,必然会在市场经济的冲击下失魂落魄。所以,新时代大学校园文化创新发展,必须坚持守正创新,使之成为大学生的精神家园,为大学生的成长成才提供良好的育人环境。

三是弘扬科学家精神。党的二十大报告提出:"培育创新文化,弘扬科学家精神,涵养优良学风,营造创新氛围。"[1] 科学家精神的核心要义就是尊重知识,崇尚创新。其中,创新是内涵,育人是外延。科学家精神包含了爱国、敬业、奉献的职业道德,彰显出团结、协作、友善的价值观,本质上与社会主义核心价值观高度一致。"科学家榜样"本身就是践行社会主义核心价值观的鲜活载体。习近平总书记在 2018 年中国科学院第十九次院士大会、中国工程院第十四次院士大会上的讲话中指出:"希望广大院士善养浩然正气,培育和践行社会主义核心价值观,坚守院士称号学术性、荣誉性的本质,传播真理、传播真知、崇德向善、见贤思齐,言为士则、行为规范,提携后学、甘当人梯,在全社会树立良好道德风尚。"[2] 弘扬科学家精神,对于锤炼学生品行,锻造意志品质,涵养家国情怀,滋养道德情操,具有激励感召、见贤思齐的重要功能,对点燃科学之火、理想之灯、信念之光注入澎湃动力。将科学家精神导入校园,注入校风、师风,为建设创新型校园文化助力,为育人蓄力。首先,弘扬科学家精神,要突出价值引领。士以弘道作为一种"看得见的哲理",科学家精神就像一座"精神灯塔",为大学生指引方向、把握方向,在促进明辨是非、厚植家国情怀、社会责任感中不断化育新人。其次,弘扬科学家精神,要涵养优良学风。学风是落实立德树人的基本途径,犹如阳光雨露,滋润万物成长。弘扬科学家精神,让大学生明白为什么学、学什么以及怎么学、如何用,如春风化雨一样滋润成长成才。科学家精神展现的"榜样性",引导学生端正学习态度,选准学习方向,增进学以致用,促进学用转化。广大科学家甘当人梯,奖掖后学,对于大学生群体中存在的学风不实、文风不纯产生纠治作用。我们在高校宣传科学家精神,要注意"与时事互文,要善于将科学家精神与社会现实结合,实现主流价值观创新表达,从而将科学家精神与富有时代感的热点议题紧密结合,让传播发生奇妙的化学反应,让思想直抵人心"。[3] 最后,弘扬科学家精神,要培育创新沃土。党的二十大报告指出:"教育、科技、人才是全面建设社会主义现代化国家的基础性、

[1]　习近平. 高举中国特色社会主义伟大旗帜　为全面建设社会主义现代化国家而团结奋斗——习近平同志代表第十九届中央委员会向大会作的报告摘登[N]. 解放军报,2022-10-17(2).

[2]　宋颖. 人必其自爱也,而后人爱诸[N]. 光明日报,2018-6-20(2).

[3]　李舒. 培育创新文化 弘扬科学家精神[N]. 光明日报,2022-11-17(16).

战略性支撑。"[1]创新依靠人才,创新人才培养需要创新沃土,校园文化创新同样离不开创新沃土。释放人才创造力,要提供人才发挥才干的环境和条件。弘扬科学家精神,在校园营造尊重人才、惜才、爱才、敬才以及尊重创新的浓厚氛围,使之产生引领人、鞭策人,激发学生奉献祖国、报效祖国之志。"人在陆上,根在海里"的王军成,"倾注半生为真菌"的庄文颖,书写"超导人生"的金魁,这些科学家矢志报国、爱岗敬业、奉献创新的励志故事,催人奋进,对大学生产生极大的感召力,激发他们成才的内生动力。

三、改革管理机制

欲要创新,正其制度。制度建设事关创新根本和全局,体制机制优势是激发创新的最大动力和最佳优势。党的二十大报告指出,实现第二个百年,必须"着力破解深层次体制机制障碍……不断增强社会主义现代化建设的动力和活力,把我国制度优势更好地转化为国家治理效能"[2]。同样,推动校园文化载体创新,离不开全体师生创新活力,必须尊重师生在校园文化建设中的主体地位和作用。激发全体师生的文化创新活力,需要为之提供优良的环境和条件,离不开体制机制的支撑。制度保障和政策引导对创新产生重大影响。激发创新活力,要发挥好制度的价值驱动作用,好政策的战略牵引作用,好资源的竞争优势作用,好平台的凝心聚力作用。为此,我们要建立稳定多元的投入机制、长效激励机制、协同合作机制、保障机制,让创新的动力、活力、潜力充分涌流,推动校园文化载体创新高质量发展。

一是建立稳定多元的投入机制。习近平总书记在2020年科学家座谈会上指出:"要加大基础研究投入,首先是国家财政要加大投入力度,同时要引导企业和金融机构以适当形式加大支持,鼓励社会以捐赠和建立基金等方式多渠道投入"[3]。文化创新就是基础研究的重要组成部分,既需要国家稳步增加基础性投入,又要鼓励社会力量多元投入,多种方式渠道参与,从而建立文化创新的竞争性支持、稳定性支持。通过优化投入结构,形成创新"风向标",锻造创新"内核",塑造创新优势,构筑创新新动能。稳定多元投入是文化创新发展的基石。当前,以人工智能为代表的科技革命方兴未艾,文化创新等基础性研究的重要性更加凸显。尽管我国经济长期保持高速增长,但是在文化产业、文化软实力等方面与发达国家存在不小差距。在从大国迈向强国的征途中,文化软实力起着决定性作用。我们要奋起直追,缩小差距,就必须加大投入,鼓励长期坚持,勇于探索,不断夯实基础。在财力有限的情况下,我们要想方设法给予重点倾斜、重点扶持,以问题为导向,以目标为指向,优化调整投入结构和投入比例,使文化创新获得持续稳定的支持。

二是建立创新的长效激励机制。衡量评价制度好坏的重要标准之一,就是看体制机制能否激发内生动力,以及创造良好的创新生态。创新的长效激励机制不等于量化"指标主义"。校园文化载体创新不能以简单的量化指标予以衡量。不可否认,所谓的量化和

---

[1][2] 习近平. 高举中国特色社会主义伟大旗帜 为全面建设社会主义现代化国家而团结奋斗——习近平同志代表第十九届中央委员会向大会作的报告摘登[N]. 解放军报, 2022-10-17(2).

[3] 新华社. 习近平主持召开科学家座谈会并发表重要讲话[J]. 中国信息安全, 2020(9):6-7.

标准化确实具有较好的导向的激励作用,它也优于经验判断,有利于实现目标,由于与奖惩直接挂钩,激励效果较好。但是,"指标暴政"容易造成激励扭曲,目标和效果往往偏离初衷。因为文化教育领域不好用指标进行衡量,而实际情况恰恰是那些不容易衡量的指标更加值得关注。长效激励机制更不等于"帽子主义"。"帽子"问题在高校比较突出,且较为普遍。定"帽子"、评"帽子"、抢"帽子"的现象让人啼笑皆非。各种"帽子"是上级部分为了鼓励创新而设置的,名目繁多,缺乏统筹,让人眼花缭乱。各种评价考核把"帽子"作为重要依据和指标,抢"帽子"戏码逐渐蔓延开来。"帽子"虽好,但是抢"帽子"费时、费力、费心,结果闹得人心惶惶、不可终日,造成急功近利,得不偿失。首先,"帽子"不得不抢,因为事关待遇、晋升乃至个人前途命运,不能不争。其次,"帽子"太多,引得众人纷纷去争,而且还设置"连环计",一帽高过一帽,有些高级"帽"可与"铁帽子"相媲美,可护佑终生,垄断优势资源。最后,"帽子"太虚,可巧取豪夺,"灌水""脸熟",软硬兼施,"帽子"到手。抢"帽子"导致偏离目标方向,导致盲目跟风攀比,浮夸功利,"帽子"近了,创新反倒远了。因为,真正的创新,摒弃浮夸,祛除浮躁,需要坐住坐稳创新"冷板凳"。它需要破除"隐性台阶"和"天花板",培育创新文化,创造良好环境,畅通创新"内循环"与"外循环",促进正向激励与反向倒逼相统一。既不能不作为,消极避事,也不能慢作为,推诿避责,畏缩避难。建立创新的长效积极机制需要激励与减负相结合。不仅要提高待遇、福利,有充分保障,让他们轻装上阵,心无旁骛地投入创新。建立创新的长效积极机制需要普遍激励与特殊激励相结合,突出重点矛盾和矛盾的主要方面,有的放矢,重点突破,同时也要照顾整体。建立创新的长效积极机制需要物质激励和精神激励相结合。文化建设、文化创新是一项有情感、有情怀的事业,需要有理想、有信念、有信仰、有激情的人担当重任,只有远离眼前的苟且,才能寻找诗和远方。建立创新的长效积极机制需要注重激励与约束相结合,激励和约束都是手段,从正反两个方面强化人的行为规范,创新要符合法律法规,以及伦理道德规范,需要营造风清气正的文化氛围,让创新者敢于创新,勇于创新,甘于创新,乐于创新,各尽其能,各展其才。

三是健全创新资源的协同机制。创新是一项复杂的系统工程,特别是要破除难题,破解困境,需要合作和开放共享。如果故步自封,寄希望于自我循环、自我封闭就能完成突破,可谓难于上青天。没有协同机制,就难以实现原始性、高质量、高价值的重大创新。健全创新资源的协同机制,首先要解决信息共享问题、沟通配合问题,从而推动信息共享,通过多方共同参与、协同配合等机制,破解突出问题。为此,我们要构筑合作平台,加大开放力度,建立完善协同体系,拓展和深化多方参与合作机制,鼓励政府、企业、社会组织等与高校开展合作,通过信息共享与联动机制,构建创新新格局。其次,建设好、管理好、运用好合作平台,增强合作发展的黏合性,可持续发展的韧性。充分发挥高校教育、科技、人才优势,使校园文化建设与社会主义核心价值观要求相适应,同师生需要相匹配,与社会期待相契合,画好协同创新、合作育人的最大"同心圆",构建共管共治共享格局。再次,要突出学校在协同体系中的主导和牵动作用,突出立德树人导向,从方向上保证协同育人运行机制的畅通。最后,要完善管理机制,明确各方权责,确保各方话语权,真正参与进来,发挥参谋、监督、决策、实施的作用,推进合作管理常态化、制度化建设。

四是完善优化创新的保障机制。保障机制是推动创新的重要力量。在培育社会主义核心价值观的要求下,需要建立合理科学有效的保障机制,构建体系化、全局性的保障生态体系,完善政治、法治、监督多方面保障机制,切实提升校园文化创新的保障水平。党的二十大报告提出:"我们要坚持马克思主义在意识形态领域指导地位的根本制度,坚持为人民服务、为社会主义服务,坚持百花齐放、百家争鸣,坚持创造性转化、创新性发展,以社会主义核心价值观为引领,发展社会主义先进文化,弘扬革命文化,传承中华优秀传统文化,满足人民日益增长的精神文化需求,巩固全党全国各族人民团结奋斗的共同思想基础,不断提升国家文化软实力和中华文化影响力。"[1]坚持马克思主义指导地位,是校园文化建设的首要问题,关系到道路、方向和命运,是创新和发展高校校园文化的有力保障。

习近平新时代中国特色社会主义思想是马克思主义中国化、时代化的最新成果,第一位要求就是按照学思用贯通、知信行合一的要求全面贯彻落实,使之贯穿全方位全过程,落实到教育教学、学术科研、师生管理各环节。其次,建立坚持以社会主义核心价值观引领校园文化建设的制度。新修改的党章明确提出坚持社会主义核心价值体系的任务。社会主义核心价值观是社会主义核心价值体系的体现,它具有深厚的民族性、鲜明的时代性、内在的先进性、广泛的包容性,发挥了在文化建设中的引领作用。坚持社会主义核心价值观引领校园文化建设制度。第一,弘扬科学精神、报国为民的爱国情怀,艰苦奋斗的高尚情操,营造宽松、公平、自由、民主、舒畅、开放的校园环境。培育担当、实干,不浮躁,不浮夸,百花齐放、百家争鸣的学风、教风和校风。第二,确立科学评价机制,正确的人才评价导向,以及公正诚信的价值导向。第三,推动理想信念教育常态化、制度化。理想信念的确立和巩固需要经历长期过程,必须持续抓好党史、新中国史、改革开放史、社会主义发展史宣传教育,引导学生知史爱党、知史爱国、知史爱民。第四,完善社会主义核心价值观的校园治理体系。弘扬社会主义核心价值观,离不开制度规范和政策保障。要坚持依法治校、以德治校相结合,完善弘扬社会主义核心价值观的校园治理体系和政策体系,把社会主义核心价值观的要求融入校园制度建设,融入校园治理,融入校园文化建设,以法治和政策之力,在校园树立正确的价值取向,明确的德育导向。第五,健全志愿服务体系。通过建立健全学校志愿服务体制机制,引导大学生走志愿服务之路,弘扬奉献、友爱、互助、进步的志愿精神,创新服务内容和方式,推动志愿服务制度化、社会化、法治化,使之成为涵养和践行社会主义核心价值观的重要途径。第六,完善校园诚信机制。要建立健全覆盖全体师生的诚信体系,推动教学、科研、管理等各领域建立信用管理制度,完善守信激励、失信惩罚,营造有利诚信的校园环境和政策条件。第七,建立健全监督机制。实现监督从"有形"向"有效"转变。加强科研诚信、科技伦理、学术不端的预防和治理,对失信者从严、从重、从快处理,发挥其惩戒、警示、教育作用,让失信者心有所畏,行有所止,守信者大力前行。

---

[1] 习近平. 高举中国特色社会主义伟大旗帜　为全面建设社会主义现代化国家而团结奋斗——习近平同志代表第十九届中央委员会向大会作的报告摘登[N]. 解放军报,2022-10-17(2).

四、建设师资队伍

校园文化建设关键在教师,师资水平直接决定办学质量。习近平总书记主持教育强国第五次集体学习会议时指出:"强教必先强师。要把加强教师队伍建设作为建设教育强国最重要的基础工作来抓,健全特色教师教育体系,大力培养造就一支师德高尚、业务精湛、结构合理、充满活力的高素质专业化教师队伍。"[1]号召广大教师要做"四有"好老师、"四个引路人",实现"四个相统一"。加强教师队伍建设,是培养社会主义建设者和接班人的需要,也是筑牢社会主义核心价值观根基的需要。

一是要坚持党管人才,确保师资队伍建设方向。教育的首要问题是培养什么人,为谁培养人。社会主义教育事业是为社会主义建设输送人才。教育的关键在教师。要培养符合社会主义建设要求的建设者和接班人,就要确保教师队伍的正确方向。党管人才是实现这一目标的重要内容、重要方式和根本保证。党管人才,首先是管方向,政治建设是教师队伍建设的生命线,要坚持不懈强化政治建设统领,持续开展对党忠诚教育,强化理论学习和"四史"教育,引导广大教师提高政治站位,增强"四个意识",领悟"两个确立",坚决做到"两个维护"。其次是谋大局,党委要发挥领导核心作用,站在"第二个百年奋斗目标"战略高度,"立德树人"根本任务的大局中谋划师资队伍建设,通过抓住师资队伍建设中的主要矛盾,以及矛盾的主要方面,坚持问题导向,把握好方向和重点,集中注意力研究解决师资队伍建设和发展转型过程中面临的全局性、前瞻性、战略性问题,有效解决重点、难点问题,把好方向规划和政策关。最后是抓关键。"抓关键"是师资队伍建设中的世界观和方法论,是辩证法的实际运用。透过现象看本质,于纷繁之中抓关键,蕴含着丰富的辩证法。辩证法要求坚持两点论和重点论的统一。抓关键就是抓住重点,抓住主要矛盾和矛盾的主要方面。事必有法,然后可成。推进师资队伍建设,必须抓住主要矛盾,重点推进,带动一体发展,促进整体进步。抓关键,既要抓关键少数、关键环节,还要找准关键问题,把握关键发力点,增强工作的科学性、针对性、主动性和创造性,推动师资队伍建设取得历史性成就,发生历史性变革。

二是要强化教师专业素养要求,不断提升教书育人本领。高质量教育,离不开高素质教师队伍。高素质教师队伍要求"德艺双馨"。既要师德高尚,又要业务精湛。习近平总书记在党的二十大报告中强调:"加强师德师风建设,培养高素质教师队伍,弘扬尊师重教社会风尚。"[2]师德师风对学生品德的形成、发展产生重要影响。"要重视加强师德师风建设,制定和不断完善关于建立健全师德建设长效机制的相关制度文件,引导教师带头践行社会主义核心价值观,努力构建完备的师德师风建设制度体系和敬业立学、崇德尚美的校园新风尚。"[3]在提升师德修养的前提下,树立严谨求实的治学态度,更新知识结构,紧跟学术前沿,努力提高运用新思想、新观点、新方法、新技术的能力。要支持教师下基层、进工厂、去街头巷尾、到田间地头,在深入实际、调查研究中,锻炼自己,提升自我。在实践中

[1][3] 谢辉.加强教师队伍建设,筑牢教育强国根基[N].光明日报,2023-06-13(11).

[2] 习近平.高举中国特色社会主义伟大旗帜 为全面建设社会主义现代化国家而团结奋斗——习近平同志代表第十九届中央委员会向大会作的报告摘登[N].解放军报,2022-10-17(2).

>>>>>>>>>

寻找教书育人中的困惑的解决之道。

三是要尊重教师主体地位,充分发挥教师主体性。人才是第一资源。全社会都要树立尊师重教的氛围,学校办学更要遵循以师为本的发展理念,为提升教师能力,增强育人本领,施展教师才华,奉献回馈社会创造条件。要充分发挥教师在教学改革、人才培养、学科建设、校园文化建设等各项事务中的积极性、主动性和创造性,充分尊重他们的主体地位,使之在决策与管理方面享有充分的发言权。要根据学生的培养目标,学校的办学定位,构建教师成长体系和发展平台,建立健全教师激励机制,促进教师队伍建设的科学化、制度化。

四是要构建科学评价体系,引导教师队伍健康发展。评价考核是教师发展的"指挥棒"和"风向标",职称改革评价更是教师评价的"指南针"。要充分发挥其引导作用和激励作用。"各类学校都应该坚持以教师工作的职业属性和岗位职责为基础,突出以师德、能力、业绩和贡献为主的评价导向。各级各类教师评价考核中,都必须始终坚持把立德树人的成效作为第一标准和第一要求。"[1]引导教师潜心治学、倾心育人、倾情奉献,做教书育人并重的大先生,引导学生扣好人生第一粒扣子。首先要建立多元的教师荣誉体系,把思想道德素质、职业道德修养以及心理健康水平纳入考核的核心范畴,切实维护教师合法权益,增强职业荣誉感,提高教书育人的使命感,提升教书育人的获得感、成就感、幸福感,担负起为党育人,为国育才的时代使命。其次是建立与育人、教学、科研一体化相适应的考核体系,引导教师在提高教学质量上下狠劲,在倾心育人上下功夫,在教学改革上下力气。最后是建立"一体两翼"考核机制。"一体"是聚焦立德树人根本目标,"两翼"分别是课堂建设、教学改革。"一体两翼"体现了鲜明的育人导向,彰显了目的和手段的高度统一。把实现立德树人的目标,以及教学实践成效作为考核标准,体现了指导性评价与诊断性评价的统一,引导教师回归育人初心使命。

第二节　立德树人的校园文化载体呈现方式创新

实现社会主义核心价值观的落细、落实、落微,要求我们在实践过程中探索其融入大学校园文化建设的有效方式。实践证明,日常化、生活化、具体化、形象化、故事化、本土化、网络化、制度化,即"八化"不失为社会主义核心价值观融入大学校园文化建设的有效方式。

党的二十大报告提出广泛践行社会主义核心价值观的目标以及融入日常生活的要求。习近平总书记强调,"要注意把社会主义核心价值观日常化、具体化、形象化、生活化,使每个人都能感知它、领悟它,内化为精神追求,外化为实际行动"[2]。大学校园文化,历来是意识形态的"风向标"。在深化开放和信息化条件下,各种文化思潮不断涌入大学校园,竞相争夺意识形态的主导权和话语权。探索社会主义核心价值观融入校园文化建

[1] 谢辉.加强教师队伍建设,筑牢教育强国根基[N].光明日报,2023-06-13(11).

[2] 中共中央文献研究室.习近平关于全面建成小康社会论述摘编[M].北京:中央文献出版社,2016.

设的有效方式,实现其对多元文化思潮的引领,形成正确舆论导向,具有深远重大的现实意义。

一、日常化与生活化

所谓日常化,就是把社会主义核心价值观与大学生的日常生活紧密联系起来,使其融入他们的日常生活、学习、工作中,让他们在日常实践交往中达成知、行、意的统一。换言之,日常化就是持续性、常态化以及长效化的现实表征。从空间维度而言,日常化要求覆盖大学生生活、学习、工作、娱乐等全部空间,不留空白。从时间维度而言,日常化要求实现大学生在校期间的全覆盖,不留空当。习近平总书记指出:"道不可坐论,德不能空谈。于实处用力,从知行合一上下功夫,核心价值观才能内化为人们的精神追求,外化为人们的自觉行动。"[1] 这一论断即为两者之间的内在联系的基本表述。经验表明,日常化既是核心价值观建设的合目的性要求,又是其合规律性需要。一方面,两者密不可分。价值观的产生、形成、发展,与人之生存须臾不离。作为一种社会意识,它是对社会存在的反映,肇始于人们的社会实践,取决于人们的生产方式,以及生活方式。人们生存的境遇,构成其思想道德意识的建构图景,离开这个"母体",就失去了孕育的土壤,只能沦为虚无。在本质上,作为一种"非日常存在",核心价值观是生活的,也是实践的。这种"非日常"既源于"日常",又高于"日常",以其特有的方式,透视人们对日常生活的意义追问,折射人们的深度反思,引领人们的价值指引,拓宽生存意义空间。另一方面,核心价值观的培育,需要久久为功。现代日常生活是一个极具开放、变化、复杂、个性的世界,人们以不同的方式建构自己的生活世界和精神世界。两者之间的张力,阻隔着一种超越日常的存在对日常生活的融入,不可避免地导致其陷入困境。这就决定了它不能一蹴而就,或者说简单嵌入就能毕其功于一役。

日常化,需要针对大学生日常生活的特点和养成规律,使社会主义核心价值观充斥于日常生活空间,绵延于校园生活时间,达成日常化培育。一是要关注和回应大学生的"真实诉求"。认同的前提和基础,取决于其对问题的解释力、解决力。日常化需要立足日常生活,从日常生活"需要"和"困惑"出发,回应关切,解疑释惑,达成"实然"与"应然"之间的和解,"实现价值与事实的融通"[2]。二是要切实建构与核心价值观相一致的"日常生活世界"。因为"认同一种主流价值观,意味着接受和融入这种价值体系相对应的那个生活世界……"[3] 对价值观的认同,离不开对其"情境"的生活体验。只有建立在实践之上的生活世界,才能避免两者脱节,达成情感认同,促成情感信仰的飞跃。两者之间的契合度,可以有效弥合"实然"与"应然"之间的差距,实现两者之间的同频共振。一句话:

[1] 习近平.青年要自觉践行社会主义核心价值观——在北京大学师生座谈会上的讲话[N].人民日报,2014-05-05(1).

[2] 秦程节,何小春.融入日常生活:青年核心价值观培育和践行的微观建构[J].广西师范大学学报(哲学社会科学版),2019,55(1):61-67.

[3] 邹小华.社会主义核心价值观认同的生活化路径[J].江西师范大学学报(哲学社会科学版),2014(2):13-17.

各个方面,无所不在;各个时期,无时不有。

所谓生活化,简言之就是使社会主义核心价值观融入大学生的生活之中,增强其情境性,让他们在生活需求中感知,在生活体验中领悟,在生活经验中历练,形成与之相应的生活经验,相一致的生活准则,使其成为他们生活中的情感认同、价值准则、生活习惯和行为方式。习近平总书记指出:"一种价值观要真正发挥作用,必须融入生活,让人们在实践中感知它、领悟它。要注意把我们所提倡的与人们日常生活紧密联系起来,在落细、落小、落实上下功夫。"[1] 这一论断从理论和现实两个层面为核心价值观生活化提供了基本依据。经验表明,核心价值观生活化,要求将其渗透到人们的生活情境之中,回归生活,融入生活,覆盖到生活的方方面面,使生活成其生长点和作用点,犹如"随风潜入夜,润物细无声"。一方面,生活化要扎根生活,立足实际,关注需求,关切诉求,切实满足人们的基本需要和理性诉求,不断巩固核心价值观融入实际生活的物质基础,避免与人们生活"边缘化"。另一方面,生活化要求融入生活,指引生活,特别是发挥其在事关生活中的困惑、矛盾的调节作用,解决精神信仰问题时的引领功能,不断增强核心价值观引领道德精神的思想基础,避免"虚无化"。

推进核心价值观生活化,需从载体、实践和制度等维度予以强化。一是要建立健全其生活化载体。一方面,要立足校园实际,挖掘校园生活素材,将核心价值观渗透到校园环境、生活素材、交流平台,依托环境、素材、平台将其与生活连接,形成生活化的内容。另一方面,要确立生活化的理念,以及教育方式,以"三贴近"为原则,开展生活教育。二是要强化生活化实践。一方面,加强主题实践,让学生在"日用和体认"中领悟其实质和真谛,在习惯和行为固化中坚定信念。另一方面,将其融入教育管理工作"全过程",统筹规划不同生活场景中的生活化形式,形成生活化的合力,营造生活化的全景式境遇和氛围,实现其全时空在场。三是要健全生活化制度。一方面,健全大学生管理制度,为核心价值观的培育和践行助力,让学生在要求和规范中养成、体悟,最终达成坚定、固化的培育目标。另一方面,关注休闲生活和虚拟生活,加强管理与引导。休闲生活和虚拟生活已经成为当代大学生的重要生活方式,必须予以高度重视。通过不断优化公共生活空间,特别是注重以德法共治,硬性约束和自我教育、自我管理等方式,帮助他们提升法治意识,以及自我约束的能力,在自我批判、反思、监督、净化中实现自我超越。

二、具体化与形象化

所谓具体化,即依据价值观自身特征和对象的差异性,采取不同方式,不同方法,不同方案,因人施策,因材施教。换言之,宜分层、分类指导,具体问题具体分析,切忌千人一面,千篇一律,眉毛胡子一把抓。一方面,无论是从核心价值观的结构看,还是从核心价值观的组成看,其落地转化,包括终极、主导、基本、具体等各个层面的价值观,社会主义核心价值观只有贯穿其中,才能最终落地。另一方面,从教育对象的差异性而言,当代大学生的个性化特征鲜明,要将核心价值观具体化,需要关照不同群体,不同个体,使其具体化为不

---

[1] 习近平. 在中共中央政治局第十三次集体学习的讲话[N]. 中国青年报,2014-02-26 (1).

同群体、不同个体的方式、方法，落实、落细、落微到具体的方方面面。经验表明，核心价值观的具体化，既要求自身具体化为不同层面的价值体系，又要具体化为不同维度的价值体系。如果仅仅让其停留于观念形态，拘泥于一般、抽象的价值标准，只能是空中楼阁。如果要让它落地，让它开花，让它结果，我们就必须使其层次具体化，对象具体化，方法具体化，成为社会文化，绝大部分认同的主流价值观。习近平总书记指出："要润物细无声，运用各类文化形式，生动具体地表现社会主义核心价值观……"[1] 这一论断一针见血地指出了具体化对于落地转化的重要性，为具体化提供了基本遵循。具体化，需要体现层次性，增强针对性。一是要改革、重建，重构子价值体系，使其与社会主义核心价值体系相一致、相衔接。当前，与核心价值观不一致的价值体系、价值标准依然存在。在市场经济条件下，诸如过度追求经济利益、按资分配等，与核心价值观倡导的道德标准、价值体系之间，存在巨大反差，常常让人知行不一，无所适从。"只听楼梯响，不见人下来"不仅无法取信于民，还会适得其反。在这种情况下，改革、重建、重构势在必行，使各个层次整合成为体系，相互印证，相互支撑，相互契合。二是要适应形势，从实际出发，从当代大学生的个性差异入手，从其成长规律发力，增强其针对性，提高其实效性。一方面，我们要针对不同群体、不同专业、不同性别进行分层次教育，依据其理解程度采取不同策略。对于理解程度较好、表现突出的群体，如党员、学生干部等群体，开展"青马工程"，教育和引导他们成为践行者、传播者和示范者，充分发挥他们的"榜样"示范作用。根据入党积极分子和团员等群体的特点，制订不同教育方案，在内容和方法上，要区别对待，各有侧重。另一方面，我们要针对不同年级、不同年龄开展分阶段教育，依据不同心理状态，不同社会化表现，制订相应方案，安排内容各有侧重，采取策略和方式各有不同。

所谓形象化，就是以更加生动、活泼的表现形式和示范样式，展示、表达和传播社会主义核心价值观，使其变得"感性"。简言之，使其更加生动有效，易于感知、理解、接纳和认同。相反，如果是呆滞的，单调的，枯燥的，毫无生趣的，一成不变的，就难以吸引人、打动人、感化人。久而久之，荡然无存。一句话：化空洞抽象为生动形象，化深奥晦涩为通俗易懂，化冷若冰霜为温柔可亲。经验表明，核心价值观形象化，既包括形象化的表现方式，使之外化于行，又包括形象化的传播方式，使之直抵灵魂、感化于心。即"将抽象的东西具象化、观念的东西现实化、思想的东西生活化、理性的东西感性化"[2]。实现形象化，一方面是要解决好形象认同。形式服务内容，好形式有助于人们感知和接收内容，对人们理解内容和接受内容也大有裨益。另一方面是要解决好情感认同。在形象感知、认同，以及行为固化的过程中，情感认同不可或缺。若无情感触动，情感共鸣，形象无法深入人心，价值认同难以企及。推进形象化，须以形象为核心，以拟物化、拟人化为手段，运用各种"形象化"的载体和方法，通过艺术形象实现以美育人，通过生活形象实现以情感人，通过自然形象实现寓教于境，通过虚拟形象实现寓教于行，把抽象的内容变成具象的人、物、事。一是要善于利用和运用各种校园景观、自然环境，有意识地构筑核心价值观的形象标识，

[1] 习近平. 青年要自觉践行社会主义核心价值观——在北京大学师生座谈会上的讲话[N]. 人民日报，2014-05-05(1).

[2] 孙婷婷，骆郁廷.论社会主义核心价值观的形象化[J]. 社会主义核心价值观研究，2017,3(2):42-48.

>>>>>>>>>

充分发挥其形象功能。让大学生在各种生动直观的景象中增进了解，获得启迪，不断筑牢理想信念。二是要有目的、有意识地开发各种虚拟形象，使其与虚拟技术深度融合，借助AI和VR等大学生喜闻乐见的视觉表现手法，通过沉浸式体验，不断增进认知和认同。三是要充分运用戏曲、绘画、小说、诗词歌赋等各种艺术、文化形式，传播社会主义核心价值观。这些艺术、文化形式历来是歌颂践行核心价值观榜样及其事迹的重要形式，集观赏性、艺术性、思想性、价值性于一体，释放极具能量的思想张力和价值魅力，给人以深度思考和启迪，是形象育人的重要范本。四是要挖掘和利用各种生活形象，推进榜样育人。榜样是鲜活的载体，校园生活中的优秀学子、校友等都是诠释和践行核心价值观的生活形象，集中代表了时代精神和前进方向，充分发挥生活形象的典型教育作用，激励和引导当代大学生见贤思齐，反躬自省，在比较和互鉴中启迪心智，升华思想。

三、故事化与本土化

所谓故事化，简言之就是寓社会主义核心价值观于故事之中，以故事的形式阐释、表达和传递其内容和精神。易言之，就是把社会主义核心价值观通过故事的形式传输给大学生，使其以故事的形式传承下来。讲故事，符合认识规律，历来是党的优良传统，也是大学生偏好的传播范式。习近平总书记指出："深刻道理要通过讲故事来打动人、说服人"[1]"讲好故事，事半功倍"[2]。这一论断突出其故事化的极端重要性。

经验表明，讲故事是传播价值观的重要策略。相比严肃的宣讲，理论的阐述，故事叙事更易消除隔阂，拉近距离，撼人心魄，通俗易懂，引发共鸣。这是一个"内容为王"的时代，也是一个"传播为王"的时代。讲故事，比讲道理好。讲故事，有助于讲道理。一方面，核心价值观故事化要求价值观故事化，把24字变成无数个承载传播其精髓的生动故事。另一方面，核心价值观故事化要求挖掘故事中所包含的思想道德及价值理念。概括地说，既要"讲好故事"，又要把"故事讲好"。让身边人讲身边事，身边事教身边人；身边人讲自己的事，身边事育身边人。

推进核心价值观故事化需要我们围绕核心价值观提炼和构筑故事，要讲"好"故事，特别是讲好和传播好故事里的价值观，充分发挥故事的优势和功能，让人终生难忘，终身受益。一是要讲好历史故事。作为"最佳教科书"，以史为鉴，以史正人，以史育人。博大精深的历史典籍，蕴藏着丰富的智慧和思想，汲取其中的精神力量，可以明智、明德。历史人物和事迹，为大学生提供了丰富的故事资源和教育素材，堪称最佳载体。二是要将好故事与讲好故事相结合，既要有好的内容，也要有好的包装，更要有好的传播策略。通过精心策划、精细加工、精美包装、精准传播，凸显情感与细节，实现核心价值观的完美"转述"，信服"转达"。三是要构建大学生偏好的话语方式。当下媒体已经不同于传统的媒体，双向互动和更具亲和力、震撼力的话语，更能吸引当代大学生参与，使之从被动听讲转换为主动参与，充分发挥其主体性，让他们在参与、讨论、争鸣和反思中，获

[1] 人民日报评论部. 习近平讲故事[M]. 北京：人民出版社，2017.

[2] 中共中央宣传部. 习近平新闻思想讲义（2018年版）[M]. 北京：人民出版社，2018.

得深刻教育。

所谓本土化,就是将核心价值观与地方文化资源相结合,与区域经济发展相结合,与地方公序良俗相结合,与学生认知特征相结合,使其本土化,以地方特色的表达方式和传播方式进行传播,使其成为他们习焉而不察,日用而不觉的行为习惯。本土化又名地域化、区域化、地方化、大众化等。习近平总书记指出:"要继承和弘扬我国人民在长期实践中培育和形成的传统美德,努力实现中华传统美德的创造性转化、创新性发展,引导人们向往和追求讲道德、尊道德、守道德的生活,让13亿人的每一分子都成为传播中华美德、中华文化的主体。"[1]这一论断为核心价值观区域化提出了要求,指明了方向。经验表明,区域化是尊重主体性,激发自觉性,调动主动性的有效方式。区域化要求从本地实际出发,立足区情、社情、校情、学情等特点,既要挖掘与其契合一致的历史文化传统,地域特色,现实发展,又要尊重地域的差异性,使其具有生长的沃壤,发展的空间,更接地气,易被接受,成为地方院校大学生的生活方式、生存方式。

推进核心价值观本土化,需要我们针对性挖掘本土资源,优选载体,从本土历史文化资源和公序良俗中寻找契合点、生长点,细化地方精神,以"小精神"推动"大精神",促成核心价值观的落地转化。一是要借助社区文化、地域文化、民族文化优势,搭建区域化平台,借力社区教育队伍和平台,将学生社区打造成传播核心价值观的高地。二是要编制核心价值观校本教材。本土文化资源,社区学习资源等,为核心价值观传播提供了鲜活素材,只要进行创造性转化,就完全可以成为具有亲和力、感染力的校本教材,成为隐性教育的文化载体。三是要将核心价值观融入学生社区实践活动,通过精心设计、精心策划、精心编排、精心包装,让大学生在丰富的社区文化实践活动中,达成"润物细无声"的功效。四是借鉴社区教育,探索建立自身的社区教育课程模式,打造社区体验模式,增强学生道德体验。五是要借力本土方言话语优势,以及本地戏剧等艺术力量,寓教于乐,让学生在丰富多彩的文化活动中进行自我教育。

四、网络化与制度化

所谓网络化,就是推进社会主义核心价值观进网络,成为大学校园网络文化建设的价值理念、价值取向、价值准则,占领校园网络文化平台主阵地,用网络表达方式、网络传播方式,增强吸引力、辐射力和时效性,达到借网育人的目的。习近平总书记指出:"网络空间是亿万民众共同的精神家园……培育积极健康、向上向善的网络文化,用社会主义核心价值观和人类优秀文明成果滋养人心、滋养社会,做到正能量充沛、主旋律高昂,为广大网民特别是青少年营造一个风清气正的网络空间。"[2]这一阐述指明了网络对于培育核心价值观的重要性,也为核心价值观网络化指明了方向。作为网络原住民,当代大学生深受其

---

[1] 新华社. 习近平在中共中央政治局第十二次集体学习时强调: 建设社会主义文化强国, 着力提高文化软实力[N]. 人民日报, 2014-01-01(2).

[2] 习近平. 在网络安全和信息化工作座谈会上的讲话[N]. 人民日报, 2016-04-26(2).

影响。"计算不再只和计算机相关，它决定我们的生存。"[1] 此言毫不夸张。在"网络化生存2.0"的今天，大学生的学习、生活、社交等方式已经被彻底颠覆，时间碎片化、泛娱乐化已成为拟态生存的真实写照。网络化要求我们不仅要建好网络，而且要用好网络，管好网络，让学生们主动触网，自愿浏览，充分发挥网络优势和功能。

推进核心价值观网络化，需要我们从建网、用网、管网三向发力，努力实现其网络化，并通过网络化的核心价值观引领互联网与大学生的协同健康成长。一是要搭建好网络化的虚拟空间，巩固核心价值观在虚拟空间的指导地位，增强其隐性教育的吸引力、感染力。二是要遵循网络传播规律，发挥网络传播优势，释放网络传播正能量。习近平总书记强调："做好网上舆论工作是一项长期任务，要创新改进网上宣传，运用网络传播规律，弘扬主旋律，激发正能量，大力培育和践行社会主义核心价值观，把握好网上舆论引导的时、度、效，使网络空间清朗起来。"[2] 三是要提高网络治理能力，保障网络安全。一方面，要更新理念，强化思维，实现网络优势和思政传统优势的强强联合，筑牢阵地，引领政治方向和价值取向。另一方面，要促进先进文化、校园文化与网络的融合发展，准确把握热点和舆论导向，让网络造福于大学生，服务于大学生成长成才。四是要提高其网络生存，强化其话语权。习近平总书记指出："大国网络安全博弈，不单是技术博弈，还是理念博弈、话语权博弈。"[3] 充分发挥网络空间作用和网络传播的优势，必须发声，不能失语。利用网络传播好中国声音，讲好中国故事，才能更好地消除误解，化解分歧，彰显力量。

所谓制度化，就是将社会主义核心价值观融入大学各项校园规章制度建设，使校纪校规等制度文化充分彰显其价值理念，体现其价值取向，借助校规校纪的硬约束，实现社会主义核心价值观的认知、认同。习近平总书记指出："培育和践行社会主义核心价值观，要强化教育引导、实践养成、制度保障……把社会主义核心价值观融入社会发展各方面，转化为人们的情感认同和行为习惯。"[4] 这一表述为核心价值观转化入制提供了指导性纲要。核心价值观制度化，要求良法善制。一方面，要推进价值制度化，将价值融入制度体系，价值转化为具体制度，融入设计、建制、完善的全方面、全过程，为"弘扬主流价值提供良好社会环境和制度保障"[5]。另一方面，要推进制度价值化，坚持价值引领，贯穿于制度的解读、执行、评价的全过程，使制度和制度执行者成为彰显价值的重要载体，为教育引导以及实践养成提供制度保障。

推进核心价值观制度化，需要我们从宏观、中观、微观同时发力，全方位融入设计、安排、创新等各个方面，渗透到理念、内容、执行等各个环节，使制度优势和价值魅力协同共进，成为培育和践行核心价值观的"双引擎"。一是将核心价值观转化为大学精神，学校章程，构建优良的学校制度生态；二是将核心价值观融入教职员工、学生具体规章制度中，

[1] 尼葛洛庞帝. 数字化生存[M]. 胡泳，等译. 海口：海南出版社，1997.

[2] 习近平. 习近平谈治国理政[M]. 北京：外文出版社，2014.

[3] 习近平. 在网络安全和信息化工作座谈会上的讲话[N]. 人民日报，2016-04-26 (2).

[4] 习近平. 决胜全面建成小康社会　夺取新时代中国特色社会主义伟大胜利——在中国共产党第十九次全国代表大会上的报告[M]. 北京：人民出版社，2017.

[5] 中共中央、国务院. 新时代公民道德建设实施纲要[N]. 人民日报，2019-10-28(1).

使其与学校规章制度有机结合,有机衔接;三是压实制度主体责任,不断优化制度环境,在制度绩效中深度渗透,使学校各项制度与其相得益彰,为学生实践养成保驾护航。

第三节　立德树人的校园文化传播方式创新

作为社会主义核心价值观的载体,校园文化要在传播的过程中在大学生的心灵中播下社会主义核心价值观的"种子",通过不断推进校园文化传播进程,提高社会主义核心价值观的影响力,为社会主义核心价值观的认知、认同和践行提供良好的环境和条件。在培育社会主义核心价值观仍然是当前重大要求的形势下,校园文化传播理所当然成为高校思想政治教育的重大任务。我们必须坚持理念创新与实践创新相统一,努力将这项任务落细落实。

一、创新理念

当前形势下,进一步提高大学校园文化传播效能,重点是要解决谁来传播、传播什么、怎么传播几个方面的问题。谁来传播并不是放弃传播主导权和主导地位,而是坚持主导权和主导地位的前提下,借助多元主体进行更加广泛、更为有效的传播。传播什么不是传播的"自由主义",也不是传播的"教条主义",而是在考虑受众差异性的基础上,注重传播的针对性,提高传播的实效性。怎么传播,是解决传播的"方法论",以什么样的方式传播,利用什么样的手段传播。新时代大学校园文化的对外传播,不仅要展示中华民族优秀品格,弘扬优秀传统文化,提升中国道路、中国智慧的重要途径,更是在错综复杂的意识形态斗争中,增强中国价值、中国理念吸引力,提升文化软实力,服务于意识形态工作,宣传贯彻落实社会主义核心价值观的客观需要。当前形势下,进一步提高校园文化传播社会主义核心价值观的效能和水平,前提是创新传播理念。

一是树立传播主体多元化的理念。校园文化的传播,不能单纯地以学校机构、组织为主体,应更好地借力多元主体的作用。地方政府、社会组织、社区,以及全体师生,都负有传播责任和使命。就连食堂工作人员、宿舍管理人员乃至教师家属,客观上也是校园文化传播的主体,也在以不同方式、在不同范围内传播校园文化,展示大学形象。自媒体条件下,传播主体不仅成为可能,而且已经渗透到社会各个领域、各个方面,成为一种发展趋势。在高校国际化的趋势下,越来越多的外国留学生进入大学校园,越来越多的大学生到外国访学、留学,共同带动校园文化"请进来"和"走出去",客观上他们都成为传播主体。这些来自不同国家、地区的留学生以自己的方式,在不同的范围传播中国文化,不断扩大中国文化的"朋友圈",造就新的文化生命体,从而不断拓展社会主义核心价值观的传播空间,厚植生存和发展的文化沃土。因此,校园文化传播也要顺应时代潮流,适应发展趋势,走出一条富有中国特色的群众路线。

二是树立内容多样化的理念。校园文化的传播,带有强烈的价值观传播功能,既要考虑市场,又要兼顾社会。我们在传播过程中,不能仅仅拘泥于迎合市场、满足猎奇这一层面,而是要注意引导受众对文化精神、道德伦理的认知与认同。大学生来自五湖四海、全国各地,甚至还有许多外国的留学生,对象的差异性决定了传播形式和内容的多样性。为了取得良好的传播效果,传播方式和传播内容必须考虑文化背景、年龄专业、地域传统、风俗习惯等,有意识地选取针对性的内容和形式。一方面要充分挖掘校园文化中最具影响力的积极成分,推陈出新,创造更多既能承载核心价值观,又能被广泛接受的文化产品;另一方面,校园文化传播的内容要与时俱进,既符合涵养社会主义核心价值观要求,又适应现实需要,满足不同学生群体的个性化需求。

三是树立传播手段现代化的理念。当前人类社会进入了以 5G 技术、人工智能为代表的新一轮科技革命的时代,推动传播技术和手段不断升级迭代,导致传播技术和手段日新月异,花样不断翻新。新方式、新平台、新手段层出不穷,令人目不暇接。大学生群体好奇心强,喜欢接触新生事物,又善于接受新事物。校园文化传播在手段上必须抢占优势地位,把握主动权,才能赢得青年、引领青年。如果我们在传播技术上落后于人,就会在传播上受制于人。同理,如果我们在传播手段上不能先声夺人,就无法在主导权上先入为主。谁掌握最先进的技术,谁就占据了先机。谁善用最先进的手段,谁就占据了优势。这种传播技术和手段上的差距演变成"说"与"被说"。发达国家利用技术垄断和先进手段实现传播上的绝对主导。这种传播上的"全武行"反过来成为真实信息的"掩体",导致出现有理说不清、得理不得势的怪圈。一方面,我们要紧跟潮流,以开放包容的心态学习和接纳传播技术和传播技巧,吸收国外成功的传播经验,以及行之有效的做法;另一方面,我们也要针对青年大学生的特点和需要研发新的传播工具、平台,以及技术手段,充分利用数字技术和互联网等现代化传播媒介,提升传播速度和传播效果。

二、创新话语

人心是最大的政治。凝聚民心与民之所想、民之所向息息相关,表现在人民的关注、关心、信任和支持。其中,话语体系发挥着不可替代的作用。正如毛泽东所说:"要好好地说理。如果说理说得好,说得恰当,那是会有效力的。"[1] 创新话语体系有助于为落实社会主义核心价值观提供良好的舆论环境,有利于推动校园文化创新以及社会主义核心价值观的普及。换言之,话语构建在推动社会主义核心价值观的理论创新、文化传播、普及,增强文化认知,推动对社会主义核心价值观认同方面,发挥了独特的力量,扮演了不可替代的角色。

一是确立话语意识。任何文化传播,离不开话语体系;任何价值主张,必须借助话语实现。良好的话语意识是衡量传播主体的重要标识,同样也是政党成熟的重要体现。任何政党要赢得群众支持,巩固政治基础,不可避免地向社会宣传价值理念和政治主张,并使其效果最大化,因为话语对意识形态传播举足轻重。"话语权是开展意识形态建设的关键因素,不同意识形态之间的斗争从本质上来看不在于不同潮流自身,而在于如何解释各种潮流,也就是话语权的斗争。"[2] 谁掌握了话语权,谁就拥有了主动权。意识形态传播首

[1] 毛泽东.毛泽东选集:第3卷[M].北京:人民出版社,1991.

[2] 侯惠勤.马克思的意识形态批判与当代中国[M].北京:中国社会科学出版社,2010.

先就是话语的表达,它是意识形态的重要载体。谁来表达、表达什么、怎么表达与表达效果密切相关。话语所传达的政治信息,清晰展现其立场、主张。要取得表达效果的最大化,就必须掌握话语权。话语权就是主动权。谁丧失了话语权,谁就丢失了意识形态阵地,必然导致失语失效,其危害和后果极其严重。因此,我们要重视话语构建和传播,占领意识形态阵地,牢牢把握话语的主动权,向青年大学生清晰准确有效地传播政治主张、价值观念。相反,如果丧失主动权,就不可避免地陷入失语、失效的境地,导致话语权旁落,久而久之就会被动挨骂,甚至亡党亡国。历史上很多大党、老党就犯了类似错误,结果政权旁落、人亡政息,教训深刻。在话语权仍然"西强我弱"的形势下,网络进一步加剧碎片化的条件下,必须增强话语意识,避免犯历史性、颠覆性错误。

二是强化话语构建。话语构建的好坏,关系到强化认同的程度。它是实现认同的重要方式。话语代表的形象、形成的印象,代表着国家形象、政党形象,民族形象。作为一种特殊的政治文化,话语构建对于强化政治认知以及促进政治认同发挥着重要作用。良好的话语构建,利于受众理解认同价值理念,凝聚民心,振奋民心。相反,就会出现有事说不明、有理说不清的现象,结果得理不得势,反倒招致挨骂失势。社会主义核心价值观事关为民立魂,必须牢牢把握主动权、话语权。这就要求我们在话语构建上站对立场、站稳立场。首先要搞清楚为了谁,替谁说。因为说什么话,不仅反映立场、利益,而且代表意识形态和价值判断。一开口说话,价值就注入了,显示出来了。由于社会主义核心价值观从国家、社会、个体三个层面反映了中华民族最普遍的价值追求,我们在话语构建时必须站在中国立场、人民立场、人类立场,为之营造良好的舆论氛围、社会条件和国际环境。社会主义核心价值观的话语构建,是实现认知,强化认同的前提和基础。因为社会主义核心价值观的传播效果,不仅仅取决于传播主体的权威性,还依赖于话语构建。就像人们对真理趋之若鹜,并非全部来自真理本身,还在于其实践性。特别是,当话语主题与社会主义核心价值观高度契合时,我们就能成功地占领话语优势,取得话语主导权。宣传贯彻落实社会核心价值观是我们当前的重要任务、重大目标,要把这样高屋建瓴的价值观念转化为大学生的认知、认同,从上级文件走向课堂宿舍,没有高质量的话语是难以完成任务和目标的。这就要求我们在构建话语主题时,要实现与时俱进,使之能够引领目标和任务,对出现的新矛盾、新问题给出具有说服力的阐释。同时,社会主义核心价值观不仅继承我国优秀传统文化倡导的价值观念和优良传统,还汲取借鉴了国外合理的价值理念,这就要求构建话语时要注意开放性、包容性,不仅与优秀传统文化相承接,也要契合社会现实与国际形势。总之,我们在开展社会主义核心价值观的话语构建时,要运用辩证唯物主义和历史唯物主义,针对目标任务,结合问题、矛盾以及大学生的思想困惑,构建话语主题和内容,建构出易于学生理解,促进认知认同的意识形态话语,赢得话语主动权和主导权。

三是提升话语表达。话语表达是旗帜。旗帜就是方向,旗帜就是力量。话语表达具有举旗定向、号召人、凝聚人、引领人的独特功能。社会主义核心价值观是坚持社会主义道路,巩固社会主义制度,继承中华优秀传统文化,反映最广大人民群众根本利益,凝聚广泛共识和共同追求的产物。问题是时代的声音。新问题催生新理论。两者在相互促进中催生新的话语。新理论、新思想、新观点、新方法更加需要提升话语支撑和表达。话语表达担负着承载理论、承载精神的重大使命。因为社会主义核心价值观不是西方理论的翻版,具有自己独特的内涵和范畴,实现了对西方价值观的超越,以一种全新的道路、旗帜创造和诠释了新的文明形态,必然要求新的话语体系对之予以阐释和宣传。如果社会主义核心价值观缺乏解读,缺乏好的包装,缺乏好的宣传方式,就难以产生好的效果,不可避免导致知行不一、知行脱节的后果。提升话语表达须以问题为导向,以人民为中心,以实践为依据,为学生释疑解惑,消除思想顾虑,消解西方的话语陷阱。理论之所以能说服人,在于理论能解决问题。创新话语表达的过程,首先是发现问题和困惑的过程,同样也是升华理论,以及分析问题、解决问题的过程。没有回应关切,就无法厘清思想困惑,无法使理论入心、入脑。创新话语表达要充分发挥理论对问题的阐释力、解决力,有效厘清认知迷雾,解决现实问题。话语表达的效果与表达方式密切相关,任何刻板、呆滞、生硬的表达方式不仅于事无补,甚至适得其反。而对话过程中的官僚作风、形式主义无异于让对方产生反感、厌恶。因此,在表达上要反对陈旧、僵化,那种一味采取自上而下,试图以一种压倒式、压迫式的方式进行劝导掌控的做法,等同于拒人于千里之外。相反,民主、温和、平等、对话、协商式的表达方式更易于被青年大学生接受。生动、活泼、亲和力的话语,传递出理论的温度、新度,建立在尊重学生、爱护学生基础上的真诚沟通,既有效传达理论的广度、深度、效度,又以话语张力赢得学生的喜欢,让真懂真信的学生成为二次传播的主体,形成良性循环状态。

四是改进话语传播。关于社会主义核心价值观的话语传播是宣传贯彻落实的必然要求,也是发挥其引领功能的客观要求,更是彰显话语自信的重要体现。我们要善于从校园文化中汲取精华,推动社会主义核心价值观与校园文化的深度融合。积极建构社会主义核心价值观的话语体系,对校园文化中话语进行创造性转化,扩充新的内容,赋予新的内涵,使其逐步融入社会主义核心价值观的话语体系。话语传播是我们党的优良传统和政治优势。不同历史时期的话语传播发挥了巨大的感召力、影响力,对人们的理想信念、价值理念、道德观念产生了深刻影响,起到了事半功倍的效果。从服务于革命根据地建设的"星星之火,可以燎原"到抗日统一战线的"停止内战、一致对外",从建立社会主义制度"消灭剥削"到改革开放的"解放思想、实事求是",这些话语传播对实现政治目标起到了重大推动作用。改进话语传播,首先,要把握传播规律,构建符合话语传播的解释框架,将抽象的理论融入生活日常,实现传播"破圈";其次,积极利用数字技术变革,赋能传播优势,以精准传播提升传播效能;最后,协同传播要素,形成传播合力,提升传播效能。要避免单向传播的局限和低效,充分调动各方传播力量,整合传播资源,实现资源共享,优势互补,共同画好"同心圆",提升社会主义核心价值观在校园文化传播中的实际效果。

三、创新形态

对于现代文化传播而言,现代性是关键。多模态联合与协同是实现传统向现代转变的必然要求。校园文化包含多种要素,除了语言、音乐、舞蹈之外,服饰、装扮、造型、布景、表演都是组成部分之一。这些要素具有视觉、听觉、触觉和动觉等构成的多模态性。声、光、电、影不仅可以激发大学生的兴趣,在表现形式方面更加丰富,通过不同的搭配组合就会形成不同的表现形态,所传递的价值理念更加丰富、立体、饱满,让人更加直观感受价值张力,对传播的价值理念更加多维、更加深刻。文化形态与意识形态的融合传播,不仅赋予文化更深的价值意蕴,焕发新的形式,赋予新的内容,也让意识形态借助文化传播渗透性更强,效果更好。两者之间形成的这种契合,以一种超越文化形态本身的影响力和魅力,于无形中引发思想的动荡,人们通过认识、对话、理解形成对文化的理解,从通过文化理解实现价值认同。马克思主义之所以在中国广泛传播,发扬光大,一个重要的原因就是马克思主义与中华优秀传统文化之间的结合,共同构建当代中华民族的文化家园,以及意识形态的价值体系。

高校校园文化有各种各样的表现形式,语言、舞蹈、歌唱、绘画、写作等都是校园文化的表现形式和传播方式。以舞台传播形态为例,作为一种单一的传播方式,传播效果是有限的。对不懂舞蹈、不喜欢舞蹈,或者对舞蹈的理解和修养不高的受众群体而言,对于舞台所表达的内容,传递的精神内涵,可能处于不知所云、一知半解的状态,准确、深刻理解内涵难以实现。如果我们利用多模态形式填补其空缺,弥补单一形态无法完全呈现的文化意象,难以完美诠释价值意蕴,情况就会大不相同。在媒体不是很发达的时代,这种失衡不可避免,所表达的精神内涵自然要打折扣。在现代信息化条件下,媒体高度发达的今天,只要我们充分利用高科技和多媒体,将把多模态的优势充分释放出来,通过设计重构、舞台再造,虚实结合,许多看似抽象的、难以表达的内容可以通过具象化、实景化、情景化的素材充分呈现,完美展现,有效弥补单一形态传播的文化元素所带来的意境缺失。

一是拓展传播主体。借助不同的传播主体,可以实现文化形态多样化创新。在全球化、国际化的条件下,跨文化传播本土文化方式,已经成为文化形态创新发展的新思路。不同的群体对文化有不同的理解、也有不同的诠释、不同的表达方式,更为重要的是一种价值理念可以借助不同的文化形式,形成不同的文化样态,以更加丰富的内容、更加多样的形式满足不同受众群体的需要。在数字媒体时代,文化传播已经进入"全民参与"模式,日益呈现出移动化、社交化的发展趋势,全民主播使传播的广度、速度超过人类社会以往任何时代,为文化多样态传播提供了多种可能。各种奇思妙想的展示方式随着网络直播、短视频等途径,收获了一大批年轻"粉丝"。各路"神仙"以"八仙过海"的方式吸引各自"粉丝"的关注、点赞和推广,在创造更多"网红"的同时,开辟了新的传播渠道。

二是丰富传播形式。社会主义核心价值观要借助文化传播实现认同,通过丰富传播形式,特别是要实现文化传播形式的多样化,这就需要文化经过转换才能实现,特别是要大众化、本土化。相对地方文化而言,外来文化要得到传播、认同,往往需要使之与地方文化的融合,取得当地文化的吸收和采纳,以适应特定群体偏好的文化形态表现出来,更加容易传播开来,从而更加容易获得接纳和认同。"考虑到地方文化对地方性语言、意识形态以及其他文化表现形式的依附性很高,传播受众在地域亲缘关系和文化背景等诸多方面各有差异"[1],既要"请进来",又要"走出去",为社会主义核心价值观的再生长寻找更多、更丰富的文化土壤,让更多的文化传播形式成为社会主义核心价值观的催化剂、黏合剂。因此,我们需要找到两者相结合之处,为适应需要而作出改变。特别是高校日益国际化,

[1] 刘瑛.地方文化国际传播的机制与创新[J].中州学刊,2020(10):168-172.

跨地域文化传播更加重要。习近平总书记指出："要加强中外人文交流，以我为主、兼收并蓄。推进国际传播能力建设，讲好中国故事，展现真实、立体、全面的中国，提高国家文化软实力。"[1]"人类命运共同体"等价值理念随着"一带一路"声名远播，被世界广泛认同。一方面，是借助不同国家民族文化形式的传播；另一方面，是越来越多外国人走进中国，走近中国文化，他们又成为中国文化的"代言人"。我们在电视媒体中看到传统文化演艺中有越来越多的"洋角"，不仅让国人耳目一新，而且吸引了更多的外国人目光，为中国文化传播开拓更加广阔的舞台，也为中国主张、中国智慧的国际认同架起了桥梁。

四、创新内容

校园文化创新，要始终坚持内容为王。内容为王，是文化创新的生命线。离开内容谈创新，或者单纯追求形式创新，忽略内容，影响创新质量，难以形成优良的育人价值，无法产生良好的育人效果。我们要在探索社会主义核心价值观在引领校园文化发展的探索中推进内容创新。既要挖掘校园文化深处的精神内核，又要不断丰富社会主义核心价值观的文化底蕴，同时也要在价值理念中渲染文化底色，更要在文化创新实践中提升文化主流价值，从而持续增强校园文化的引导力、影响力。

一是坚持内容与形式相统一。内容为王，内容为先，内容为要，并不是否定形式，而是避免过多注重形式，忽略内容，导致舍本逐末。事实上，创新形式与内容相得益彰，有助于人们对内容的准确理解，为文化传播插上腾飞的翅膀。《诗说中国》通过鲜活的人物故事，展现诗词中蕴含的文化内涵和家国情怀。《典籍里的中国》以"文化节目＋戏剧＋影视化"的方式，让书写在典籍里的文字"活"起来，展现典籍里蕴含的中国智慧、中国精神和中国价值。这两个以优秀传统文化为核心的文化节目，之所以"破圈"，甚至赢得很多外国"粉丝"，原因就是注重内容与形式创新的协同统一。校园文化创新要做到配方科学、工艺精湛、包装时尚，为大学生提供精神大餐，为立德树人注入强大动力。

二是坚持知识性和价值性相统一。校园文化创新要坚持知识性和价值性相统一，"没有知识支撑的价值和道德是空洞的，没有价值和道德滋养的知识是盲目的，甚至是危险的"。[2]这是立德树人的根本要求，也是道德涵养的客观需要，更是价值培育的重要保障。大学生社会主义核心价值观培育，不能仅仅依靠文化知识，它更需要寓价值观引导于智育之中，才能更好地实现立德树人的根本目标。坚持知识性和价值性相统一，不仅是创新内容的要求，更是促进思考、增长知识、启迪智慧的需要。坚持知识性与价值性相统一的创新，不仅产生新概念、新理论，而且产生新观点、新思想。校园文化也因此具有了价值的厚重感，主动承载主流意识形态，积极传导核心价值理念。这样的校园文化让理论说得更准，道理讲得更清，育人效果也更佳。

三是坚持建设性和批判性相统一。校园文化创新是为了更好地建设校园文化，也是

---

[1] 习近平.决胜全面建成小康社会　夺取新时代中国特色社会主义伟大胜利[M].北京：外文出版社，2018.

[2] 方兰欣.创新教学内容方法　有效提升思政课质量[N].河南日报，2019-03-29(6).

为了建设更好的校园文化。建设是校园文化创新的目的,适度的理性批判是创新。创新本身就是一种扬弃。这种扬弃必须建立在理性批判和反思的基础上。扬弃是去其糟粕,取其精华。扬弃是有原则地保留。校园文化载体创新就是要使其内容更好地传导主流意识形态,与核心价值观高度契合的因素将得以保留,而与之对立的消极因素则被舍弃,使其更好地弘扬主旋律,传播正能量,引导青年大学生扣好人生第一粒扣子。同时,它也要直面各种错误观点,以及西方思潮,如果没有理性反思,就难以分辨是非,如果没有批判精神,就会全部接纳,结果只会满盘皆输。

五、创新传播

文化的育人效果与其传播效果直接相关。文化传播的实质就是文化创造性转化,以及创新性发展的过程。校园文化"可以借助更多元化的新技术平台进行创新传播,通过受众更加喜闻乐见的传播形式使社会主义核心价值观传播最大化"。[1] 与传统传播相比,现代化传播以一种平视和人格化表达方式,使之成为舆论的引导者,从而扮演着"定海神针"的角色。它不仅及时回应关切,还能利用其先导优势发挥正面引领的作用。而数字化条件下塑造的多元信息产品,进一步强大主流声音,把握正面价值引领,提升传播能量,构建立体化传播格局。因此,它能更加有效地填补知识盲区,创新融合传播。这种崭新的文化产品,以及全新的传播方式和传播途径,带来别样体验,也塑造了校园文化新生态。

一是数字化传播。数字技术就是生产力。它不仅是文化生产要素,而且是文化载体。校园文化与数字技术相结合,塑造文化新业态。价值内容与其相融合,则推动文化创新性发展,开辟新境界。数字技术不仅改变文化生产方式、传播方式,衍生出文化新产品,催生文化新业态,进而缔造文化新生态。古老的故宫在数字技术加持下成为年轻人追捧的"网红",焕发出新的生命力。数字技术革命带来的沉浸式体验,让年轻人耳目一新,通过这种深度体验,"真实体验",传统文化不仅得到更加全面立体的展现,也为提高教育效果注入源源不断的新动力。

二是微传播。微传播,即以微博、短信以及微信等社交 App 为媒介的传播方式。微传播,"微"在内容,一个表情符号、一张动图、一个微视频等就可以构成传播的全部内容。微传播,"微"在介质,一部手机掌控天下。微传播,"微"在操作,手指一点,通达世界。微传播,"微"在受众,点对点对象性传播。微传播的兴起,彻底改变了人们的生活方式、思维方式、社交方式,传播方式和传播生态也随之产生历史性变革。微传播的多元传播方式满足了人们多样化需要,契合人们的日常生活。这样一种传播方式使得文化的影响和渗透无处不在、无时不有,犹如空气一样弥漫在四周,悄无声息地影响人、改变人。

三是互联网传播。文化传播,既要内容为王,又要效率为上。网络的及时性、便捷性、交互性、移动性在传播上具有无可比拟的优势。当代大学生从出生就生活在"Z 时代",虚拟网络已经成为他们的一种生存方式、生活方式。网络对当代大学生的成长成才产生了重大影响。习近平总书记在党的二十大报告指出:"拜金主义、享乐主义、极端个人主义和

[1] 唐琼,杨洋.创新为先 用心传播社会主义核心价值观[J].中国广播电视学刊,2014(12):16-19.

历史虚无主义等错误思潮不时出现,网络舆论乱象丛生,严重影响人们思想和社会舆论环境。"[1] 同时,网络也对校园文化传播形成了强烈冲击,"新办法不会用、老办法不管用、硬办法不敢用"[2],这种本领恐慌让人心生恐惧。互联网不仅提供了直播、短视频等深受青年大学生欢迎的传播方式,而且搭建了丰富多样的社交媒体平台,极大地创新传播方式和传播途径,迸发出传播的巨大能量。校园文化传播必须顺势而为,积极运用互联网的新技术、新媒介、新平台,充分发挥网络的育人主阵地作用,让校园文化"活起来""潮起来""火起来",为涵养大学生社会主义核心价值观提供源头活水和不竭动力。

[1] 习近平. 高举中国特色社会主义伟大旗帜　为全面建设社会主义现代化国家而团结奋斗——习近平同志代表第十九届中央委员会向大会作的报告摘登[N]. 解放军报, 2022-10-17(2).

[2] 曲青山. 时刻保持解决大党独有难题的清醒和坚定[J]. 理论导报, 2023(3):4-8.

第六章　立德树人的校园文化载体创新战略

战略是全局设想,也是宏观策略。涵养大学生社会主义核心价值观的校园文化载体创新要紧扣校园文化建设中的突出矛盾,坚定实施文化强国战略,增进文化自觉和文化自信,丰富和拓展涵养社会主义核心价值观的文化载体;通过改进相关制度,建立社会核心价值观教育的保障机制;引导师生建立交往新范式,在共育校园文化中增进认同;通过塑造文化人格,提升校园文化创新品位;创建以学生为本的校园新模式和社会主义核心价值观引领下的校园文化运行新机制;增强和扩展校园文化涵养社会主义核心价值观的隐性教育功能,突出抓重点、强弱项,不断培育和创新校园文化,夯实涵养核心价值观的文化基础。

第一节　坚定实施"文化强国"战略

实施"文化强国"发展战略,就是以建设社会主义文化强国为目标,以马克思主义为指导,坚持社会主义先进文化前进方向,坚持以人为本,改革创新,把解决人的价值信仰问题放在突出位置。

在当代中国,实施"文化强国"发展战略,就是要"以建设社会主义核心价值体系为根本任务,以满足人民精神文化需求为出发点和落脚点,以改革创新为动力,发展面向现代化、面向世界、面向未来的、民族的科学的大众的社会主义文化,培养高度的文化自觉和文化自信,提高全民族文明素质,增强国家文化软实力,弘扬中华文化,努力建设社会主义文化强国"。[1] 具体地说,当代中国的文化发展,其出发点和归属都要实现好、维护好、发展好全体人民的价值信仰。要从人民群众出发,把人民群众的精神文化需要作为出发点,使社会主义先进文化深入民心,人民群众的精神文化生活更加高尚、丰富和多彩,思想道德素质全面提升,物质文明和精神文明全面发展,铸就中华民族共同的精神家园。在发展过程中,我们要始终坚持道路自信、制度自信和以人为本的发展理念,人民群众既是发展的动力,又是发展的主体,要充分发挥人民群众在文化建设中的积极性、主动性和创造性,实现文化自强。

在当代中国,实施"文化强国"发展战略,不仅必要而且可能。在中国全面持续推进改革开放的今天,人民群众的物质文化需要已经获得满足,更高层次的精神需要和自我实现的需要正在生长,这种需要应该由文化价值观给予反映。从当前我国社会的发展需要来看,根据人的发展需要来调控社会文化的发展,已经是迫在眉睫。"文化强国"发展战略能否真正实现,可以从诸多指标进行衡量。如人的道德、价值信仰、精神文明、文化软实

---

[1] 郭建宁. 中国文化强国战略[M]. 北京: 高等教育出版社, 2012.

>>>>>>>>>

力、文化传承创新、文化改革发展等,都是衡量指标体系的具体体现。因此,我们认为,"文化强国"发展战略是一种全局性、综合性的发展战略,主要包括文化软实力、文化传承创新等。

一、实施文化传承创新发展战略

文化传承创新是推进先进文化建设的必经之路。"中国文化源远流长,中华文明博大精深。只有全面深入了解中华文明的历史,才能更有效地推动中华优秀传统文化创造性转化、创新性发展,更有力地推进中国特色社会主义文化建设,建设中华民族现代文明。"[1]正如毛泽东所言:"对中国的文化遗产,应当充分地利用,批判地利用。中国几千年的文化,主要是封建时代的文化,但并不全是封建主义的东西,有人民的东西,有反封建的东西,要把封建主义的东西和非封建主义的东西区别开来。封建主义的东西也不全是坏的。"[2]传承是创新的前提和基础,任何创新都是在继承前人成果上的创新,否则就是无本之木、无源之水。但是,创新又不是天马行空地创新,而是有原则、目标、方针的创新。这里的目标就是立足中国特色社会主义实际情况和社会主义核心价值观的发展目标,以马克思主义理论和科学发展观为指导,深入推进当代中国文化的传承创新。

一是要从涵养核心价值观的角度深入挖掘中华优秀传统文化中的教育资源,广泛宣传中华优秀传统文化,让人民群众继承和弘扬优良传统和民族精神。对于有着几千年光辉灿烂文化资源的传统文化,发掘、整理和重新阐释还远远不够。我们要充分利用现代信息技术,加强对中华优秀传统文化的保护和利用,使之数字化、大众化。

二是要针对人民群众的精神文化需要,培育社会主义文化市场体系,为文化传承创新提供新的动力。毋庸讳言,文化传承创新的内生动力来自于文化消费市场。只有全面提高人民群众的文化消费水平,才能拉动文化传承创新产业的快速发展。培育文化市场的关键在于,提供符合人们精神需要的、让人满意的文化产品。因此,准确把握人们的精神文化需要,引领文化产品消费潮流,大力促进文化产业的快速发展,就成为当务之急。

二、实施文化"软实力"发展战略

早在 2007 年,文化"软实力"列就成为我国文化发展的重要战略之一。历史经验表明,仅仅是经济的发展,并不能解决所有的社会问题,相反,社会不和谐、不稳定的因素反而增多,由于文化发展的不足,经济发展的可持续动力日渐式微,人民群众的精神越发空虚、信仰逐渐缺失、道德持续滑坡。如果我们仍然延续文化建设远远跟不上经济建设的发展模式,凝聚人民群众的思想共识、价值认同,维护国家的文化安全、意识形态安全和社会主义发展道路,将变得越来越困难。文化"软实力"发展战略,主张弘扬先进文化,综合创新

---

[1] 新华社. 习近平在文化传承发展座谈会上强调　担负起新的文化使命　努力建设中华民族现代文明[N]. 人民日报, 2023-6-3 (1).

[2] 中共中央文献研究室. 毛泽东文集: 第8卷[M]. 北京: 人民出版社, 1999.

>>>>>>>>>

古今中外文化,保护和传承中华优秀传统文化,扩大对外文化传播与交流,以提高中华文化的引导力、感召力、创新力、传承力和影响力。

实施文化"软实力"发展战略,就是以文化看待发展,就是把人民群众的价值信仰放在文化发展的突出位置。因此,文化发展必须关注人民的精神文化需要,把解决人民群众的价值信仰问题作为创新的出发点和落脚点,不断满足人民的自我实现的需要,促进人的全面自由发展。其中,先进文化在文化"软实力"中处于关键地位。没有先进的文化,或者文化不具有先进性,根本就谈不上所谓的"实力"。因此,弘扬社会主义先进文化,提高其引导力,成为实施文化"软实力"的必然选择。

发展社会主义先进文化,既有有利因素,也有不利条件。有利在于我国在悠久的历史和文明进程中孕育了中华优秀传统文化,它为我们创造社会主义先进文化提供了有机土壤。不利在于我国是在半殖民地半封建的落后基础上建设社会主义先进文化。可以说,精华与糟粕同在、积极与消极并存,既有自洽之处,也有不适之处。因此,我们要在坚持和发扬中华优秀传统文化的基础上,去粗取精、推陈出新,结合社会主义核心价值观,与时俱进,不断创新,实现其现代性转化,为社会主义先进文化建设提供源源不断的养分。

在对待外来文化上,我们坚持包容并蓄,取长补短,为我所用。中华文化之所以在历史上的很长一段时间位居世界前列,原因就在于"中华文明具有突出的包容性,从根本上决定了中华民族交往交流交融的历史取向,决定了中国各宗教信仰多元并存的和谐格局,决定了中华文化对世界文明兼收并蓄的开放胸怀。"[1] 作为社会主义先进文化的精髓,社会主义核心价值观是社会主义先进文化的题中之意。因此,我们在建设社会主义先进文化时,使之贯穿和融入先进文化建设及其产品创作、生产、传播的各个环节之中。

当然,创新是保持文化先进性和生命力的源泉。对于传统文化、红色文化以及包括西方资本主义在内的外来文化,我们都要坚持批判继承再创新,而不能生吞活剥、生搬硬套,只有在批判基础上的再创新,才能为我所用。正如邓小平所指出的:"社会主义要赢得与资本主义相比较的优势,就必须大胆吸收和借鉴人类社会创造的一切文明成果。"[2] 长期以来,尽管中华文化一枝独秀,但是"墙内开花而墙外不香",原因在于我们的文化传播不力。因而,提高文化软实力,必须要拓展对外传播与交流,"向世人讲好中国故事、传递好中国声音,展示好中国形象"。[3]

三、实施弘扬优秀传统文化战略

中共中央办公厅、国务院办公厅印发的《关于实施中华优秀传统文化传承发展工程的意见》中指出:"实施中华优秀传统文化传承发展工程,是建设社会主义文化强国的重大战略任务,对于传承中华文脉、全面提升人民群众文化素养、维护国家文化安全、增强国

---

[1] 新华社. 习近平在文化传承发展座谈会上强调 担负起新的文化使命 努力建设中华民族现代文明[N]. 人民日报,2023-6-3 (1).

[2] 邓小平. 邓小平文选:第3卷[M]. 北京:人民出版社,1993.

[3] 国务院办公厅. 关于实施中华优秀传统文化传承发展工程的意见[N]. 人民日报,2017-1-26 (6).

>>>>>>>>>

家文化软实力、推进国家治理体系和治理能力现代化,具有重要意义。"作为社会主义核心价值观生根生长的肥沃土壤,中华优秀传统文化的传承不可或缺。对于涵养大学生社会主义核心价值观的校园文化创新而言,中华优秀传统文化的基础性地位凸显。正如美国著名哲学家、教育学家杜威在《民主主义与教育》中所指出的:"任何教育如果只是为了教授技能,这种教育就是不自由的、不道德的。"[1] 那么,如何让我们的大学教育变得更加自由和道德呢?我们认为,"大学一定要有传统文化的根,大学需要文化和精神。"对于中国特色社会主义大学校园文化建设而言,中华优秀传统文化就是它的根,而社会主义核心价值观就是中国特色社会主义大学所需要的精神。

一是要将优秀传统文化融入大学生的学习教材和课堂,"推动高校开设中华优秀传统文化必修课,在哲学社会科学及相关学科专业和课程中增加中华优秀传统文化的内容。加强中华优秀传统文化相关学科建设,重视保护和发展具有重要文化价值和传承意义的'绝学'、冷门学科。丰富拓展校园文化,推进戏曲、书法、高雅艺术、传统体育等进校园,实施中华经典诵读工程,开设中华文化公开课,抓好传统文化教育成果展示活动"。[2]

二是要将中华优秀传统文化融入大学生的日常生活中,"深入开展'我们的节日'主题活动,实施中国传统节日振兴工程,丰富春节、元宵、清明、端午、七夕、中秋、重阳等传统节日文化内涵,形成新的节日习俗。加强对传统历法、节气、生肖和饮食、医药等的研究阐释、活态利用……充分利用历史文化资源优势,规划设计推出一批专题研学旅游线路,引导游客在文化旅游中感知中华文化。推动休闲生活与传统文化融合发展,培育符合现代人需求的传统休闲文化"。[3]

三是要将中华优秀传统文化融入校园传媒中。高校要将中华优秀传统文化搬上校园网络,融进微信公众号、微博等自媒体中,在校园网络上开辟传承中华优秀传统文化的专栏,在一些诸如传统佳节或重要庆典时间节点,推送中华优秀传统文化典故、故事,配以图片、动漫等,以趣味性、生动性的手法表现出来,增强优秀传统文化的亲和力和吸引力。

第二节　创建立德树人的校园文化新模式

无论是培育社会主义核心价值观,还是大学校园文化建设,归结到一点上就是"立德树人"。因此,我们只有创建以学生为本的校园文化新模式,构筑大学生的精神家园,才能更好地涵养社会主义核心价值观,实现"立德树人"的教育目标。为此,我们要树立"以学生为本"的价值理念,从涵养社会主义核心价值观要求规划校园文化,营造充满人文精神的文化环境和氛围,提高校园文化涵养社会主义核心价值观的成效。

---

[1] 约翰·杜威.民主主义与教育[M].王承绪,译.北京:人民教育出版社,1990.

[2][3] 中共中央办公厅,国务院办公厅.关于实施中华优秀传统文化传承发展工程的意见[N].人民日报,2017-1-26 (6).

一、把涵养核心价值观摆在突出位置

为了使校园文化更好地涵养社会主义核心价值观,我们必须树立"以生为本"理念,按照涵养社会主义核心价值观要求来规划校园文化。

第一,树立"以学生为本"的价值理念。"以学生为本"就是尊重学生,关心学生,爱护学生,把"立德树人"作为第一要务。大学生既是校园文化的实践主体,又是其价值主体。在校园文化建设中,我们要始终坚持以学生为本的价值理念,将学生的全面发展作为校园文化建设的价值旨归,使学生的合理诉求在校园文化中得到满足,自我价值得到彰显。为此,我们要把"以学生为本"的价值理念贯穿于校园文化建设和创新的全领域、全过程,使之深深地熔铸于校园文化之中,从而提高学生的文化认同。

第二,以涵养核心价值观的要求规划校园文化,整合校园文化的各子系统对社会主义核心价值观的涵养功能。首先,我们要理清学校各部门的责任和义务,避免相互推诿、各自为政,使各责任主体相互配合、精诚合作。其次,我们要整合校园文化载体,实现校园文化与社会主义核心价值观教育的紧密结合,避免出现相互脱节、单打一等"两张皮"现象。一方面,我们要从涵养社会主义核心价值观的角度,对校园文化进行全面规划、组织和设计,组织教育经验丰富的专家、学者进行指导和论证,确保校园文化涵养社会主义核心价值观的科学性;另一方面,"思想政治教育理论课教师也要参与到校园文化的建设活动中,把思想政治理论课与校园文化活动有机地结合起来",[1]实现第一课堂和第二课堂的协同育人。

二、在校园文化传播中发扬人文精神

所谓人文精神,简言之就是"关心人,尤其是关心人的精神生活;尊重人的价值,尤其是尊重人作为精神存在的价值(尊重精神价值)。"[2]可见,涵养大学生社会主义核心价值观,离不开人文精神这一有机土壤,它是培育大学生社会主义核心观的重要途径。人文精神的根本旨趣在于对大学生的人文关怀,使其树立正确的价值观,正确处理各种关系。诚然,影响人文精神的因素很多,其中,"学校的校园文化氛围显然是最基本的因素。人文精神的养育,不是靠一堂课,一个活动就能起到立竿见影的效果,它必须渗透到学校校园的每个层面,每个角落"。[3]充满人文精神的文化环境和氛围,对大学生的道德情感具有熏陶作用,因而成为人文精神养育的载体。一方面,"社会主义核心价值观念必须体现人文精神的时代特征",[4]才能赢得认可;另一方面,"在高校校园文化建设中,人文精神不能缺失"。[5]因此,只有充满人文精神的校园文化,才能有效涵养社会主义核心价值观,两

[1] 殷梅霞.基于培育大学生社会主义核心价值观的高校校园文化建设[J].思想政治教育研究,2016(4):13-16.

[2] 周国平.人文精神的哲学思考[M].武汉:长江文艺出版社,2015.

[3] 纪明泽.学校人文精神的弘扬[M].济南:山东教育出版社,2006.

[4] 陈新汉.社会主义核心价值体系价值论研究[M].上海:上海人民出版社,2008.

[5] 胡云安.大学文化的传承与创新[N].中国青年报,2014-11-3(2).

者缺一不可。

第一，营造滋养人文精神的校园环境。首先，注重环境的整体性。从时间上看，人文精神的培育是校园文化历经长期积淀的结果，它需要每天的点滴积累才能水滴石穿。从内容上看，校园文化包含教育、科学、伦理、艺术等，还包括校园景观、实验室、体育场馆以及大学精神、理念、制度等，因而具有整体性。这些校园文化的组成部分，以不同的方式对人文精神培育发挥着不同的作用，彼此之间不能相互替代。其次，注重环境的相容性。尽管校园文化具有相对独立性，但是，校园文化难以避免受社会影响。如果两者不相容，社会文化就会对校园文化产生消极影响。因此，我们要不断净化和优化校园环境，注重保持两者的相容性，保持两者对人文精神培育的积极意义。值得一提的是，就校园文化本身而言，内部也要相容，如果其组成部分相互对立，就会影响涵养成效。再次，注重校园文化环境的情感性。对人文精神培育而言，和谐的人际关系和情感条件不可或缺。

第二，强化体现人文精神的文化建设。习近平在 2016 年全国高校思想政治工作会议上要求："加强人文关怀和心理疏导，把高校建设成为安定团结的模范之地。"[1] 加强大学生的人文关怀，关键在于建立体现人文关怀的管理制度，以及发挥学校领导的非权力性影响。首先，注重人文关怀的制度建设。管理制度对于大学生的行为约束和道德自律以及价值观的形成具有重要作用。尽管每所大学的管理制度不尽相同，但是体现人文关怀的管理制度的价值理念却是共同的。因此，建立体现人文关怀的管理制度的核心，在于其制定和实施过程中，充分贯彻科学、民主、人文的价值理念，实现良序善治。其次，强化学校领导的非权力性影响监督。如果一所大学的领导集体的人格以及在办学理念、管理方式以及学校的发展策略处处彰显人文精神，无疑会对整个学校的文化氛围产生深度影响。

三、将核心价值观融入校园文化建设

作为大学生社会主义核心价值观教育的重要平台，校园文化可以从其价值导向、环境塑造、组织建设和实践活动中融入社会主义核心价值理念，使大学生在校园文化的价值导向中增强凝聚力，在校园文化的塑造中感受辐射力，在校园文化的组织建设中增强认同感，在校园文化的实践活动中实现行动转换。

从校园文化的价值导向的角度来说，一是要在大学的办学理念中体现社会主义核心价值观。作为校园文化的精神领袖，办学理念体现了一所学校的办学特色、办学层次，也规定着校园文化的基本内涵和发展方向。只有在办学理念中融入社会主义核心价值观，才能实现对于校园文化的价值引领。首先，"富强、民主、文明、和谐"既是社会主义国家的发展目标，同样也是大学校园文化的发展目标。建设富有内涵品质、积极健康、高雅、创新、和谐的校园文化，是中国特色社会主义大学的应有之义，也只有这样的校园文化，才能满足培养社会主义社会合格人才培养的需要。其次，"自由、平等、公正、法治"既是社会

[1] 新华社.习近平在全国高校思想政治工作会议上强调　把思想政治工作贯穿教育教学全过程　开创我国高等教育事业发展新局面[N].人民日报，2016-12-9(1).

主义社会发展的价值取向,同样也是大学校园环境塑造的目标。我们既要坚持马克思主义的主导地位,又要鼓励和包容文化的多样性,形成一元主导、多样共存的文化发展局面,百花齐放、百家争鸣的治学、为学氛围。再次,"爱国、敬业、诚信、友善"既是社会主义公民的道德要求,同样也是大学校园文化的价值追求。我们可以从思维方式、道德情操、心理倾向以及人生态度四个维度培养广大师生的社会责任感,引领校园文化的道德风尚。二是要在校风建设中融入社会主义核心价值观。作为大学的灵魂,校风对大学生的价值观产生重要影响。其中,政风、教风、学风是校风的重要组成部分,它们分别体现了学校领导集体、全体教师和学生在工作、教学以及学习和生活中的风气。首先,加强学校的制度管理,提高民主决策,坚决执行按章办事,强化制度执行过程中的监督,形成风清气正的政治生态。其次,加强教师队伍建设,提高教师教学的积极性,形成优良的教风。我们要从薪酬待遇、奖惩制度、学术评价、绩效评价等方面建立健全公平、公正的制度体系,为教师治学及为学提供公正、宽松的环境,形成思想自由、学术自由的良好氛围。再次,提高教学质量,培育优良学风。我们要从职业规划、诚信教育、学生管理等方面着手,充分调动学生学习的积极性和主动性,让他们明确学习目的和人生目标,形成积极向上的学习风气。

从环境塑造的角度来说,我们可以在物质环境、学习环境和网络环境建设中融入社会主义核心价值观。值得一提的是,图书馆在大学生的学习环境中占据着特别重要的位置。正如苏霍姆林斯基所说:"一所学校可能什么都充裕,但如果没有人的全面发展和为其丰富的精神生活所需要的书籍,那就还不算是学校。"[1] 在图书馆建设中,我们要将社会主义核心价值观贯穿于文献收藏、服务理念、建筑设备等各个环节。在现代媒体条件下,网络媒体的及时性、便捷性、传播性等优势是大学生学习、生活、交流、表达思想观念、娱乐、消费的重要平台。正因为如此,网络环境中的不良信息和异质价值观对涵养社会主义核心价值观会产生不可低估的消极影响。为此,"高校应采取开放与融合、监督与疏导相结合的方针,以社会主义核心价值观为精神导向,积极打造和建设校园品牌网站,以建设校园文化的新阵地"。[2]

从组织建设的角度来说,我们可以从校园组织制度、管理以及人际关系等方面融入社会主义核心价值观。任何制度都是在一定的价值观的指引下设计和安排的,大学校园组织制度也不例外。因此,高校要在顶层设计、政策制度等安排上,都必须以核心价值观作为价值尺度和标准,保证社会主义核心价值观落到实处。从实践活动的角度来说,校园文化中的实践活动,是推进社会主义核心价值观生活化、具体化、本土化的重要路径。我们不仅要重视"自上而下"和"自内而外"的实践活动,更要重视大学生自组织的实践活动,因为这些实践活动更具凝聚力、影响力和号召力。值得注意的是,对于学生自组织实践活动中出现的泛娱乐化、庸俗化的倾向,我们要加强监督和引导,并将社会主义核心价值观融入其中,让他们的心灵在活动中接受洗礼。

---

[1] 蔡汀,王义高,祖晶.苏霍姆林斯基选集[M].4卷.北京:教育科学出版社,2001.

[2] 山述兰.以社会主义核心价值观引领高校校园文化建设的策略研究[J].思想理论教育,2015(1):106-109.

>>>>>>>>>>

第三节　构建立德树人的校园文化运行新机制

构建核心价值观引领下的校园文化运行新机制,旨在使社会主义核心价值观有效地引领校园文化的发展,扬长避短,更好地发挥校园文化对社会主义核心价值观的涵养作用。具体而言,我们要通过构建价值导向、渗透融入、践行激励、制度保障等机制,维护核心价值观在校园文化中的主导地位,增进大学生对社会主义核心价值观的认知认同,激励他们躬身践行。

一、价值导向机制

实现社会主义核心价值观对校园文化的价值引领,"首要问题是能否建立起价值主导的价值,从指导思想、领导体制等方面保证社会主义核心价值体系对大学校园文化建设的有效引领"。[1] 社会主义核心价值观引领校园文化的建设和创新是全方位、全领域,统领全局性的,它既包括办学方向、理念、精神等,又涉及教学学风班风校风、校园文明等方方面面。上述所有方面都要体现出核心价值观的理念、要求,并通过学校的领导体制、管理制度、建筑风格等方面以具体化、形象化的方式或途径表现出来,只有这样才能保证社会主义核心价值观对校园文化的统领。具体地说,一是要进一步强化党委对校园文化建设的领导和重视,确保其落到实处,取得实效。二是要以社会主义核心价值观培育校园精神。校园精神是社会主义核心价值观在校园文化中的具体化、本土化,是对社会主义核心价值观的继承和弘扬,实质就是其价值主导在校园文化中的集中体现。三是要确保社会主义核心价值观在横向、纵向上一以贯之,确保各项工作和制度与社会主义核心价值观保持高度一致。

二、渗透融入机制

校园文化之所以能够有效涵养社会主义核心价值观,其特质之一就是其具有的渗透功能。为了充分、有效地发挥校园文化的渗透功能,我们需要建构一种保障校园文化渗透功能发挥的有效机制,以确保社会主义核心价值观能够深入渗透、全面融入。除了整合力量,形成合力和丰富校园文化载体之外,构建渗透融入机制的关键是解决社会主义核心价值观与各种校园文化活动建设的衔接、巧妙渗透、全面融入等问题,避免生搬硬套或"两张皮"等适得其反的情况发生,否则可能会引起学生的反感。一是要善于把握时机、场合,精心设计、巧妙构思,实现社会主义核心价值观与校园文化建设的相得益彰。具体而言,就是要利用天时、地利等时机开展主题教育活动,在活动中渗透社会主义核心价值观。二是强化校园文化活动与实践教学等彼此之间的联动,在组织领导上下功夫,在内容安排上

---

[1] 万美容, 明月. 论社会主义核心价值体系引领校园文化建设的机制[J]. 学校党建与思想教育, 2010
    (10):20-22.

做文章,引导人们自觉地在文化活动过程中渗透、融入核心价值观的内容,发挥社会主义核心价值观在其中的价值导向作用。

三、践行激励机制

为了激励广大师生积极开展各类校园活动,在活动中积极传播社会主义核心价值观,并在学习、工作、生活中躬行践履,弘扬社会主义核心价值观,我们需要建立相应的激励机制,以鼓励先进,提高广大师生的主动性、积极性,发挥先进典型的榜样带动作用。构建践行激励机制,主要"包括动员、参与和考评三个方面的机制建设,其中,参与机制建设是重点,有效的动员机制和考核评价机制则是广泛组织师生参与的前提和保证"。[1] 值得一提的是,在动员方式上,我们要善于发挥网络、手机等现代媒体的作用,在方法上以柔性引导为主,通过采取比赛、评先等丰富多样的活动形式,激励师生积极践履。

四、制度保障机制

邓小平说:"制度好可以使坏人无法任意横行,制度不好可以使好人无法充分做好事,甚至会走向反面。"[2] 社会制度如此,学校制度也不例外。学校管理制度充分体现了倡导什么,限制什么,反对什么价值取向和行为取向。从本质上说,制度的目的就是保障某一特定人群的利益的。大学生社会主义核心价值观教育,"决不可只从思想到思想,有必要深入探索如何发挥社会主义利益机制对推进核心价值认同的功能和作用问题"。[3] 因此,在社会多元利益主体的现实条件下,学校的管理制度是否真正代表和维护了大学生的根本利益,直接关系着大学生对社会主义核心价值观的认同。问题是,在多元利益格局中,如何推进和实现学校的管理制度真正代表和维护大学生的根本利益,就成为关键之关键。实践证明,只有完善公平的奖励制度,建立健全选拔、公示等制度,规范对学生的处分程序,赋予学生利益的行为应当公平、公正、公开,才能有效保障学生的正当权益。而这一切必须建立在依法治校的基础上。实现依法治校,保障学生正当权益,除了增强法治意识及建设法治文化以外,还需要建立健全大学章程、内部监督机制和学生权益救济体系。

(一)建立健全大学章程,完善大学治理体制

十八届四中全会审议通过的《中共中央关于全面推进依法治国若干重大问题的决定》,明确提出了建设中国特色社会主义法治体系和法治国家的总目标,依法治国的总原则。作为全面依法治国战略的重要组成部分,全面依法治校,是建设中国特色社会主义大学的基本要求,同样也是提高教育质量,办人民满意的教育,以及培养社会主义合格人才的需要。"要落实好'依法治校',基础在于'法'的制定,而大学章程是大学的'宪法''基石'

[1] 万美容,明月. 论社会主义核心价值体系引领校园文化建设的机制[J]. 学校党建与思想教育,2010(10):20-22.

[2] 邓小平. 邓小平文选:第2卷[M]. 北京:人民出版社,1994.

[3] 谭培文,张文雅,莫凡.利益机制是推进社会主义核心价值认同的基本动力[J].理论学刊,2013(3):78-81.

>>>>>>>>

和'制度保障'。"[1] 作为依法治校的根本大法，大学的管理制度都是在大学章程的规范下制定和运行，它是实现依法治校的根本。简言之，只有大学章程"合法"，高校的管理制度才能合法，才是真正做到依法治校。作为依法治校之"重器"，只有真正反映了全体教职员工和学生的根本意愿，保障全体师生权益，融入师生共同理念和价值观，才能形成依法治校之"良治"，实现依法治校之"善治"。"制度具有显著的育人功能，学校制度通过自身的平等性、公正性以及民主性等核心价值取向，可以潜移默化地影响学生的人格发展，培育学生健全的公民品质。"[2] 大学章程能否成为平等性、公正性及民主性等核心价值的"化身"，将在很大程度上影响着大学生对于社会主义核心价值观的认同。因此，大学章程以及以此为中心的制度体系构建，必须要承载核心价值理念，才能反映全体师生的共同的价值诉求，保障师生的正当权益。它的实现必须是在广泛吸取各方意见，在各利益主体的共同参与之下，遵循公平、公正、公开的原则，以及经过程序正义而达成的结果正义。

（二）强化内外监督，保障权力依法行使

纵观世界各国著名高校，在其治理结构中，监督机构占有非常重要的地位，以保障大学内部的政治权利、行政权力、学术权力和民主权利在各自的职责和权限内阳光运行。习近平同志曾在很多场合反复强调："要把权力关进制度的笼子里。"[3] 扎牢约束权力的笼子，除了法律、法规等制度外，还需要建立在法治基础之上的民主决策、执行、管理与评价等科学而完善的监督机制，与权力相互制约、相互协调，以保障学校各项权力高效、正当地行使。从价值维度而言，民主、科学、有效的监督机制，必然产生"加法"和"减法"两种效应。有监督，必然有"奖"与"罚"，否则监督形同虚设。"奖"与"罚"又必须要遵循一定的价值标准和正当程序。它充分说明了内外监督机制不仅必要，而且必需。如果说，社会主义核心价值观是指导人们参与社会活动的道德价值标准，那么内外监督管理则是为人们参与社会活动的行为画上的一条警戒线，人们所有的道德行为都必须在这条警戒线内活动，任何违规逾矩的不当行为势必会遭受谴责和惩罚，付出一定的代价。这就对那些不遵守道德价值标准和规范的、没有自律精神的人们形成了强有力的外在约束，促使他们的思想、道德和行为回归到社会要求的价值标准和道德规范之内。

（三）完善权益救济体系，切实保障学生权益

教育部颁布最新修订的《普通高等学校学生管理规定》明确要求，高校要完善公平的奖励制度，赋予学生利益的行为应当公开、公平、公正，建立和完善选拔、公示等制度，规范对学生的处分程序等，较之以往的大学生管理规定，它更加凸显对于学生权益的有效保障。当然，我们固然希冀一种完全保障学生权益乃至于完美无缺的管理制度体系。事实上，这是一种过于理想化的憧憬，这样的十全十美是不存在的。即使存在，它依然是由人来主

[1] 田承春，谢云志. 以制定大学章程为契机全面推进依法治校[J]. 四川师范大学学报（社会科学版），2015(1):43-47.

[2] 叶飞. 以优良的制度培育学生的公民品质[J]. 中国教育学刊，2017(1):85-90.

[3] 中共中央宣传部. 习近平总书记系列重要讲话读本[M]. 北京：学习出版社，2014.

导和操作的,难免就会出现失误。在这种情况下,我们就需要完善的权益救济体系,对遭受权益侵害的当事人进行救济。作为保障大学生正当权益的最后一道防线,权益救济体系必须是一种能够实现全覆盖的多元化、多层次的制度体系。以英国牛津大学为例,"在学生权益保障方面,学校构建了由校监、学生纪律委员会、学生申诉委员会、申诉法庭组成的多层次多元化的救济体系。校监有权在规定范围内接受和处理投诉。如果学生对校监的处理不满,可向学生纪律处分委员会申诉。如果学生仍不满,有权继续向学生申诉委员会提出申诉。学生申诉委员会根据原来提交的材料审理,有权撤销或支持原处分,也可提出新的处分。如果学生仍不满,可继续向学校申诉法庭提出申诉。申诉法庭的决定为校内最终的决定。"[1] 除此之外,牛津大学还接受由社会力量创办的机构的监督,该机构的职责是负责对学生提出的申诉开展复审。尽管这一社会机构不具备直接的裁定权,但是其社会威望颇高,发挥着有效监督的积极作用。实践证明,牛津大学多元化、多层次的救济体系有效维护了学生的民主权利和正当权益,增强了学生与学校之间的交流,增进了学生对于学校管理制度及其价值理念的认同。一所学校如此,一个国家、社会又何尝不是这样。试想,一个任意侵害权益而得不到有效救济的社会制度,希冀社会成员认同其社会制度及其价值观,无异于白日做梦。

第四节　增强和扩展校园文化的育人功能

增强校园文化涵养社会主义核心价值观的成效,关键在于充分发挥校园文化的育人功能。因此,涵养大学生核心价值观的校园文化创新,就必须增强和扩展其教育功能,使之成为发挥社会主义核心价值观隐性教育功能的平台。

一、增强和扩展物质文化的环境育人功能

马克思认为:"环境的改变和人的活动或自我改变的一致,只能被看作是并合理地理解为革命的实践。"[2] 人与环境是相互影响的,一方面,人通过自己的实践活动改造自己的生存境遇;另一方面,环境的改变又反作用于人,对人的发展产生重要影响。两者之间的交互影响,使得环境不断人化,成为一种具有教育功能的文化环境。不同于自然环境或一般环境,校园文化从一开始就打上了教育的烙印,因而显得更加独特。这种独特就是在于它和人一样,也是大学教育的产物。如果我们仅仅把校园环境等同于校园的美化、装饰品,只见树木不见森林,那就大错特错了。

第一,加强校园物质文化建设中的社会主义核心价值观元素的融入,注重校园物质文化中的价值导向。"校园文化建设要融入社会主义核心价值观教育因素,彰显大学精神,把无形的教育通过校园物质文化建设以有形的方式体现出来,使学生在日常学习生活中

[1] 薛青.牛津大学依法治校的经验及启示[J].教育评论,2016(7):162-165.

[2] 中共中央马克思恩格斯列宁斯大林著作编译局.马克思恩格斯文集:第1卷[M].北京:人民出版社,2009.

>>>>>>>>

时时处处都能受到熏陶和感染。"[1] 在校园物质文化的建设和创新中,我们要有的放矢,向融入核心价值观的"灵魂景观"倾斜,确保它在校园物质文化中不缺位。

第二,加强校园文化环境载体建设,充分发挥其传播核心价值观的阵地作用。在传播过程中,由于对象、传播方式、渠道等不同,各媒体传播的效果也不尽相同,为此,我们要整合各媒体的功能优势,就"必须加强主流媒体建设和新兴媒体建设,形成舆论引导新格局。"[2]

二、增强和扩展精神文化的情感育人功能

校园文化涵养大学生核心价值观,离不开精神感召的力量。正如陶行知所言:"要把教育和知识变成空气一样,弥漫于宇宙,洗荡于乾坤,普及众生,人人有的呼吸。"[3] 作为大学生的精神家园,校园精神文化滋养着大学生的道德情操、审美情趣,于潜移默化之中凝魂聚魄。具体而言,校园精神文化体现了校园人的价值取向和精神追求,对大学生的道德、情感、行为具有重要影响,增强和扩展其育人功能的关键,在于使其"感人"。

第一,注重树立榜样,发挥榜样引领作用。"蓬生麻中,不扶而直。"[4] 首先,我们要善于从大学生身边挖掘符合社会主义核心价值取向的榜样原型,让大学生通过学习身边榜样的典型事迹,在情感上受到触动,在精神上受到滋养,在行为上得到转变。其次,"要营造榜样教育的氛围,对榜样的思想、行为通过多种途径和形式进行积极有效的宣传,使榜样的精神融入校园文化及大学精神之中。"[5]

第二,在校园精神文明建设中渗透社会主义核心价值观教育,使社会主义核心价值观成为大学生精神生活中的主旋律。首先,我们要在开展主题班会、学风、教风和校风等主题教育的过程中,以主题活动为载体,渗透社会主义核心价值观教育,让学生在暗示、模仿、感染中形成情感体验,在学、思、辨、悟、行中理解社会主义核心价值观的真实内涵。其次,我们要将社会主义核心价值观教育阵地扩展到学生宿舍、社团等空间,实现社会主义核心价值观教育全覆盖。学生宿舍、社团是大学生们接受教育、熏陶的重要空间。在这样一种以休闲、娱乐为主的场合中,学生之间更加容易形成轻松、快乐的良好氛围以及友好的人际关系,有利于社会主义核心价值观在学生的心田生根发芽。

三、增强和扩展活动文化的实践育人功能

能否实现大学生对社会主义核心价值观知行合一、身体力行,是衡量校园文化涵养核心价值观成效的唯一标准。这就要求我们不仅要让大学生知道社会主义核心价值观,还

---

[1] 李荣胜. 知行合一 推进社会主义核心价值观教育[J]. 中国高等教育, 2015(21):54-56.

[2] 中共中央文献研究室. 十八大以来重要文献选编[M]. 北京:中央文献出版社, 2014.

[3] 陶行知. 陶行知全集:第3卷[M]. 成都:四川教育出版社, 2005.

[4] 荀况. 荀子[M]. 王杰, 唐镜, 注. 北京:华夏出版社, 2001.

[5] 谷月娟. 隐性德育与高校校园文化建设[J]. 河北学刊, 2014,34(5):157-159.

要让他们实现从"知"向"行"的转化,做到知行合一、身体力行。

第一,在"落细"上下功夫,寓社会主义核心价值观于大学生日常行为规范。为此,我们要进一步加强校园行为规范体系建设,使社会主义核心价值观融入大学生的生活、学习、工作中。我们要将在校园行为规范体系中突出社会主义核心价值观,并将这些价值规范落实到大学生日常礼仪、志愿服务、社会公德、保护环境、网络文明等行为领域,让他们成为践行社会主义核心价值观的表率,从而形成全社会自觉践行社会主义核心价值观的良好氛围。

第二,在"落小"上下功夫,引导大学生从小事做起。首先,要引导学生自主选择。其次,要引导学生知行合一,力戒坐而论道。常言道:"一屋不扫何以扫天下。"社会主义核心价值观也是如此。

第三,引导大学生自觉践行社会主义核心价值观。要使社会主义核心价值观获得意义,我们就必须通过各种途径使之外化于大学生的自觉行为。首先,我们要鼓励大学生积极参与"三下乡""西部计划""关爱留守老人和儿童""保护母亲河"等志愿服务、公益活动,"引导学生关心身边人、身边事,在服务他人、奉献社会的过程中将核心价值观内化为价值准则、外化为实际行动"。[1]

---

[1] 王帅,肖文旭.在校园文化活动中深化社会主义核心价值观教育[J].思想教育研究,2015(6):78-80.

第七章　立德树人的校园文化载体创新实践

涵养大学生社会主义核心价值观必须要回归到实践中方能真正实现。在当代中国,具体而言,可以通过把社会主义核心价值观渗透到大学生的学习、生活中,改变思想观念和行为方式,通过开展校训、校史、社团文化、新媒体载体等校园文化载体创新,提高涵养功效,实现涵养目标。

第一节　立德树人的校训载体创新实践

作为大学校园文化的灵魂支柱,校训不仅是全体师生共同遵循的价值理念,而且表达了全体大学人的恋恋情怀。校训对大学生的思想观念具有影响力,对大学生的行为方式具有感召力,是涵养核心价值观的精神财富。两者在内容上高度一致,价值上互通共融。因"而校训作为培育大学生核心价值观的主要纲目和重要支点,是核心价值观在大学具体化、日常化、形象化的直观表达,是核心价值观落细、落小、落活、落实的重要载体"。[1]尽管如此,但是由于我国大学校训在价值上注重凸显传统历史文化底蕴,对时代精神缺乏应有的关注,对校训精神演绎和校训传达也比较单一,导致其涵养功效不尽如人意。为了更好地发挥校训的涵养功能,我们必须结合核心价值重释校训内涵,演绎校训精神,创新校训传达,增强校训载体的涵养作用。

一、重释校训内涵

所谓重释校训内涵,就是要在当今时代语境下重新解读校训,将时代精神融入校训内涵之中,使之彰显社会主义核心价值理念。也就是结合社会主义核心价值观进行新的诠释,对校训传统进行创新性发展及现代性转换,赋予校训新的内涵。值得一提的是,重释校训内涵,并不是用社会主义核心价值观代替校训,而是用其价值理念充实和提高传统校训文化的价值内涵,实现校训文化内涵的与时俱进。

我国大部分高校成立于 20 世纪中叶左右,有些甚至已经走过百年历程。迄今为止,大多数高校的校训已有半个世纪的历史。这些校训凝结了浓厚的传统文化情结,其中一些校训或来源于历史典故、传统文化,或出自圣人、名家的名言警句。例如,湖南大学校训"实事求是,敢为人先"源自《汉书》;中山大学校训源自儒家经典《礼记·中庸》中的名句;复旦大学校训出自《论语》;清华大学校训源于《周易》;中南大学校训"经世

---

[1] 新华社. 习近平在全国高校思想政治工作会议上强调　把思想政治工作贯穿教育教学全过程　开创我国高等教育事业发展新局面[N]. 人民日报, 2016-12-9 (1).

致用"来自孙中山先生的题词；湖南师范大学校训"仁爱精勤"出自廖世承之手等。它们不仅彰显了厚重的历史积淀，浓郁的文化底蕴，而且传达了诸如"完人""君子"的办学思想和育人理念。毋庸讳言，这些校训包含的价值理念高屋建瓴、寓意深远。但也存在一定的历史局限性，与时代精神相比，已经满足不了涵养核心价值的时代要求。因此，为了提高大学校训对社会主义核心价值观的涵养功效，我们必须创新校训内涵，使之符合时代要求，贴近大学生的日常生活。

第一，从价值高度上创新，寓社会主义核心价值观于校训文化之中。校训的传统内涵已经难以适应高等教育发展的需要，难以适应时代进步和社会发展的需要，难以满足涵养社会主义核心价值观的要求，迫切需要从高等教育发展、时代社会发展需要以及社会主义核心价值观的高度，对校训文化进行新的诠释，赋予其更新、更高的价值内涵。一方面，我们要对校训文化中一些不合上述三点要求的要素和成分进行扬弃；另一方面，我们要对校训文化进行重新解读，强化校训文化中符合上述三点要求的积极元素，并将社会主义核心价值观赋予校训文化之中，使之具有时代内涵，更加符合中国特色社会主义大学的价值取向。

第二，从价值深度上创新，深入挖掘校训文化中的核心价值观资源。我们要从涵养核心价值观的角度深入挖掘校训文化中的教育资源，广泛宣传校训文化，让学生继承和弘扬优良传统和大学精神。以上海理工大学为例，该校结合贯彻习近平总书记"五四"重要讲话精神，广泛组织"校训校风大家谈""上理精神与社会主义核心价值观大讨论"等活动，推动学校历史文化渊源和社会主义核心价值观宣传教育有效融合。联合光明日报社、上海市教卫系统实现政治工作研究会举办"大学校训与社会主义核心价值观"理论研讨会，组织专家学者、高校师生围绕"大学校训与社会主义核心价值观"等主题，深入探讨多元文化视野下的大学校训育人载体的作用发挥，探索形成一批高水平的理论研究与实践创新成果。[1]

第三，从价值广度上创新，拓展校训精神对大学生影响的时空广度。从时间维度而言，校训对大学生思想和行为的影响，不应只限于在校期间，而应是延续到走出大学校园以后很长一段时间，甚至是整个生命周期。从空间维度而言，校训对大学生价值观的影响，不应只限于在校就读期间的学习、生活等范畴，而应是拓展至毕业走向社会后工作、社会交际、家庭生活等方方面面。因此，我们对校训重新释义，不仅要凸显核心价值观，而且要拓展校训精神对大学生的学习、工作、生活等范畴的价值引领和行为导向。

二、演绎校训精神

作为大学校园精神文化的重要内容，校训精神本身比较抽象，因而它需要我们通过不同的方式和手段，演绎校训精神。这是因为，"一种价值观只有具备了人格化、形象化、具

---

[1] 案例来源于教育部思想政治工作司组编的《培育践行社会主义核心价值观高校案例》（第二辑）收录的《上海理工大学以校训为载体开展社会主义核心价值观教育》。

象化的形式，才能让人们在实践中感知它、领悟它"。[1]如果我们只停留在聊聊数个文字的抽象层面，任凭人们发挥自己的想象力对其进行揣摩，其涵养功能必将大打折扣。相反，如果我们使之直观化、具体化，让大学生在日常生活、学习的环境中时刻感知到它的存在，结果将大相径庭。具体而言，在校园环境中，我们要丰富和创新校训精神的载体，让校训精神通过校园环境这一载体得到更好的诠释，进而更好地演绎校训精神。

当我们漫步于各大城市的大学校园时，不免发出这种感叹：千城一面，千校一面。钢筋水泥式的城市丛林中，让人感觉缺少点什么。或许人们可以从物质奢华与精神贫乏的巨大反差中寻找到问题的答案。"山不在高，有仙则名。"校园环境也是如此。校园环境能够让人铭记，绝非只是靠财富的堆积就可以造就的，它更多地需要个性、气质、精神。仅仅依靠视觉冲击无法长久和深远，只有彰显精神魅力才能真正入眼入耳入脑入心。校训文化也不例外，只有让它成为"有形载体"，让大学生耳濡目染，引发注意和思索，才能在潜移默化中内化于心。以福建商学院为例，该校选取校园地标建筑最醒目的地方，建成颇具特色的校训文化长廊。它由100块千姿百态的大理石构成，在每块大理石上篆刻了包括本校校训在内共81所高校校训。值得一提的是，这些校训包括了国内及国外各类著名高校的校训，这些大理石均来自新校区建设开挖地基过程中所得的自然之石。这条校训文化长廊不仅成为学校的建筑地标，而且让学生永远铭记校训，让校训精神变得像篆刻校训的石头一样"有分量"。为了发挥校训对学生的熏染教育功能，该校还以校训命名与学生学习、生活息息相关的各类设施。比如，教学大楼全部以校训命名，学生公寓内的各种环境设施也以校训为主题进行布置。固然，对校训精神演绎的方式很多，除了楼、堂、馆、舍、路、墙、碑、刻等，还可以列入入学通知书、毕业纪念品、招生宣传材料、校园卡、校园网络、宣传栏等。总之，只要我们以"文化自觉""历史自觉"对待校训文化时，校训必将演绎成校园靓丽的风景、撩动心弦的故事、永不磨灭的记忆，如阳光温暖人心，如春风沁人心脾，永驻心间。

三、创新校训传达

由于学生的个体差异，每个人对表达方式和接纳方式的偏好不尽相同，只有适合个体偏好的传达方式才能收到最佳效果，也只有满足学生个性需求的文化，才能真正入脑入心，有效涵养心灵。毫无疑问，单一的传达方式显然难以满足当代大学生个性化的需要。单就校训文化而言，它同样需要不同的载体来阐发及表达自己。从学生自身而言，他们对于校训精神的理解也不尽相同，对其形成的感悟的表达方式也多姿多彩。在这种双向的传达过程中，学生既是表达校训的主体，又是接受校训精神洗礼的客体，在传达的互动之间，校训变得立体而丰满，学生对校训精神的理解也更加深刻，从而增进价值认同。

第一，创新表达方式。除了上述各种丰富校训载体的方式和途径以外，让大学生与"校训"亲密接触，成为校训的"代言人""践行者"更为重要。让他们身临其境，亲身体悟，

---

[1] 杜玉波. 深化社会主义核心价值观　培育践行推动思想政治教育工作创新发展[J]. 思想教育研究，2015(2):3-6.

才能让他们获得真情实感,在自己的内心深处升华自己的认同。为此,我们要推陈出新,为大学生提供表达的途径和平台。以上海理工大学为例,该校通过"邀请知名校友讲述'校训与人生',诠释校训对学校不同历史时期产生的重要作用。开展'身边的感动'好人好事评选活动,组建'品读沪江园'志愿者解说团,开展'寻访百年历史建筑''校训,为我们共同的文化基因'校友感人事迹征集等活动,向广大师生呈现校训所蕴含的核心价值内涵。"[1] 总之,我们不仅要挖掘校训文化中涵养社会主义核心价值观的文化资源,避免沦为"纸上谈兵",更重要的是让它们与大学生产生联系和互动,对学生产生影响和作用。值得注意的是,我们要切忌"形式化""表面化","纸上谈兵"固然乏善可陈、乏人问津,但是,"形式化""表面化"式的一阵风而过,也难以让学生真正领悟真谛,更谈不上真正的入脑入心了。

第二,创新追寻方式。除了校训文化本身蕴含社会主义核心价值观教育资源,校训载体更大的优势在于其独有的"亲民"优势。这种"亲民",一是校训是大学人自己的"校本教材",它记录的是活生生的校园历史,反映的是全体大学人的精神和信仰,容易激发共鸣,引起共振,为涵养大学生社会主义核心价值观提供了因地制宜的精神土壤;二是校训这种本土化的文化资源是大学所独有的,因而更具针对性。即使两所大学的校训完全相同,校训本身也蕴含了不同的价值取向,更重要的是校训的背后饱含着截然不同的情感和故事,这些情感和故事正是我们追寻校训精神的"根",因而,每所大学的校训都有着自己独特的追寻方式,这些追寻方式让记录校训精神的文字跃然纸上,变成一个个生动的故事,一个个鲜活的形象。北京师范大学的校训表达了以著名书画家启功教授为代表的北师大人孜孜追求"学为人师,行为规范"的精神信仰;浙江大学的校训背后,记录了以竺可桢为代表的老一代浙大人不畏艰难、勇攀科研高峰的"求是"精神。总之,我们要通过不同的方式和途径,向学生讲好校训故事,展示好校训形象。鼓励大学生走出校门,挖掘校训背后的精神宝藏,追寻大学校训精神,让他们在感同身受中体验校训精神,从前辈的感人事迹中深化对校训精神的理解和认同。

第二节　立德树人的校史载体创新实践

校史记录了一所大学从无到有、从弱到强,不断发展壮大的历史轨迹,是大学人共同的精神家园。习近平同志指出:"历史是最好的教科书。"[2] 这句话充分肯定了历史的育人价值。作为大学师生自己书写的"教科书",校史文化是全体师生在长期历史实践进程中凝结而成的文化信仰,承载着一所大学的光荣与梦想。因而,校史文化是留给当代大学生的宝贵遗产,是涵养社会主义核心价值观的重要载体。在大学人开创历史的过程中,涌现出了一大批先进人物和典型事迹,这些先进人物和典型事迹表现出的精神和气质,形成了每一所大学与众不同的大学精神。也可以说,每一所大学用自己独特的方式演绎着社

---

[1] 案例来源于教育部思想政治工作司组编的《培育践行社会主义核心价值观高校案例》(第二辑)收录的《上海理工大学以校训为载体开展社会主义核心价值观教育》。

[2] 新华社.习近平在十八届中共中央政治局第七次集体学习时的讲话[N].人民日报,2013-6-27(1).

会主义核心价值观,校史因而成为涵养大学生社会主义核心价值观的生动教材。校史文化中蕴含的艰苦奋斗的办学精神,锐意进取的思想作风,提供了丰富的文化资源;校史记录一代又一代大学人忠于祖国、爱岗敬业、甘于奉献的事迹,提供了鲜活的故事载体。从大学生对社会主义核心价值观的认知规律而言,校史的厚重感、真实性有益于增进大学生对学校的情感,而校史中展示的骄人业绩、记录的感人事迹有益于增进大学生的自豪感和归属感。从内容结构而言,校史文化同样具有先天优势。史论结合与大学生对社会主义核心价值观的认知规律相吻合,史情结合与以史育人、以情感人的教育方式、方法相一致。这种天然优势,不仅有益于拉近校史与学生的距离,而且有益于在精神上实现共振,情感上达成共鸣。校史对大学生的心理、情感的强势冲击,体现人文关怀,让大学生仿佛身临其境,满足他们的情感需要,增强实效性。

一、充分挖掘校史育人资源

为了汲取校史文化中丰富的涵养社会主义核心价值观的营养,我们必须充分挖掘校史文化中的优秀成果、典型事件、崇高精神等资源,使之成为涵养社会主义核心价值观的有效载体,才能变抽象为具体,提高认知,增进认同。

第一,充分发挥优秀成果的物质载体作用。优秀成果是大学校史所记录的重点内容,更是大学校史展示的重要对象。这些优秀成果是每一所大学办学过程中所取得物质文明和精神文明的总和,是校园历史文化的重要内容。更为重要的是,这些优秀成果的背后凝聚了前辈们在建功立业中付出的辛勤汗水,彰显了前辈们爱国爱校、爱岗敬业的高尚精神,因而对涵养大学生社会主义核心价值观具有重要作用。对于这些优秀成果,我们要根据涵养社会主义核心价值观的要求,对其进行研究分析,以适当的方式呈现出来。涵养社会主义核心价值观的基本要求之一就是"本土化",校史对于涵养社会主义核心价值观的重要价值即在于此。它让社会主义核心价值观化身为真实的存在,实现两者之间的高度融合,这种存在可以让学生感知、触摸,从而让学生亲身感受到这种真实性。相比于文字记录的历史,这种可眼观、感知、触摸的真实历史,更加贴近学生的实际生活,赢得学生的信任和尊重。

第二,充分发挥典型事件的故事载体作用。以典型事件为载体,就是利用典型事件的特质和优势来涵养社会主义核心价值观。典型事件之所以典型,就在于它在校史中的意义和价值比较重大,在某一方面、某一领域或某一时期产生了重要影响,因而处于高势位。显然,典型事件的教育意义重大,非普通事件可以比拟。典型事件或是正面典型催人奋进,而反面教材发人深省。大学校史的发展不是由某一个人书写或某一个事件促成,而是由许许多多的人和事件构成。换个角度来说,校史由诸多典型事件组成。一方面,典型事件表征了典型事件中主角的生存方式;另一方面,典型事件也是人们理解外在事物的重要方式。因为它承载着精神、信仰等人生价值、意义的所有信息和要素。人们通过典型事件传递的人物的思想、情感、行为获得经验积累和情感体验,从而建构自己的世界观、人生观和价值观。这一过程不仅反映了典型事件本身承载和传递的价值观念,而且体现了聆听者对其传递的价值观的认同和追求。在典型事件的表述、流传的过程中,我们要融入并传播社会主义核心价值理念,让学生在聆听、学习和体验的过程中完成对社会主义核心价值理念的内化。

第三,让崇高精神成为涵养社会主义核心价值观的精神载体。大学校史中蕴含着大学人爱国荣校、敬业奉献、勇于创新等崇高精神,这些精神并未因历史而尘封,相反它历久弥新,激励着人们为之努力奋斗。以哈尔滨工业大学为例,该校"以航天精神团结全校师生,统领第一、第二课堂的育人工作,深化精神文化、物质文化和行为文化内涵,着力在时、空、人三方面让青年大学生受到熏陶、增进认知,着力提高人才培养质量和育人成才水平,实现学生的全面发展。航天梦凝聚广大师生深化对社会主义核心价值观的理解认知,催生教育教学、创新创业、社会服务等各类追梦人才方阵200余个,使广大师生身体力行、做社会主义核心价值观的践行者和传播者。"[1]

二、丰富校史文化传播方式

影响校史文化涵养社会主义核心价值观的重要因素,就是校史文化传播方式单一。为了提高校史文化的育人效果,创新其传播方式,丰富传播途径,显得尤为重要。就校史本身建设而言,在全国绝大部分高校的校史馆中,校史文化停留在收集、陈列、讲解的层次,现代化、信息化的展示、传播方式难觅其踪。据调查:"在全国116所211工程院校中,只有57所院校在其官网主页上能够找到校史文化工作的相关页面或栏目,比例不足半数,其中首都地区的26所211工程院校中只有9所能够找到校史文化工作的相关页面或栏目,大约只占三分之一。"[2]相比当代大学生偏好的传播方式,丰富校史文化的传播方式,尤其是利用新媒体传播校史文化,对于涵养大学生社会主义核心价值观至关重要。

第一,以文本创新丰富校史文化。与其他文化一样,校史文化必须得到大学生的广泛认同,才能传承和发展。诚然,校史文化中的价值理念与时代精神并不对等,需要我们对其进行现代性转换,吸收时代精神的营养进行文本创新。需要注意的是,对校史进行文本创新,并不是否定"历史"。相反,我们要立足历史,以史为据,以史为鉴,对校史内容进行时代化的提升,实现与时代精神的对接。只有这样的创新才能赢得青年学生的喜爱,贴近学生的实际,贴近学生的生活,引发学生的共鸣。对校史文化进行文本创新,还需要我们以新的媒介对其进行展现。例如,我国台湾地区漫画家蔡志忠创作的《漫画大学》,用简洁的文字、生动的画面,别开生面地诠释了国学的文化底蕴和时代精神。

第二,以渠道创新推广校史文化。文化传播离不开媒介,文化传播的效果与传播媒介的选择与运用息息相关。在新媒体条件下,媒介在文化传播中地位和价值日益凸显。以电视为代表的大众传播媒介的兴起,让文化传播步入"视听结合"的时代;以网络为代表的多媒体的兴起,让文化传播步入了互动时代;以手机微信为代表的自媒体的兴起,让文化传播步入个性化的时代。值得注意的是,以渠道创新推广校史文化,并不是放弃传统

---

[1] 案例来源于教育部思想政治工作司组编的《培育践行社会主义核心价值观高校案例》(第二辑)收录的《哈尔滨工业大学坚持航天梦引领精育追梦人方阵》。

[2] 于凤菊、崔保锋、王娟. 大学校史文化的建设与发展[J]. 中国青年社会科学, 2016,35(3):98-103.

>>>>>>>>>

的传播方式,而是通过传统与现代相互结合的多维方式,满足青年大学生个性化的需要。以清华大学为例,起初,"清华史苑"是清华大学在校报上开辟的校史传播专栏,但是它并未局限于校报,而是针对青年大学生的特点将触角延伸到了校园网以及清华学子重点关注的媒介上。在选材上,"清华史苑"依据媒介特质和学生需求,以传承清华精神为目标,以清新、简洁、生动手法和独特的视角,重点选择刊登清华名人故事类的原创性文章,因而博得了清华学子的追捧和喜爱,获得了良好的社会效益。因此,我们要针对不同的学生群体的特点以及媒体本身的特色,有针对性地选择适宜的媒介,对电视、报刊、网络、手机等各种媒介进行整合,以发挥传播渠道的传播合力,提高育人效果。

第三,以终端体验创新拓展校史文化。"随着文化消费的日益盛行,受众的消费行为比以往更加凸显了对自主参与、体验互动的需求。因此,文化的终端呈现,应尽可能地创造出更多的可为受众互动和体验的机会。"[1] 众所周知,这种体验方式已经广泛应用于各种大型的文化活动、博览会,得到了广泛的认可,取得了很好的效果。这种传播方式的最大优点在于增强了受众的亲身体验,让受众在极具冲击力的视觉效果中,感受文化的乐趣和魅力。它不仅消除了理论灌输的被灌输感,而且增强了受众亲身体验的同位感。一方面,终端体验在传统校史文化的同时,也为涵养社会主义核心价值观提供了体验土壤;另一方面,它让校史文化不再是"历史",而是活生生的"现实",受众在亲身体验的过程中获得了"体验感"。这种体验感增进受众对校史文化的认知和理解,提升了育人效果。

三、 拓展校史主题文化活动

利用各种校史主题活动渗透社会主义核心价值观教育,是发挥校史文化载体隐性教育功能的重要手段。为此,我们要有意识地开展各种各样的以校史为主题的文化活动,将社会主义核心价值理念渗透其中,让大学生在潜移默化中接受社会主义核心价值观教育。其中,参观访问校史馆、拜访知名校友、校史调查研究、校史知识问答等是校史文化活动的主要形式。这些活动能够帮助大学生提高道德情操、审美情趣,形成正确的价值观。

第一,发挥杰出校友的榜样引领作用。"蓬生麻中,不扶而直。"[2] 榜样的作用在于让人们对照榜样的精神、行为,反躬自省,见贤思齐。相比于抽象的理论教育,它是一种自我反省、自我提高的隐性教育方式。

第二,在引导学生参与校史文化活动中渗透社会主义核心价值观教育,使社会主义核心价值观成为大学生精神生活中的主旋律。首先,我们要在开展以校史为主题的入学教育、班会、专题讲座、校史校情知识问答等活动的过程中渗透社会主义核心价值观教育,让学生在暗示、模仿、感染中形成情感体验,在学、思、辩、悟、行中理解社会主义核心价值观的真实内涵。其次,我们要引导学生参与校史调查、整理、研究等活动,在了解校史的过程中,深化价值认同。以南京大学为例,为了更好地利用校史资源,发挥以史育人的作用,该校启动了"校史整理与研究重点工程",并给予经费支持,以激励学生积极参与到校史调

[1] 肖芃. 创新传播方式 促进文化传承[N]. 中国社会科学报, 2013-2-6(8).

[2] 荀况. 荀子[M]. 王杰, 唐镜, 注. 北京: 华夏出版社, 2001.

查、整理和研究之中,让他们在参与的过程中传承南京大学的优秀传统和精神,引领大学生肩负起时代责任。

第三节　立德树人的社团文化载体创新实践

作为当代大学生的"三自组织",学生社团具有参与人数多及影响范围广等特征。学生社团大致包含学习型社团、研究型社团、实践型社团以及娱乐型社团等几类。在学生社团内形成并被社团成员一致认同的文化即为社团文化。伴随着学生社团的壮大,社团文化对大学生的感召力、影响力日渐扩大,因而成为涵养社会主义核心价值观的有力载体。

一、发挥学习型社团文化的信息载体作用

相对于课堂学习形式,学习型社团弥补了第一课堂学习中实践环节的不足,有利于激发大学生的积极性。为了充分发挥学习型社团文化的信息载体作用,社团成员必须认真领会社会主义核心价值观的内涵,特别是习近平总书记系列讲话精神。为此,我们要推进学习型社团专业化,这就要求我们必须为学习型社团提供专业化的指导,因此聘任高水平的思想政治教育专家、教授担任学习型社团的指导老师必不可少。

第一,创新学习方式,加强社会主义核心价值观理论学习。涵养社会主义核心价值观首先要从"知"入手,培养高度的思想自觉,以"知"促行,实现知行合一。作为大学校园的学习型社团,其文化建设的重点和核心就在于学习教育。要使之成为涵养社会主义核心价值观的有力载体,就必须深入学习社会主义核心价值观,夯实思想基础,使之成为宣传普及社会主义核心价值观的平台,培养一大批具有较高理论修养的宣传队伍。长期以来,我们党始终把"理论建设"摆在重要位置,通过理论建设提高思想建设,保证政治理想和价值导向。一是要把集中学习、短期学习和个人学习结合起来。在党长期的实践过程中,我们积累了集中学习、短期学习等比较行之有效的经验。在新形势和新的时代条件下,人们对于学习自主性的要求愈加强烈,为了适应时代要求和主观愿望,我们在坚持发扬行之有效的学习方法的同时,也要注意尊重学生的主体地位,提供生动活泼、形式多样的学习平台,切实提高大学生学习的积极性、主动性和实效性。

第二,创新学习载体,发挥学习型社团的传播载体作用。创新社会主义核心价值观的学习载体,就是要对传统载体进行升级和创新,在内容、形式上革新,创立全方位、立体式的学习载体。一是要紧密结合涵养社会主义核心价值观的要求,丰富和拓展信仰型社团组织,促进社会主义核心价值观与创建学习型社团的共同进步、协调发展;二是要健全学习网络,指导老师除了定期为学习型社团开展辅导以外,还必须开辟网络学习平台,并通过线上与线下相结合的方式与学生进行交流,对学生关心的热点问题,学习中遇到的难点、疑点问题进行答疑解惑;三是充分发挥学习型社团在传播社会主义核心价值观中的作用。学习型社团成员要发挥"传帮带"作用,在校园内掀起学习、传播和践行社会主义核心价值观的热潮。

>>>>>>>>>

二、发挥研究型社团文化的科技载体作用

《国家中长期教育改革和发展规划纲要》(2010—2020年)提出了鼓励大学生积极参与研究,提高科学、人文素质的教育目标。作为实现这一教育目标的重要措施,大学生研究型社团文化建设的重要内容就是科学研究,带动身边的同学参与研究,形成良好的研究氛围,不断提高大学生的创新创业能力。为了使研究型社团文化成为涵养社会主义核心价值观的有力载体,我们就必须加强对社会主义核心价值观与校园文化的研究,为涵养大学生社会主义核心价值观提供理论支持。

第一,加强社会主义核心价值观的涵养路径研究。在新的社会历史条件下,如何让社会主义核心价值观入脑入心,自觉践行社会主义核心价值观。总结规律和成功经验揭示大学生感知、理解、接受核心价值观的机理,探索涵养大学生社会主义核心价值观的路径,对培育核心价值观大有裨益。诚然,这是一项涉及多个学科领域的理论和实践研究,它需要不同的研究型社团以及不同的研究机构开展交流与合作,才能集聚集体智慧,将理论和实践推向创新。因此,我们研究的问题是当前急需破解的热点和难点问题,我们的研究是从学生中来、到学生中去的接地气式的研究,而非束之高阁的书斋式研究。

第二,加强研究型社团理论成果的现实转化。任何理论研究成果只有经过实践检验才能确定真伪,实现理论研究的价值。大学生研究型社团不仅要重视涵养社会主义核心价值观的实证研究,而且要努力让研究成果在实验中反复验证,在实验的基础上,将成功经验和鲜活的案例推广到培育和践行社会主义核心价值观中,使之发挥自己的载体功能。因此,我们需要建立研究型社团理论成果的转化机制,建立成果实验基地,确保研究成果能够获得试验、验证和推广。值得注意的是,为了创新和推动学生社团开展社会主义核心价值观研究,我们需要为之提供科研导师、经费以及与社会主义核心价值观相关的创新课题。让学生通过参与研究课题申报,设计调查问卷,进行实地调查,提升自己的研究水平,并给予他们参与竞赛和成果展示的平台,扩大研究型社团文化在大学校园中的影响力,让他们不断地获得研究成功的喜悦和成就,发挥其作为涵养社会主义核心价值观有效载体的典型示范作用。如北京大学坚持价值引领和学术导向育人,以"三实"为依托,即年度主题"实"、选题"实"、价值塑造"实",为涵养大学生社会主义核心价值观提供了坚实而有效的载体。[1]

三、发挥实践型社团文化的实践载体作用

"社会主义核心价值观是'兴国之魂','魂'有所依,才能落地生根;'魄'有所寄,才能'精神变物质'。无形的社会主义核心价值观只有融入有形生动的社会实践生活中,才能接上地气。"[2]为了让社会主义核心价值观接地气,我们就必须创新社会实践形式和

---

[1] 案例来源于教育部思想政治工作司组编的《培育践行社会主义核心价值观高校案例》(第二辑)收录的《北京大学坚持价值引领和学术导向 强化实践育人效果》。

[2] 双传学. 社会主义核心价值观研究丛书·实践篇[M]. 南京:江苏人民出版社,2015.

内容,使两者形成紧密有效的联系,使大学生在社会实践活动中获得真知,体验真情,从而增进认知、认同。

第一,以社会实践基地建设为载体,实现涵养社会主义核心价值观的长效性。社会实践基地建设是大学生开展社会实践的基础和保障。如果没有稳定的社会实践基地作为保障,大学生参与社会实践的效果就难以得到保证。因为大学生参与社会实践的教育效果并非一次或短期内就可以实现的,它需要在长期坚持的实践过程中实现量变到质变的升华。因此,我们要与社区、爱国主义教育基地、公益机构和组织等加强合作,共建大学生社会实践基地。值得一提的是,社会实践基地不应该简单地沦为提高学生技能之地,而应在基地建设过程中实现经济效益和社会效益的双赢。具体而言,我们要从学生全面发展的需要出发,在基地建设过程中突出正确的价值导向,让学生在参与社会实践过程中,获得职业技能与职业道德的同步提升。

第二,积极开展公益实践,培养学生的道德价值观。以西南交通大学学雷锋志愿服务社团为例:"学校运用多种形式,通过整合学雷锋和志愿服务资源,成立了以支教队、青年志愿者联合会、贫困地区教育观念救助会为主要力量的'志愿者联盟',形成了传承雷锋精神的强大阵容。学雷锋志愿服务社团成立 15 年以来,风雨无阻地为交大师生传递无人认领的平邮信件和失物招领,每年将近 5000 封信件和物品返还给师生,他们无私奉献的坚持感召师生。支教队用 8 年的坚守,践行着对偏远山区学校、农民工子弟学校和特殊学校孩子们的承诺,彰显当代大学生对社会主义核心价值观的理解。"[1]在学雷锋志愿服务实践中,西南交通大学志愿服务者以"实""恒""效"三字诠释了雷锋精神,在影响他人的同时,自己也收获了奉献的快乐,在志愿服务实践的过程中完成了雷锋精神和社会主义核心价值观的内化,并转为自己的道德信念和行为标准。

第四节　立德树人的校园媒体载体创新实践

校园媒体载体是传播社会主义核心价值观的重要平台,因而它对涵养大学生社会主义核心价值观具有重要作用。通常认为,校园媒体包括校报、校园广播、校园网络以及校园电视等由学校建设的媒体。事实上,校园媒体不应局限于这一范围,它应该是"出现在校园中的媒体"。从物质形态上来说,校园媒体是校园装置的一部分;单就校园网络文化而言,它是校园文化在网络媒体中的延伸。因此,它是校园文化载体的重要组成部分。特别是在新媒体环境下,校园新媒体等网络平台对传播校园文化的作用越来越突出。与传统媒体相比,新媒体具有信息量大、及时便捷、个性化、交互互动等优势,借助新媒体,人人都可以成为网络平台的"主角",随时随地地浏览信息,发表自己的意见。新媒体的自身优势及其对学生的吸引力和影响力,使其成为涵养核心价值观的重要载体。

培育和践行社会主义核心价值观,必须"坚持改进创新,善于运用群众喜闻乐见的方

---

[1] 案例来源于教育部思想政治工作司组编的《培育践行社会主义核心价值观高校案例》(第二辑)收录的《西南交通大学学雷锋志愿服务社团十五载"公而忘私" 践行社会主义核心价值观》。

>>>>>>>>>

式,搭建群众便于参与的平台,开辟群众乐于参与的渠道,积极推荐理念创新、手段创新和基层工作创新,增强工作的吸引力和感染力。"[1]据 2016 年相关调查数据显示,网络载体已经成为当代大学生获取信息的重要渠道,微信、微博等网络平台深受大学生喜爱,已经深度改变了大学生的学习、生活、交往范式,影响着道德观念、价值取向和行为模式的形成与发展。在这里,我们主要以校园新媒体为例,论述校园媒体载体的创新路径。

一、树立核心价值观新媒体教育理念

新媒体不仅仅是技术的代名词,它同样是理念的改变。为了有效利用新媒体载体,充分发挥新媒体优势,我们必须树立新媒体教育理念,推动工作方式创新,充分发挥其传播载体的重要作用。

第一,树立民主平等理念。与传统媒体时代的交往范式不同,新媒体条件下的交往范式,将使得交往双方不再只是"单主体"或"单客体",而是"双主体"和"多主体",因此"新媒体时代交往实践的社会主义核心价值观教育覆盖了以往单向度的教育模式,强调的是双主体或多主体之间的对话与交往"。[2]这就要求我们在利用新媒体载体时,必须摒弃单向度的教育理念,给予对方平等的交流地位,调动和激发学生的主体性,在民主、平等、友好的氛围中开展对话。

第二,树立开放共享理念。新媒体时代的突出特征就是开放共享。所谓开放共享,主要是信息资源面向所有人开放,共同分享。因此,我们在借助新媒体载体时,要树立开放共享理念,充分创设和利用网络的信息资源,发挥学生作为网络文化创造者、共享者的主动性,开发出大学生喜闻乐见的网络产品和服务,引导学生为校园网输送大量精品内容,充分发挥网络文化育人功能。以中南大学厚德践行论坛为例,该论坛的主题和主讲学生人选都是通过网络征集而来,每期的主题选取学生关注的话题,开展自由探讨,引导学生从关注和探讨世情、国情、社情、民情入手,全面学习剖析社会主义核心价值观深刻内涵。[3]

二、打造传播核心价值观新媒体平台

创新新媒体内容,提高新媒体吸引力,就是要开发、利用网络产品和服务,加强网络文化建设,以生动的形式及精彩的内容,为涵养大学生社会主义核心价值观提供有力支撑。

第一,关注学生实际生活和诉求,挖掘大学生身边与社会主义核心价值观相关的鲜活事例,既要注重内容的思想性,又要注重表现形式的生动性和趣味性,在博取大学生眼球

---

[1] 中共中央办公厅. 关于培育和践行社会主义核心价值观的意见[N]. 人民日报,2013-12-24(1).

[2] 盛建军,何茂昌. 新媒体时代交往实践观下的大学生社会主义核心价值观教育[J]. 学校党建与思想教育,2014(4):56-57.

[3] 案例来源于教育部思想政治工作司组编的《培育践行社会主义核心价值观高校案例》(第二辑)收录的《中南大学依托社会主义核心价值践行网 把"24字"社会主义核心价值观转化成学生自觉行动》。

关注的同时,引发他们的深度思考。新媒体平台不只是大学生获得校园信息的渠道,更是他们关注生活世界、与其朋辈进行沟通的重要平台。因此,我们要将核心价值观巧妙地嵌入其中,使平台成为他们理性表达与解疑释惑的智慧乐园。以江西理工大学新媒体文化节为例,新媒体文化节以"新媒体时代,我为核心价值观代言"为主题,通过"微话校园""微爱校园""微拍校园"和"创新校园"四种形式,向学生征集身边培育和践行社会主义核心价值观的人和事,以畅谈、畅叙、记录和创意的手法,在微信、微博、微视等新媒体中展示出来。[1] 这些集形式创新、内容创新于一体的载体创新让抽象的价值观变得更加生动、形象和具体,学生对社会主义核心价值观有了更加深刻、具体的理解,增强了同学们的情感体验,增进了价值认同。

第二,关注社会热点疑点焦点,及时解疑释惑化解网络舆情,传播正能量。新媒体对信息传播的及时、快捷、高效、覆盖面广等特征,犹如一把双刃剑,它在给社会主义核心价值观传播带来积极作用的同时,也容易形成消极影响。通过网络传播,很小的事情容易被放大,在这种条件下,谣言、错误言论或不当评论经过网络发酵,就会形成舆论旋涡。面对网络舆情,我们必须要敏锐捕捉社会热点疑点焦点,及时解疑释惑,澄清事情真相,引导大学生形成正确的价值观,形成积极健康的主流舆论。以浙江纺织服装职业技术学院为例,通过"微博体系""微博导师""微博课程""微博活动"等"四微"载体共进,有效推进了社会主义核心价值观宣传教育,产生了良好的育人效果。[2] 值得一提的是,"微博与社交"这一"微博课程"在国内尚属首创,它不仅提高了学生辨别网络信息真伪的能力,同时也培养了学生的媒介素养,形成了自己的传播圈和影响力,成为引领网络舆情及维护网络环境的正能量。

三、充分利用发挥新媒体的传播优势

新媒体的发展极大丰富了校园文化传播的形式、内容和路径。校园文化的发展创新要紧密结合新媒体的特点,充分发挥新媒体的优势,探索新路径。特别是在新媒体已经高度渗透到大学生的日常生活、学习和工作之中的条件下,利用新媒体进行大学生的社会主义核心价值观教育是必由之路。

第一,充分发挥新媒体的互动性,拓展教育模式。传统媒介的单向传播方式让传播双方无法开展充分的交流互动,这种被动的教育模式难以调动学生的积极性、主动性,激发学生的学习热情,效果不甚理想。新媒体的双向传播方式扭转了传统媒体单向传播的颓势,调动学生的主体性,赋予双方更多选择自主权,极大地丰富了教育方法和教育形式。校园文化载体创新在网络技术赋能之下,搭载新媒体线上互动,让原本抽象、枯燥的理论知识变得具象、动感,方便学生利用碎片化的时间,以及变动的空间开展学习,由被动学转向主动学。

---

[1] 案例来源于教育部思想政治工作司组编的《培育践行社会主义核心价值观高校案例》(第二辑)收录的《江西理工大学以新媒体文化节为契机大力开展社会主义核心价值观宣传教育》。

[2] 案例来源于教育部思想政治工作司组编的《培育践行社会主义核心价值观高校案例》(第二辑)收录的《浙江纺织服装职业技术学院"四微"载体齐推进 唱响纺服好声音》。

第二，充分发挥新媒体的即时性，丰富教育内容。与新媒体相比，传统媒体往往存在更新不及时、信息滞后，以及与社会动态脱节的弊端。这些缺陷容易被人所诟病，双方信息不对称影响传播效率，制约教育效果。紧密结合新媒体，充分发挥其传播及时性，可以有效避免时空束缚，创新教育模式，使其更加生动、形象，更好地实现教育目标。

第三，充分发挥新媒体的个性化，提高教育效果。个性化是新媒体的特征，也是新媒体的优势。不同群体对新媒体有不同的偏好，针对不同的媒介可以实现个性化交流。为了提高校园文化传播效果，我们要从实际出发，充分考虑学生需要，尊重其喜好，制订不同方案，在满足个性化需求的基础上达成更好的教育效果。这种自主性、开放性、针对性，有利于让学生结合自己兴趣进行探究性学习，加深理解，增强体验，具有更好的教育效果。基于新媒体特定的传播方式及其定位的活动方式，让师生双方形成一种全新的交往方式，进而促成深度交往。在这种师生交往范式下，一方面，彼此之间的文化教育交往将不再只是信息的传递，这种范式的交往也不再只是作为知识载体的交往，具有价值和意义的精神交往将在交往中相遇；另一方面，它将打破传统的专门化的教师身份的固有藩篱，一些只教书不育人的现象，将消弭于师生之间的全面深度交往之中，以前的片面的、浅层的交往将被取而代之，在师生之间的深度交往之下，学生的自由和本性将回归到本真，交往真正体现了让学生发展的价值。传统的师生交往的内容更多地局限于知识世界，而对生活世界缺乏关注。内容的聚焦往往在于促进学生的知识成长和智慧成才，对学生的价值观缺乏应有的关注。实践证明，良好的师生关系，教师独特的人格魅力，以及师生交往的内容，对于学生的成长成才，尤其是价值观的形成具有重要的影响。这就意味着，深度交往不仅意味着要向学生传递更多的信息，也意味着这种交往要实现从知识世界向生活世界的转向，实现立德树人的价值转向。因此，实现交往内容从知识世界向生活世界的延伸，促进学生道德品质和价值观的达成，需要我们通过深度交往，将核心价值观渗透到学生的生活世界之中，不断地促进学生的健康成长。

第五节　立德树人的行为规范载体创新实践

从实践的角度来说，行为规范是推进社会主义核心价值观生活化、具体化、本土化的重要路径。为此，我们要使社会主义核心价值观落实到大学生的日常生活之中，强化他们的实践养成。正如习近平所言："核心价值观的养成绝非一日之功，要坚持由易到难、由近及远，努力把核心价值观的要求变成日常的行为准则，进而形成自觉奉行的信念理念。"[1]

一、寓核心价值观于行为规范中

寓社会主义核心价值观于大学生日常行为规范，不是将前者代替后者，也不是用后者代替前者，而是使两者深度融合，充分发挥社会主义核心价值观的引领作用。

---

[1] 新华社.习近平：青年要自觉践行社会主义核心价值观——在北京大学师生座谈会上的讲话[N].人民日报，2014-5-5(2).

<<<<<<<<<<

首先,我们积极推进《高等学校学生行为准则》以及《校园文明公约》《宿舍文明公约》《网络文明公约》等各类校园行为规范的修订,在校园行为规范体系中着力融入社会主义核心价值规范和价值准则,并将这些价值规范落实到大学生日常礼仪、服务、社会公德、保护环境、网络文明等行为领域,让他们成为践行社会主义核心价值观的表率,从而形成全社会自觉践行社会主义核心价值观的良好氛围。

其次,"要把社会主义核心价值观贯穿于教育教学管理全过程,并渗透到人才培养的方方面面,构筑全面、全程、全员的工作格局"。[1] 具体而言,从时间维度上讲,在大学生就读的整个学习生涯中要实现社会主义核心价值观的全覆盖;从空间维度上讲,无论课堂教学、日常管理还是第二课堂,抑或是休闲等,都要把社会主义核心价值观贯穿、渗透到全部领域、整个过程中。值得注意的是,我们要针对不同对象、不同领域采取不同的方式,从而实现两者之间的良性互动和有机结合。

二、增强大学生的行为规范体验

在"落小"上下功夫,引导大学生从小事做起。"一个人若在行为处事上不拘小节,放任自流,积少成多就会造成价值观的扭曲,人生的行远登高就难以实现,一个社会若不从具体的生活实践中体现主流价值观的坚定性,那么公民对价值观的认同与信仰就无从建立。"[2]

首先,要引导学生自主选择。"社会主义核心价值观不是对个体的'道德绑架',而是帮助个体追求生活真善美的'营养剂'。"[3] 只有建立在自主选择上的价值观,才能真正成为人们的行动指南。它需要大学生主动、自觉去凝练和传播,"在人生认识、人生实践、人生体验基础上完成'自我构建'"。[4] 因此,要在大学生日常生活、学习、研究的行为规范中引导他们完成对社会主义核心价值观的认识、实践、体验基础上的"自我构建"。

其次,要创新考核评价体系,将大学生在社会公共生活中的行为规范、诚信、助人为乐等方面的情况全部纳入评优评先、学生档案的考核、登记范畴,引导大学生养成良好的自律意识,激发大学生的主动性。以北京大学为例,在突出"价值引领"和"学术导向"的实践育人理念指导下,坚持社会实践主题、选题、价值塑造的"三实"和学术支持、团队组建、实践成果的"三专",每年组织300余支大学生团队开展社会实践和志愿服务,充分发挥"第一课堂"与"第二课堂"的组合优势,在考核环节创新中取得了效果提升。[5]

---

[1] 李荣胜. 知行合一　推进社会主义核心价值观教育[J]. 中国高等教育, 2015(21):54-56.

[2] 陈桂蓉. 关于社会主义核心价值观落细落小落实的几点认识[J]. 思想理论教育, 2015(2):33-37.

[3] 熊健生, 谈梦骐. 生活视野下的社会主义核心价值观教育[J]. 思想教育研究, 2015(7):39-42.

[4] 杨杰文, 龚超. 社会主义核心价值观的文化场域与传播路径[J]. 湖南科技大学学报（社会科学版）, 2017,20(3):88-95.

[5] 案例来源于教育部思想政治工作司组编的《培育践行社会主义核心价值观高校案例》（第二辑）收录的《北京大学坚持价值引领和学术导向强化实践育人效果》。

> > > > > > > > >

三、注重日常行为中的价值引导

众所周知,如果"价值观还停留在人们的口头上而没有进入实践领域时,那么这种价值观还只是一种空洞的口号,它还没有获得意义和实质"。[1] 习近平总书记强调:"培育和践行社会主义核心价值观,贵在知行合一,坚持行胜于言。"[2]

首先,加强校园规范体系的贯彻落实,强化对大学生遵守行为规范的激励和表彰,促进大学生公共文明行为的养成,"引导学生关心身边人、身边事,在服务他人、奉献社会的过程中将核心价值观内化为价值准则、外化为实际行动。"[3] 以河北大学为例,该校每年组织上千名大学生下乡、进村、入户进行调研,让大学生在生活世界的"小切口"中发现价值世界的"大立意"。[4] 通过理论研究、宣传普及以及亲身示范,进一步提高了大学生以身作则、自觉践行社会主义核心价值观的自觉性和主动性,从而让他们在公共场合成为引领社会文明风尚的榜样。

其次,要引导学生知行合一,力戒坐而论道。常言道:"一屋不扫何以扫天下。"社会主义核心价值观也是如此。如果人人都停留在口号上,坐等"人人为我,我为人人",社会主义核心就只能沦为抽象的理论和虚幻的意识。因此,只有每个人从身边点滴做起,把小事做好做实,才能使社会主义核心价值观走进每个人的生活。以华南农业大学为例,在近10年的铁路春运中,该校累计已逾万名大学生自愿报名支援春运。借助这一活动,该校打造了"心系国家,敬业爱岗,诚实守信,团结友善"的志愿者文化。在参与春运的过程中,大学生与乘客交流,对返乡农民工开展社会调查,在了解国情社情民情的过程中,提高了自己的责任感和使命感。据调查,84.6% 的学生认为,通过"小车厢,大社会",自己深化了对"爱国、敬业、诚信、友善"价值观的认识。[5]

[1] 邱柏生. 试论价值观的形成是一个过程[J]. 社会主义核心价值观研究,2015(1):20-26.

[2] 习近平. 在中央党校建校80周年庆祝大会暨春季学期开学典礼上的讲话[N]. 人民日报,2013-3-3(1).

[3] 王帅,肖文旭. 在校园文化活动中深化社会主义核心价值观教育[J]. 思想教育研究,2015(6):78-80.

[4] 案例来源于教育部思想政治工作司组编的《培育践行社会主义核心价值观高校案例》(第二辑)收录的《河北大学"小切口,大立意"打造社会主义核心价值观教育"四新"模式》。

[5] 案例来源于教育部思想政治工作司组编的《培育践行社会主义核心价值观高校案例》(第二辑)收录的《华南农业大学十年组织万名大学生支援铁路春运践行社会主义核心价值观》。

结　语

在文化全球化快速蔓延的今天,思想价值多变、文化多样,或隐或现地成为必然的发展趋势。尤其在不同文化之间交流、交锋、交融逐层深入,各种社会思潮层出不穷、风起云涌的条件下,大学生社会主义核心价值观教育面临极大挑战。如何筑牢大学生文化认同的根基、厚度,提高文化自觉,增进文化自信和价值认同,已经成为我们当前必须解决的时代课题。

第一,实现求同与求异思维的积极互补,确立以社会主义核心价值观为坐标的价值立场。作为世界各个民族的存在方式和社会标识,不同的民族形成了自身独特的文化价值观。各种文化价值观的多元共存,既是一种历史存在,又是一种现实存在。从客观上说,任何一个民族的文化都有其存在的合理性和价值性。文化上的和谐共处,价值上的多元共生,是每一个崇尚和平的民族的美好愿望,也是每一位中华儿女的普遍的利益诉求。不可否认的是,不同民族的文化价值观存在矛盾和分歧。只是在前全球化时代,受制于交流不畅等因素,不同民族和文化之间的矛盾和分歧表现并不突出,也不强烈。在这种条件下,彼此之间的影响十分有限,人们对于本民族文化的理解往往是在自身文化的价值范式内展开的。然而,这一切在全球化的推进下将一去不复返。正如马克思所预言的那样:“过去那种地方的和民族的自给自足和闭关自守状态,被各民族的各方面的相互往来和各方面的互相依赖所代替了。物质的生产是如此,精神的生产也是如此。各民族的精神产品成了公共的产品。”[1]

在全球化的浪潮下,不同区域的文化在同一时空“舞剑”。尤其是作为各种文化思潮的激荡之地,大学生的文化视野和文化价值观发生了很大的变化。与之相伴随的,是文化冲突、文化自卑的蔓延。大学生应该以什么样的态度和什么样的价值来对待和评判不同的文化,中国特色社会主义大学应该建立一种什么样的校园文化,成为广大教育工作者关注的焦点。对待不同的文化,一味求同,或是一味求异,抑或是求同存异,关键在于我们应该树立什么样的价值评判标准,以及对于不同文化的差异性的理解。“一方面,过分强调文化的差异性,将会增加摩擦和冲突,对共性的挖掘和共识的形成产生不利影响,同时在一定程度上也会阻碍自身文化的发展;另一方面,过分强调文化的共性,将造成个性的丧失以及文化身份的认同危机,同样不利于自身文化的发展。”[2] 正确的方式是辩证地看待不同文化及其价值观,异质文化及其价值观之间的冲突既不是洪水猛兽,也不尽是“橄榄枝”与“和平鸽”,但确实也是促进本民族文化发展的动力之一。因此,对待异质文化及其价值观,我们既要相互尊重、求同存异,更要以社会主义核心价值观为坐标,有批判地、

[1] 中共中央马克思恩格斯列宁斯大林著作编译局.马克思恩格斯文集:第2卷[M].北京:人民出版社,2009.
[2] 陈少雷.文化价值观的哲学省思[M].北京:社会科学文献出版社,2015.

有原则地吸收借鉴，取长补短，才能创造一种具有中国特色社会主义文化身份、位居世界前列的先进文化。

第二，实现一元主导与多样文化的辩证统一，倡导核心价值主导下的包容、共赢的价值取向。文化是人类社会的宝贵财富，不同的民族在不同的历史时期创造了丰富多彩、绚丽多姿的文化和价值观，它充分体现了人类的文明进程和文化进步。作为人类社会进步的表现，最集中地反映在绝大多数社会成员在共同认同的核心价值观上。社会主义社会之所以被称为人类社会发展迄今为止最先进的社会形态，其中一个重要因素在于其文化及其核心价值观的先进性和优越性。因此，对于中华民族来说，它在文化建设中的作用和意义非同一般。

强调社会主义核心价值观的一元性，也就是强调社会主义核心价值观在社会主义文化建设中的主导思想的一元性。只有坚持社会主义核心价值观在大学校园文化建设中的一元主导，确保大学校园文化的社会主义方向，始终引领先进文化的发展。值得注意的是，强调社会主义核心价值观的一元性不等同于狭隘的文化民族主义，也不是简单的文化多元主义。为了避免出现这种误区，正确认识和处理一元主导和多样文化之间的关系，不仅必要，而且必须。客观地说，只要我们坚持马克思辩证唯物主义，这个问题并不难理解。它只是一个问题的两个方面。辩证地看，一元是包容多样下的一元，多样是坚持一元主导下的多样，实现两者之间包容、共赢，而不是偏执于一端。也就是，我们在坚持核心价值观主导的同时，尊重文化的多样和价值的多样，并且要包容异质文化的差异，实现两者之间的共生共赢。

第三，实现中国特色社会主义大学校园文化的创新发展，树立社会主义核心价值观的价值目标。如果说创新是文化的生命力，那么它所承载和传递的价值观则体现了文化的影响力。先进的价值观需要先进文化进行承载和传递；同样，先进的文化也需要先进价值观的引领。它不仅仅体现在对中华民族传统文化的反思和认可上，还体现在对多元异质文化引发的冲突和矛盾的规避和化解上，更体现在对中国特色社会主义文化的引领、创新及其文化自觉、价值共识的实现上。

在中国特色社会主义大学校园文化建设的进程中，树立社会主义核心价值观的价值目标，必将有助于大学生形成正确的文化价值观，认清各种异质文化思潮的本质以及文化发展的趋势，批判、借鉴和汲取人类文明成果，实现对中华传统文化的转换与创新，提高文化软实力，增强民族凝聚力，创造出具有时代精神和社会主义核心价值取向的先进文化，实现中国特色社会主义大学校园文化的大发展、大繁荣。

参 考 文 献

[1] 中国共产党第十八届中央委员会. 十八届中央委员会第五次全体会议公报 [M]. 北京：人民出版社，2015.

[2] 中共中央文献研究室. 十六大以来重要文献选编 [M]. 北京：中央文献出版社，2006.

[3] 胡锦涛. 坚定不移沿着中国特色社会主义道路前进 为全面建成小康社会而奋斗 [M]. 北京：人民出版社，2012.

[4] 习近平在中央党校建校 80 周年庆祝大会暨春季学期开学典礼上的讲话 [N]. 人民日报，2013-3-3(1).

[5] 新华社. 中共中央办公厅印发《关于培育和践行社会主义核心价值观的意见》[N]. 人民日报，2013-12-24(1).

[6] 习近平. 在哲学社会科学工作座谈会上的讲话 [N]. 人民日报，2016-5-19(1).

[7] 蔡红生. 中美大学校园文化比较研究 [M]. 北京：中国社会科学出版社，2010.

[8] 董伟武. 我国新时期精神文化发展研究 [M]. 北京：光明日报出版社，2013.

[9] 冯刚，柯文进. 高校校园文化研究 [M]. 北京：中国书籍出版社，2011.

[10] 高占祥. 高占祥论中国人格 [M]. 北京：北京时代华文书局，2016.

[11] 贺才乐. 思想政治教育载体研究 [M]. 北京：人民出版社，2004.

[12] 何洪兵. 中国特色社会主义文化载体研究 [M]. 成都：四川大学出版社，2013.

[13] 教育部思想政治工作司组编. 高校校园文化建设理论与实践 [M]. 北京：中国人民大学出版社，2014.

[14] 教育部思想政治工作司组编. 培育践行社会主义核心价值观高校案例（第二辑）[M]. 北京：中国书籍出版社，2015.

[15] 联合国教科文组织国际教育发展委员会. 学会生存——教育世界的今天和明天 [M]. 北京：教育科学出版社，1996.

[16] 刘建华. 师生交往论——交往视野中的现代师生关系研究 [M]. 北京：北京师范大学出版社，2011.

[17] 刘济良，等. 价值观教育 [M]. 北京：教育科学出版社，2007.

[18] 双传学. 社会主义核心价值观研究丛书实践篇 [M]. 南京：江苏人民出版社，2015.

[19] 陶行知. 陶行知全集：第 3 卷 [M]. 成都：四川教育出版社，2005.

[20] 许苏民. 文化哲学 [M]. 上海：上海人民出版社，1990.

[21] 邹宏秋. 社会主义核心价值体系论纲教育 [M]. 杭州：浙江大学出版社，2008.

[22] 郑金洲. 对话教学 [M]. 福州：福建教育出版社，2005.

[23] 郑金洲. 教育文化学 [M]. 北京：人民教育出版社，2000.

[24] 邹进. 现代德国文化教育学派 [M]. 太原：山西教育出版社，1992.

[25] 理查德·D. 范斯科特，理查德·J. 克拉夫特，等. 美国教育基础——社会展望 [M]. 北京师范大学外国教育研究所译. 北京：教育科学出版社，1984.

[26] 约翰·杜威. 民主主义与教育 [M]. 王承绪，译. 北京：人民教育出版社，1990.

[27] 欧文·阿兹洛. 人类内在的限度 [M]. 黄觉, 闵家胤, 译. 北京：社会科学文献出版社，2004.

[28] 阿历克斯·英格尔斯. 人的现代化 [M]. 成都：四川人民出版社，1988.

[29] 陈万柏. 论思想政治教育文化载体的特征和功能 [J]. 求索，2005 (5).

[30] 董易莹. 大学生社会主义核心价值观教育的载体研究 [D]. 武汉：中南民族大学，2013.

[31] 贺才乐. 思想政治教育载体的形态及其特点 [J]. 理论与改革，2003 (6).

[32] 韩泽春, 王秋生. 社会主义核心价值体系视域下的高校师德师风建设 [J]. 新疆师范大学学报，2013，34 (3).

[33] 李大棚, 徐迎春. 基于文化载体的社会主义核心价值观培育 [J]. 中国井冈山干部学院学报，2013 (5).

[34] 吕丹. 大学生社会主义核心价值体系教育校园文化载体建设研究 [D]. 重庆：西南大学，2013.

[35] 李书安, 刘丽. 依托校训传播社会主义核心价值观途径探析 [J]. 学校党建与思想教育，2015 (3).

[36] 李大健. 将社会主义核心价值体系融入大学校园文化建设 [J]. 高校理论战线，2011 (2).

[37] 刘静丽. 依托校园文化建设推进社会主义核心价值体系大众化 [J]. 思想教育研究，2011 (4).

[38] 廖金香. 试论高校思想政治教育文化载体建设 [D]. 张家界：吉首大学，2010.

[39] 李娜. 当代大学生文化人格铸造研究 [D]. 张家界：吉首大学，2012.

[40] 梅敏君, 潘于旭. 论文化对生活方式的建构作用 [J]. 浙江社会科学，2012 (5).

[41] 任科. 以高校校训为载体培育社会主义核心价值观研究 [D]. 广州：暨南大学，2015.

[42] 饶武元. 把社会主义核心价值体系融入大学校园文化活动 [J]. 南昌大学学报，2010 (3).

[43] 宋兆霞. 福建高校社会主义核心价值体系教育校园文化载体构建研究 [D]. 福州：福建农林大学，2012.

[44] 武琼, 孙炳芳. 优秀校史：大学生社会主义核心价值观养成的源流 [J]. 高教学刊，2015 (18).

[45] 王红峰. 基于育人视角的高校校园文化载体研究 [D]. 大连：大连理工大学，2010.

[46] 韦冬雪. 大学生社会主义核心价值体系认同教育路径探微 [J]. 广西师范大学学报 (哲学社会科学版)，2012 (4).

[47] 吴欣遥, 曾王兴, 秦凯. 大学生社会主义核心价值观教育文化认同研究 [J]. 社会主义核心价值观研究，2016 (9).

[48] 肖秋芳. 校园文化是地方高校思想政治教育的有效载体 [J]. 教育探索，2011 (7).

[49] 徐慄芬. 校训文化：培育大学生社会主义核心价值观的精神宝藏 [J]. 山东高等教育，2014 (10).

[50] 于瑾. 大学生文化品位现状与对策分析 [J]. 北华大学学报（社会科学版），2014，15 (5).

[51] 曾盛聪. 论中国现代化进程中的公民人格 [J]. 北京科技大学学报（社会科学版），2005，21(4).

[52] 张锡. 社会主义核心价值观引领当代中国大学精神研究 [D]. 南充：西南石油大学，2015.

[53] 张文卫, 张锡. 在大学精神传承中培育社会主义核心价值观 [J]. 西南石油大学学报（社会科学版），2015 (2).

[54] 孙婷婷, 骆郁廷. 论社会主义核心价值观的形象化 [J]. 社会主义核心价值观研究，2017，3(2).

后　记

　　本书是韶关学院人才引进科研课题"涵养大学生社会主义核心价值观的校园文化载体创新研究"项目的最终成果,也是广东省 2023 年度广东省教育科学规划课题"习近平总书记关于高校思想政治教育的重要论述研究"(2023GXJK054)、广东省高校思政课区域协同创新中心 2023 年度思政课教研重点项目"韶关红色文化融入大学生思政课教学研究"(ZD202302)的阶段性成果。

　　本书在写作过程中得到广西师范大学博士生导师林春逸教授的指导,他不仅传道授业解惑,而且在生活上给予我亲人般的关心和照顾,教会我为人处世的道理和准则。导师渊博的学识、严谨创新、开放包容的治学精神让我受益匪浅,他宽容亲和、幽默风趣的人格魅力让我折服。整个论文的选题、结构框架、正文写作以及修改的每一环节都凝聚了导师的心血,借此机会衷心地感谢导师对我的精心指导、谆谆教诲和无私帮助。

　　在论文的写作、答辩、修改过程中,我遭遇了人生中记忆深刻的几次坎坷。3 月份,在即将递交论文预答辩的前夕,因为母亲体检查出了息肉,需要动手术。来不及片刻耽搁,我冒着冬末初春的绵绵细雨,在春寒料峭中来回奔波,未曾有片刻属于自己的时间。4 月份,我的学位论文在预答辩过程中折戟,心情跌落到了谷底。尽管在递交论文时,我已经做足了"被毙"的心理准备,但是,当这一切真真切切地发生在我面前时,我仍然有点手足无措。尽管心有不甘,我仍然慌不择路地逃回了家中。也许,在人生的路上,这点挫折不算什么。但是,于我而言,一直要强不服输的性格,让我在很长一段时间内耿耿于怀、难以释怀,以至于在接下来的三个月内,我都在逃避,对修改论文一事全然置之不理。在这三个月里,我都没有再度触碰学位论文,也未曾主动与老师联系,商量修改论文事宜。我到处搜寻学术会议的信息,疯狂地撰写论文,参加学术会议。我以另一种极端的方式发泄着内心的情绪,也以这种方式排解内心的焦虑。时间就这样一分一秒地流逝了,直至秋季来临后某个深夜的某个时间,我痛定思痛、暗下决心。无论如何,我的学位论文还是按期上交了,在忐忑不安中,我等待着最终的结果。天道酬勤,结果还算不错,专家一致肯定了我的文笔,并且顺利地通过了答辩。感谢我的学位论文答辩委员会主席佘双好教授、委员胡大平教授、谭培文教授、于瑮教授、韦冬雪教授,在答辩过程中,他(她)们的宝贵意见让论文进一步完善。

　　我要感谢在广西师范大学马克思主义学院学习期间给予我帮助和教导的各位领导、老师、同学对我的栽培与关心,特别感谢钟瑞添教授、王枬教授、陈洪江教授、谭培文教授、汤志华教授、韦冬雪教授、黄瑞雄教授、周世中教授、孙杰远教授、肖富群博士、唐文红博士对我的教育和培养,我还要感谢中国传媒大学李智教授、南华大学周晓阳教授、黄秋生教授、广西师范大学博士后罗顺元、贺州学院吴庆华博士对我的论文提出的宝贵建议,正因为有了他们的开导、启发与鼓舞,才让我茅塞顿开、信心倍增,按时完成了论文写作。

　　我也要深深感谢同门刘萍萍同学和罗华丽、张新吾、伍尚海、邓国彬、徐小军、洪巍城、黎育生、朱磊、李文兵、刘金菊、梁红秀、范桂凤、段丽君、吕剑枫等同学给予我学习上的鼎力帮助，感谢辅导员陆茜老师、教学秘书谢美灵老师给予的帮助，并对一起学习的师弟、师妹们表达我美好的祝福和真诚的谢意。

　　我还要感谢韶关学院马克思主义学院的领导和同事们对本书出版的关注、关心和支持。

　　最后，我要衷心感谢我所有的家人，感谢他们对我的物质支持、精神鼓励和生活关照。尤其是我的结发妻子，她在背后坚定地支持我的学业，为家庭默默付出，并努力营造和谐的家庭环境，让我安心完成论文。正是有了这种支持，我从容地面对论文写作中的困难和挑战，顺利地完成了学业。

　　本书得到韶关学院人才引进科研课题"涵养大学生社会主义核心价值观的校园文化载体创新研究"经费和马克思主义学院重点学科经费的资助。

　　需要指出的是，立德树人的校园文化载体创新研究是一项有待深入系统研究的理论课题和实践课题，很多问题需要发挥团队精神共同努力去解决。由于水平有限，时间仓促，书中肯定存在疏漏和不足，敬请专家、学者和读者们批评指正。

康雁冰

2023 年 9 月 29 日于韶关浈江河畔